主　　编　孙晓勇　国家法官学院院长

最高人民法院司法案例研究院院长

副 主 编　彭永和　最高人民法院司法案例研究院副院长

刘　畅　最高人民法院司法案例研究院规划部主任

黄　斌　国家法官学院科研部负责人

主编助理　边疆戈　国家法官学院科研部编辑

赵文轩　最高人民法院司法案例研究院规划部编辑

刘丽媛　最高人民法院司法案例研究院规划部编辑

《中国法院年度案例》编辑人员（按姓氏笔画）

刘　畅　朱建伟　朱　琳　李晓果　杨小利

罗胜华　胡　岩　赵文轩　唐世银　袁登明

曹海荣　梁　欣　程　瑛

本书编审人员　刘　畅

中国法院
2021年度案例

国　家　法　官　学　院
最高人民法院司法案例研究院◎编

物权纠纷

中国法制出版社
CHINA LEGAL PUBLISHING HOUSE

《中国法院年度案例》通讯编辑名单

序

党的十八大以来，以习近平同志为核心的党中央高度重视法治在推进国家治理体系和治理能力现代化中的重要作用，中央全面依法治国工作会议更是明确习近平法治思想在全面依法治国中的指导地位，为全面依法治国提供了根本遵循和行动指南。近年来，人民法院始终将加强司法案例研究作为推进全面依法治国的重要途径，通过发布具有普遍指导意义的典型案例，统一法律适用、提高审判质量，不断推进人民法院严格公正司法。《中国法院年度案例》丛书，旨在完善中国特色案例指导制度，总结提炼典型案例的裁判规则和裁判方法，发挥司法规范、指导、评价、引领的重要作用，大力弘扬社会主义核心价值观，增强全民法治意识和法治素养，展现新时代我国法治建设新成就。

《中国法院年度案例》丛书自2012年编辑出版以来，已连续出版9套，受到读者广泛好评。近年来，为更加全面地反映我国司法审判执行工作的发展进程，顺应审判执行实践需要，响应读者需求，丛书2014年度新增金融纠纷、行政纠纷、刑事案例3个分册，2015年度将刑事案例调整为刑法总则案例、刑法分则案例2个分册，2016年度新增知识产权纠纷分册，2017年度新增执行案例分册，2018年度将刑事案例扩充为4个分册。自2020年起，丛书由国家法官学院与最高人民法院司法案例研究院共同编辑，每年年初定期出版。在全国各级人民法院的大力支持下，丛书编委会现编辑出版《中国法院2021年度案例》系列丛书，共23册。

《中国法院年度案例》丛书以开放务实的态度、简洁明快的风格，在编辑中坚持以下方法，努力把案例书籍变得“好读有用”：一是高度提炼案例内容，控制案例篇幅，每个案例基本在3000字以内；二是突出争议焦点，剔除无效信息，尽可能在有限的篇幅内为读者提供有效、有益的信息；三是注重对裁判文书的再加工，大多数案例由案件的主审法官撰写“法官后语”，高度提炼、总结案例的指导价值，力求引发读者思考，为司法工作提供借鉴，为法学研究提供启迪。

《中国法院年度案例》丛书编辑工作坚持以下原则：一是广泛选编案例。国家法官学院和最高人民法院司法案例研究院每年通过各高级人民法院从全国各地法院汇集上一年度审结的典型案例近万件，使该丛书有广泛的精选基础，优中选优，可提供给读者新近发生的全国各地多种类型的典型性案例。二是方便读者检索。为体现以读者为本，丛书分卷细化，每卷下还将案例主要根据案由分类编排，每个案例用一句话概括裁判规则、裁判思路或焦点问题作为主标题，让读者一目了然，迅速找到目标案例。

中国法制出版社始终全力支持《中国法院年度案例》丛书的出版，给了作者和编辑们巨大的鼓励。2021年，丛书将继续提供数据库增值服务。购买本书，扫描前勒口二维码，即可在本年度免费查阅往年同类案例数据库。我们在此谨表谢忱，并希望通过共同努力，逐步完善，做得更好，真正探索出一条编辑案例书籍、挖掘案例价值的新路，更好地服务社会主义法治国家建设、服务法治社会建设、服务学习研究法律的读者。

《中国法院年度案例》丛书既是法官、检察官、律师等法律工作者的办案参考和司法人员培训的实用教材，也是社会大众学法用法的经典案例读本，同时是教学科研机构案例研究的良好系列素材。当然，案例作者和编辑在编写过程中也难以一步到位实现最初的编写愿望，客观上会存在各种不足甚至错误，欢迎读者批评指正。我们愿听取各方建议，不断扩宽深化司法案例研究领域，实现中国特色案例研究事业的新发展。

国家法官学院

最高人民法院司法案例研究院

2021年2月22日

目　　录

Contents

一、物权保护纠纷

（一）所有权确认纠纷

二、用益物权纠纷

三、担保物权纠纷

四、共有纠纷

五、相邻关系纠纷

六、业主撤销权纠纷

七、其他

一、物权保护纠纷

（一）所有权确认纠纷

1

出租车所有权确权不等于经营权转移

——徐某诉××出租车公司所有权确认案

【案件基本信息】

1. 裁判书字号

湖北省宜昌市伍家岗区人民法院（2019）鄂0503民初565号民事判决书

2. 案由：所有权确认纠纷

3. 当事人

原告：徐某

被告：××出租车公司

【基本案情】

2013年9月23日，徐某（乙方）与××出租车公司（甲方）签订《宜昌市出租汽车客运经营合同》，约定："第一条，甲方依法取得出租汽车客运经营资格，拥有480个出租汽车客运经营权的使用权，经营期限为2013年7月1日至2018年6月30日。甲方将00236号车辆的经营权租赁给乙方经营。在本合同期内，乙方使用上述车辆从事出租汽车客运经营活动。第二条，本合同有效期为5年，自2013

年7月1日起至2018年6月30日止。在合同有效期内，出租汽车客运经营权的使用权属于甲方，车辆产权属于乙方。甲方将其所属经营权租赁给乙方经营，按经营权出让金缴交规定，在乙方租赁期内分年度向乙方收取经营权租赁金7000元/车·年，由甲方统一上缴财政专户……第十三条，有下列情形之一，甲方有权单方面解除本合同……（二）擅自转租、转让、倒卖出租汽车经营权的……”现涉案出租车由徐某出资购买，该机动车的登记证书及机动车行驶证载明机动车所有权人为××出租车公司，使用性质为出租客运。2013年9月16日，宜昌市道路运输管理局向××出租车公司发出宜市运出租［2013］1号《出租汽车客运经营行政许可决定书》，该行政许可决定书载明××出租车公司的经营范围为出租汽车客运，经营区域为宜昌市城区（打表计价区域范围按市物价局核定范围执行），车辆数量为480辆，经营许可（经营权）期限自2013年7月1日起至2018年6月30日止。

徐某提起诉讼，请求依法确认涉案出租车的所有权归徐某所有并判令××出租车公司协助办理车辆转移登记手续。

【案件焦点】

1. 涉案出租车的所有权是否应当确认归徐某所有；2. ××出租车公司是否有义务协助徐某办理机动车转移登记手续。

【法院裁判要旨】

湖北省宜昌市伍家岗区人民法院经审理认为：关于涉案出租车的所有权是否应当确认归徐某所有的问题，××出租车公司对于该车所有权归徐某所有的事实不持异议。徐某虽然在庭审中明确其诉讼请求不涉及经营权问题，但其明确要求确认车牌号为鄂ET×××5的出租车归其所有，而本案所涉出租车的号牌系该出租车客运经营权的外在表现形式，徐某的诉讼请求实质上是要求确认该出租车的客运经营权归其所有。依据《国务院对确需保留的行政审批项目设定行政许可的决定》第一百一十二条之规定，出租汽车经营资格证、车辆运营证和驾驶员客运资格证属于被保留的行政许可事项。《中华人民共和国行政许可法》第九条规定，依法取得的行政许可，除法律、法规规定依照法定条件和程序可以转让的外，不得转让。案涉出租汽车的客运经营权系××出租车公司通过行政许可依法获得，专属于××出租车公司所有，故徐某的这一请求缺乏事实和法律依据，不予支持。

关于××出租车公司是否有义务协助徐某办理包括车辆号牌在内的机动车转移登记手续的问题。徐某明确表示要将鄂ET×××5号牌照登记在徐某名下。鄂ET×××5号牌照即本案所涉出租汽车客运经营权的外在表现形式，对鄂ET×××5号出租车的转移登记包含了对该车辆经营权的转移登记。因此，徐某所提协助办理鄂ET×××5号出租车转移登记的请求实质上是要求××出租车公司将属于该公司的出租车特许经营权转让为其所有。徐某与××出租车公司签订的《宜昌市出租汽车客运经营合同》已经到期，徐某要求××出租车公司向其转让特许经营权，缺乏事实依据。案涉出租汽车客运经营权系行政机关特许××出租车公司所有，徐某要求××出租车公司向其转让特许经营权亦无法律依据。

湖北省宜昌市伍家岗区人民法院依照《中华人民共和国物权法》① 第三十三条，《中华人民共和国行政许可法》第九条，《中华人民共和国民事诉讼法》第六十四条、第一百四十二条规定，判决如下：

一、确认涉案出租车归徐某所有；

二、驳回徐某的其他诉讼请求。

【法官后语】

本案中，徐某的诉讼请求可以拆分为两部分：一是要求确认案涉出租车的所有权归其所有，即“确权”；二是要求××出租车公司协助办理案涉车辆转移登记手续，即“过户”。首先，徐某的“确权”请求涉及对机动车登记性质的理解。机动车作为特殊的动产，法律规定其物权设立和转让是需要登记的，但是在效力上内外有别，对内是合同关系，根据双方约定确定车辆权属；对外以登记为其公示方法，未经登记，不得对抗善意第三人。公安机关对机动车辆的登记性质是准予或不准予机动车上路行驶的登记，不是机动车确权登记。机动车辆的登记行为既为交警部门具体行政行为，又为民法上的“法律事实”行为。其对外具有公示作用，但并非权利人享有该车所有权的绝对证明。法院在民事案件审判中，对车辆所有权的认定不受限于行政登记，可以依据审理查明的事实作出确权判决。本案中，××出租车公

---

① 《中华人民共和国民法典》于2021年1月1日起实施，《中华人民共和国物权法》《中华人民共和国民法总则》等同时废止。本书收录的案例均裁判于《中华人民共和国民法典》生效前，适用的是当时有效的法律规定，下文将不再对此进行提示。

司与徐某是出租汽车客运经营合同关系，该公司认可涉案出租车所有权归徐某所有，因此，可确认案涉车辆归徐某所有。其次，徐某的“过户”请求涉及出租车经营权归属的确认。出租车经营权是指经政府特许，经营者取得有期限的从事出租车行业经营活动的权利。目前，我国各地行政主管部门为了方便管理、易于群众识别，根据本地出租车市场需求数量给出租车上牌登记留出固定专属号段是通行的做法。以宜昌市为例，鄂ET段号牌即宜昌市范围内出租车的固定专属号段，该出租车的特许经营权实质上由该号牌所承载。徐某要求将鄂ET×××5号牌照登记在其名下，该请求实质上是要求过户该车辆的特许经营权。同时，双方的出租汽车客运经营合同已经到期，“过户”请求没有事实和法律依据。

出租车行业事关民生问题，具有其特殊性，政府管制在其发展历程中具有一定必要性，但我国长期实行的特许经营制度一直被诟病，由此造成的出租车所有权与经营权的两分制始终是阻碍出租车行业健康发展的焦点问题之一——政府部门把出租车经营权无偿地许可给出租车公司，使出租车公司形成垄断地位，司机不仅自行出资购车，承担全部运营费用，还要向出租车公司支付“份子钱”。

近年来，我国多地尝试对出租车行业进行改革，多数是以“无偿、有条件、有期限”的方式将出租车经营权配置给符合条件的车主使用。以宜昌市为例，2018年11月26日，宜昌市出台《关于促进宜昌市城区巡游出租汽车行业健康发展的实施方案》，规定宜昌市将ET牌明确为城区出租车的专用号牌，将拥有经营权的出租车企业登记在车辆两证中，是出租车经营属性的体现。同时，宜昌市继续对出租车实行数量管控制度和规模化、集约化、公司化经营模式，即仍将出租车经营权许可给出租车公司，但允许将车辆产权登记为“车辆出资人+出租车企业”并在车辆道路运输证上备注“许可期限内车辆经营权由车辆出资人使用”，以此来保护实际车主的权益。随着法律意识的增强，越来越多的“的哥”“的姐”提起了出租车所有权确认诉讼，但是值得一提的是，所有权确认并不一定意味着变更车辆登记和经营权转移。

编写人：湖北省宜昌市伍家岗区人民法院　聂飘

2

储物间的性质认定及归属规则

——王某诉曾某等物权保护案

【案件基本信息】

1. 裁判书字号

福建省厦门市中级人民法院（2019）闽02民终3798号民事裁定书

2. 案由：物权保护纠纷

3. 当事人

原告（反诉被告、上诉人）：王某

被告（反诉原告、被上诉人）：曾某

被告（被上诉人）：黄某、曾某顺

第三人：刘某、姜某南

【基本案情】

2010年8月23日，王某（卖方）与刘某（买方）签订《厦门市房地产买卖合同》，双方就案涉房屋买卖事宜达成合意。该合同关于案涉房屋的描述为“房屋用途为住宅，建筑面积55.23平方米，其中含附属用房建筑面积/平方米”。2016年5月，曾某与刘某签订《房产买卖居间协议》，后者将案涉房屋出售于曾某。该协议第一条关于案涉房屋的建筑面积及附属用房等细节描述同上。

经法院现场勘验，讼争储物间大门上锁，无法打开，通过窗户缝隙拍照可见内有箱子若干、小型手推车等。关于案涉小区的储物间分配情况，经询小区业主，得知储物间在小区规划建设范围内，每家均配有一间。

王某述称讼争储物间在2017年8月之前系其管理，后曾某、黄某、曾某顺将锁撬开。2017年11月13日，王某于报警当天，把锁撬开又重新上锁，后锁又被曾某、黄某、曾某顺敲坏，导致无法打开。曾某、黄某、曾某顺称其于2017年9月底将讼争储物间锁撬开后只发现一堆报纸，就粉刷上锁了；2017年11月其发现锁换新的了，就再没有碰过。

曾某、黄某、曾某顺一致表示，因曾某系案涉房屋的买受人，故该三人于答辩、反诉及庭审陈述中所涉及的行为即使为黄某、曾某顺所为，亦由曾某指派。

【案件焦点】

储物间的性质认定及归属规则。

【法院裁判要旨】

福建省厦门市海沧区人民法院经审理认为：讼争储物间的使用权应归王某所有。理由如下：其一，王某与刘某的房屋买卖合同约定的房屋面积与案涉房屋的产权登记面积是一致的，均为55.23平方米；而交易房屋的附属用房情况，合同中明确以“/”的形式划去，表明双方交易的房屋并不包含讼争储物间。其二，刘某出具的书面答辩意见亦明确表明，其向王某购买案涉房屋时曾口头约定不包含讼争储物间。其三，讼争储物间此后一直由王某及其朋友姜某南使用，刘某从未使用过讼争储物间。综上，足以认定王某出售案涉房屋予刘某时，双方已明确讼争储物间并不随案涉房屋一并转让，仍旧归属于王某。曾某系向刘某购买案涉房屋，刘某并未取得讼争储物间的使用权，故曾某不可能因该房屋买卖交易取得讼争储物间；此外，刘某与曾某的房屋买卖合同中关于案涉房屋的附属用房部分亦以“/”形式划去，结合曾某关于其此前并不知晓案涉房屋配有储物间的陈述，亦可推知其与刘某的案涉房屋交易并不包含讼争储物间；退一步而言，即使曾某与刘某之间关于交易的案涉房屋是否含有讼争储物间存在争议，曾某亦应向刘某主张相应权利，王某并非交易相对方，其对讼争储物间享有的权利不应因此受到侵害。讼争储物间此前一直由王某占有使用，其在曾某等人撬锁之后即已报警并重新换锁，现因门锁已坏，无法打开，曾某等人亦无法占有使用讼争储物间，故王某请求曾某、黄某、曾某顺归还讼争储物间并以每月200元标准计算占有使用费，并无事实与法律依据，不予支持；王某可自行除去门锁并使用讼争储物间。另，王某所举证据并不能证明其和姜某南存放于讼争储物间的具体物品及价值，故其主张曾某等人赔偿各项物品损失共计17788元证据不足，不予支持。因讼争储物间的使用权归属于王某，曾某关于确认其享有讼争储物间的使用权，并主张王某返还讼争储物间及支付相应的占用使用费无据，不予支持。关于曾某主张的凤凰牌自行车损失458元，其所举证据无法证明该物品曾存于讼争储物间，故对曾某的该项主张，亦不予支持。

福建省厦门市海沧区人民法院依照《中华人民共和国物权法》第一百一十五条，《中华人民共和国民事诉讼法》第六十四条第一款、第一百四十四条规定，判决如下：

一、驳回王某的全部诉讼请求；

二、驳回曾某的全部诉讼请求。

王某不服，提起上诉，后申请撤回上诉。福建省厦门市中级人民法院依照《中华人民共和国民事诉讼法》第一百七十三条规定，裁定如下：

准许王某撤回上诉。

【法官后语】

本案系因房屋多次转让引发的房屋附属储物间使用权归属争议。储物间多存在于早期的单位集建小区，一般为弥补房屋使用功能而设，如用于储放自行车、煤球等，具有浓厚的时代印记。

储物间虽为弥补房屋使用功能而设，其性质却应依公示方式的不同而分别认定。一是与配套的房屋登记于同一产权证上，二者构成一个完整的物；在法律上，此类储藏间与房屋并不可分，故不存在主从关系；转让时，储藏间应随房屋一并转让，当事人不可约定排除，此为物权法定性之体现。二是有单独的产权证或独立记载于产权登记簿上，构成物权法意义上独立的物，应独立于房屋而交易或转让。三是未记载于权属证明上，但基于其历史沿革及辅助性功能，一般认定为所配套房屋的从属物。案涉储物间系小区规划时所建，由单位统一分配，基本每套房屋配有一个储藏间，无法办理独立产权，属于案涉房屋的从属物并无争议。

《中华人民共和国民法典》第三百二十条规定，主物转让的，从物随主物转让，但是当事人另有约定的除外。对该条确立的从物转让规则的适用，有两种理解：一种观点认为，当事人没有明确约定排除从物随主物一并转让的，即应按法定的随主物转让；另一种观点认为，当事人虽没有明确排除，但结合约定内容及交易具体情况，可以推定当事人具有该意思表示的，即应认定为当事人约定排除从属物随主物一并转让。

本案采纳后一种理解。从法条文义出发，虽确立了从物随主物转让的法定规则，但其但书部分赋予当事人约定排除的权利，实则将从属物的转让主动权交至交易各方，即唯有在当事人未有意思表示或表意无法明确的情况下，才以法定形式确立物之归属。当事人的意思表示，并非只能通过精确的文字或书面意思表达，口头表达及行为均是意思表示的形式之一；而法律解释规则更是确立了对未有表意或表意不明确的当事人的真实意思进行体系化探究的方法。因此，即便在当事人约定并不明确的情况下，从属物是否应随主物一并转让，应依据交易当时的具体情况综合判定。

本案的特殊性在于，涉案房屋被两次转让，原所有权人王某和最终买受人曾某均主张储物间的物权，关键是判断曾某能否依据其与刘某的房屋买卖合同取得储物间的物权。对此，一要审查该合同对储物间的约定，二要审查刘某是否根据其与王某的交易取得了储物间的物权。首先，曾某与刘某的房屋买卖合同并不包含讼争储物间；其次，讼争储物间作为从物，原则上应随主物的转移而转移，王某与刘某的房屋买卖合同亦未明确约定排除储物间的转让，但究其约定内容实质，足以表明其交易的房屋并不包含讼争储物间，储物间事实上一直由王某及其朋友使用，故应认定刘某并未取得储物间的物权。在刘某作为买受人的前次交易已排除储物间一并转让的情形下，即便后手交易认定储物间一并转让的，亦不得对抗前手卖方，基于合同相对性，应由后手卖方承担履行不能的违约责任。

编写人：福建省厦门市海沧区人民法院　陈进杰　张玲玲

3

当事人之间委托代持合同权利的，如何认定事实物权人的权利

——魏某诉胡某物权确认案

【案件基本信息】

1. 裁判书字号

黑龙江省哈尔滨市中级人民法院（2019）黑01民终6915号民事判决书

2. 案由：物权确认纠纷

3. 当事人

原告（被上诉人）：魏某

被告（上诉人）：胡某

第三人：施达公司

【基本案情】

1995年6月6日、7月28日，施达公司与案外人森工公司分别签订《施工协议书》《建设工程施工合同》，森工公司委托施达公司第六分公司（以下简称第六分公司）实施南岗区革新街131号工程。工程完工验收时，森工公司因欠付第六分公司工程款，遂以案涉房屋抵付了部分工程款，并将案涉房屋登记在案外人张某（胡某配偶）名下。后张某死亡，胡某通过继承取得案涉房屋，并办理了不动产权证书。

第六分公司在经营期间独立核算、自负盈亏，经营期限终止后的债权债务由负责人魏某承继。购买案涉房产时的契税发票、案涉房产证原件均在魏某处保管，且魏某一直居住在案涉房屋中。

现魏某以胡某为被告，主张其系案涉房屋的真实权利人。

【案件焦点】

魏某与张某之间有何种法律关系。

【法院裁判要旨】

黑龙江省哈尔滨市南岗区人民法院经审理认为：森工公司以案涉房产抵偿了欠付第六分公司的工程款，并将房产登记在张某名下，并非张某现金购房，而是代第六分公司持有案涉房屋。案涉房屋虽然登记在张某名下，且胡某一直主张案涉房屋系张某以现金方式购买，但胡某未能提供交付110万元购房款现金及房屋其他费用的任何证据，也未能提供张某在二十年前具备交付110万元房款的经济实力的证据。据此，上述工程款的债权人即房屋实际产权人应为魏某。综上，魏某的诉讼请求有事实及法律依据，应予以支持。

黑龙江省哈尔滨市南岗区人民法院依照《中华人民共和国民法总则》第一百九十六条，《中华人民共和国物权法》第三十三条，《中华人民共和国民事诉讼法》第六十四条第一款、第一百四十四条规定，作出如下判决：

确认案涉房屋为魏某所有。

胡某不服一审判决，提出上诉。黑龙江省哈尔滨市中级人民法院经审理认为：一审法院确认魏某为案涉房屋实际权利人并无不当，张某只是名义上的合同相对人，双方形成的是委托代持合同权利的法律关系。一审法院根据《最高人民法院关于适用〈中华人民共和国物权法〉若干问题的解释（一）》[①] 第二条“当事人有证据证明不动产登记薄的记载与真实权利状态不符、其为该不动产物权的真实权利人，请求确认其享有物权的，应予支持”之规定，直接确认魏某对案涉房屋享有所有权亦无明显不当。

黑龙江省哈尔滨市中级人民法院依照《中华人民共和国民事诉讼法》第一百七十条第一款第一项规定，作出如下判决：

驳回上诉，维持原判。

---

① 配合《中华人民共和国民法典》的施行，最高人民法院于2020年12月对大量司法解释进行了清理。本书收录的案例均裁判于相关司法解释被废止之前，此类司法解释现已失效，下文将不再对此进行提示。

【法官后语】

近年来，随着物价、房价的不断攀升，以房屋为代表的不动产物权纠纷层出不穷，错综复杂。物权法为保护交易安全，设计了公示公信制度，即物权的变动必须以一种客观可以认定的方式加以展示，从而获得社会和法律认可的效力。在公示公信制度下，不动产登记簿具有物权权属推定的作用。已经纳入登记的物权，以及由占有表示的物权，即由法定公示方式表征的物权，为法律物权；而真正权利人实际享有的物权，为事实物权。现实生活中，往往存在法律物权人与事实物权人相分离的情况，因此引发的纠纷也时有发生。

《中华人民共和国民法典》第二百零九条第一款规定，不动产物权的设立、变更、转让和消灭，经依法登记，发生效力；未经登记，不发生效力，但是法律另有规定的除外。然而，不动产物权登记公信力仅仅是确保交易安全的推定规则，而不是作为认定物权权属的唯一判断规则。不动产权属证书是认定不动产权属的重要证据，但也并非唯一证据。在不涉及第三人利益的情况下，事实物权与法律物权发生冲突时，应从物权取得基础及实际权利人层面进行综合审查。法律注重客观事实，虽然事实物权人对不动产的支配缺少登记的公示形式，但只要事实物权人有合法的依据可以证明该不动产的最终归属，就应当保护事实物权人的真实权利。在此情况下，法院应着重考量：(1) 诉争双方在取得不动产时的意思表示，合法真实的意思表示是确定不动产事实物权的主观依据；(2) 不动产的出资，房产的出资来源往往是决定不动产权属的客观依据；(3) 相关财产性质，如对房屋的支配是基于所有权还是基于债权。在对讼争房屋的权属进行认定时，法院应当综合审查房屋的各种相关因素以确认物权的最终归属。

就本案而言，魏某请求对争议房屋物权进行确认，其实质是主张自己是房屋买卖合同的真实权利人。法院应从物权取得基础及合同的实际权利人进行审查。张某与魏某双方之间形成的是委托代持合同权利的法律关系，张某只是房屋买卖合同名义上的相对人，魏某享有随时请求张某协助其将案涉房屋合同权益变更至其名下的权利。虽然魏某依前述理由享有的是代持合同权利的返还请求权，应主张胡某将固化为不动产权利登记的合同权利以协助办理转移登记的方式予以返还，以产生物权权利回归的法律后果，但从本案诉讼的目的及效果出发，根据《最高人民法院关于适用〈中华人民共和国民法典〉物权编的解释（一）》第二条“当事人有证据证明不动产登记簿的记载与真实权利状态不符、其为该不动产物权的真实权利人，请求确认其享有物权的，应予支持”之规定，可直接确认魏某对案涉房屋享有所有权。

综上，当同一不动产上出现法律物权与事实物权权利人冲突时，应通过对不动产物权归属的真实意思表示、对不动产的出资来源与性质进行主客观全面分析认定来最终确定不动产权归属。同时，还应当结合不动产物权变动的原因行为及真实意思表示来综合考量，以实现实体的正义，维护实际权利人的合法权益。

编写人：黑龙江省哈尔滨市南岗区人民法院　陈静

4

对被拆迁房屋享有份额不是获得相应安置房屋的充分条件

——赵某等诉刘丁所有权确认案

【案件基本信息】

1. 裁判书字号

北京市第三中级人民法院（2019）京 03 民终 15646 号民事判决书

2. 案由：所有权确认纠纷

3. 当事人

原告（上诉人）：赵某、刘某春、刘某秋

被告（被上诉人）：刘丁

第三人：金桥公司

【基本案情】

刘某、魏某共有 7 个子女，即长子刘甲（于 2008 年 2 月 18 日去世）、次子刘乙（已故）、三子刘丙、四子刘丁、五子刘戊、长女刘庚、次女刘辛。刘丙自幼过继给其二伯刘小二。赵某系刘甲之妻，刘某春、刘某夏、刘某秋系刘甲子女。刘某、魏某在北京市通州区马驹桥镇张各庄村原有老宅一处，共有北房 6 间，建于 1964 年。1974 年，刘某主持分家，将北房东头 2 间分给刘丁所有，西头 2 间分给刘戊所有，中间2间由刘甲、刘乙各分1间，二人均未居住。1981年5月15日，刘丙将从刘小二处继承的北房3间半房屋卖给刘戊，刘戊付部分款项并将西头2间北房作价折抵给刘丙，双方换房。1976年，刘丁的岳父母陈某和张某（均已故）迁至张各庄村居住，并在原6间老房东侧建正房2间。1989年初，刘丙、刘丁商议将老宅房屋拆除翻建，刘甲委托刘丙办理，刘乙将自己所有的一间房屋给予刘丁。同年，刘丁、张某以自己的名义取得建房批示，由刘丁、刘丙和刘甲出资出料翻建此房。1989年翻建的6间房屋是在原来的房基地上建成的。

1993年6月23日，原通县人民政府为刘丁颁发集体土地建设用地使用证，将1989年翻建的6间房屋登记在刘丁名下，由刘丁居住管理。赵某、刘某春、刘某秋长期居住于山西省。

2011年，刘丁（被拆迁人，乙方）与金桥公司（拆迁人，甲方）签订《房屋拆迁补偿协议》，刘丁及其同住家属五口人作为被拆迁安置人，享有相应的安置面积。2012年10月15日，刘丁与金桥公司签订《安置房协议书》，该协议主要内容为：甲方将下列层次及户型的房屋安置给乙方：温馨家园×期A号楼×室（面积83平方米）、×期×号楼×室（面积59.06平方米）、×期B号楼×室（面积91.56平方米）、高层C号楼×室（面积91.56平方米），总建筑面积350.95平方米。

关于老宅份额的分配问题，赵某、刘某春、刘某秋已于本案之前提起过多次诉讼。2018年12月21日，北京市通州区人民法院作出（2018）京0112民再15号民事判决书，确认原坐落在北京市通州区马驹桥镇张各庄村刘丁居住的北房6间中，有赵某、刘某春、刘某秋八分之一的份额。后双方均上诉，2019年3月27日，北京市第三中级人民法院作出（2019）京03民再21号民事判决，判决驳回上诉、维持原判。

【案件焦点】

赵某、刘某春、刘某秋能否以对被拆迁房屋享有八分之一份额为由，要求确认拆迁安置房屋之一归其所有。

【法院裁判要旨】

北京市通州区人民法院经审理认为：赵某、刘某春、刘某秋对被拆迁房屋享有八分之一份额的事实，并不必然导致温馨家园B号楼×房屋归其所有的法律后果。

首先，安置房屋的取得并不以对所拆迁房屋享有面积或份额为唯一依据。通过补偿协议及安置协议可知，购买安置房屋是被安置人的专有权利，具有较强的身份属性，并非任何人均可以优惠价格购买安置房屋。赵某、刘某春、刘某秋均不具有被安置人资格，无权以优惠价格购买安置房屋。

其次，即便按拆迁安置政策计算，赵某、刘某春、刘某秋根据其对被拆迁房屋享有的份额所能享有的安置面积，与其主张的温馨家园B号楼×房屋的面积数存在较大差距。

再次，刘丁具有北京市通州区马驹桥镇张各庄村集体经济组织成员身份，且长期居住于该村，对于诉争院落内所有房屋予以维护并保持其正常使用状态已尽绝大部分义务。且刘丁在被拆迁房屋居住已久，已形成较为稳定的居住习惯、生活方式和情感寄托。反观赵某、刘某春、刘某秋，其并未在被拆迁房屋实际居住，且根本没有与被拆迁房屋产生任何的实际关联，其并不具有必要的居住与情感需求。

最后，安置房屋已由刘丁及其家属居住使用多年，且已装修，由刘丁继续使用可发挥财产的最大效用并保持居住稳定。

综合以上因素，对于赵某、刘某春、刘某秋要求确认温馨家园B号楼×房屋归其所有的诉讼请求，不予支持。关于赵某、刘某春、刘某秋的财产损失，其可另行主张。

北京市通州区人民法院依据《中华人民共和国民法总则》第三条规定，判决如下：

驳回赵某、刘某春、刘某秋的诉讼请求。

赵某、刘某春、刘某秋不服一审判决，提起上诉。北京市第三中级人民法院经审理认为：涉案拆迁房屋的被安置人是刘丁，赵某、刘某春、刘某秋长期居住于山西省，并非张各庄村集体经济组织成员，亦未在被拆迁房屋中居住，在拆迁安置过程中并不具有拆迁安置人资格，无权以优惠价格选购安置房屋。原审法院结合实际被安置人情况、各方居住使用情况、取得的具体份额等认定被拆迁房屋转化而来的安置房屋由刘丁居住使用更符合相关拆迁安置政策。赵某、刘某春、刘某秋的上诉请求不能成立，应予驳回；一审判决并无不当，应予维持。

北京市第三中级人民法院依照《中华人民共和国民事诉讼法》第一百七十条

第一款第一项规定，判决如下：

驳回上诉，维持原判。

【法官后语】

本案处理的亮点在于，根据民法的绿色原则和利益衡平的民法理念，对于安置房的权属，除以被安置人资格为基本依据外，还应综合考虑安置房面积、被拆迁房屋使用情况和当事人实际居住需求等因素予以确定。

首先，在因拆迁安置引发的所有权确认纠纷中，关于安置房屋的分配规则并无明确的法律规定，司法实践中一般是根据安置协议中的被安置人主体来确定安置房屋的权利归属。拆迁安置房享有土地划拨、规费减免等相关优惠政策，其供应对象为集体土地的被拆迁居民家庭，其目的是解决被拆迁人的居住问题，因此其具有社会保障的性质，这也决定了只有被安置人才享有购买安置房的资格。换言之，安置房的购买资格具有专属性。本案中，只有被安置人刘丁及其同住家庭成员才享有安置房的购买资格。即使刘丁、刘丙和刘甲当初共同对被拆迁房屋的翻建出资出料，但对于被拆迁房屋享有所有权并不当然意味着对安置房享有所有权，因此赵某、刘某春、刘某秋无权要求确认安置房归其所有。

其次，绿色原则作为民法的一项基本原则，在物权法领域主要体现为物权的行使应遵循物尽其用、节约资源的理念。本案中，虽然赵某、刘某春、刘某秋对被拆迁房屋享有利益份额，但是赵某、刘某春、刘某秋长期居住于山西省，在拆迁之前并未在被拆迁房屋中实际居住，赵某、刘某春、刘某秋也非村集体经济组织成员。而反观刘丁及其同住家属，在被拆迁房屋中持续居住，对于由被拆迁房屋转化而来的安置房屋，刘丁已经进行装修使用，因此由其继续居住使用符合物尽其用、减少资源浪费、追求经济效用最大化的绿色原则。

最后，利益衡平原则是公正司法的灵魂，也是法治的目标。在当事人之间存在利益冲突时，运用公平原则全面衡量，合理调整当事人之间的权利义务关系，切实化解当事人之间的利益冲突，是人民法院司法审判工作的应有之义。刘丁对被拆迁房屋的管理维护尽到了绝大部分义务，使得被拆迁房屋的价值利益保持最大化，而赵某、刘某春、刘某秋对被拆迁房屋没有履行任何管理维护义务；且刘丁作为村集体经济组织成员和宅基地建设使用权人，除了被拆迁房屋之外没有别处住宅，对于由宅基地利益转化而来的拆迁利益享有当然权利，对安置房屋也具有居住刚需，安置房屋应当归刘丁所有。

综上所述，对被拆迁房屋享有份额不是获得相应安置房屋的充分条件，不具备安置资格的按份所有权人不能基于所有权请求参与安置房的分配。

编写人：北京市通州区人民法院　杨文龙

5

公房承租人在房改过程中去世，子女协商由其中一人购买该房，房屋权属如何确定

——牛甲诉牛乙所有权确认案

【案件基本信息】

1. 裁判书字号

北京市第三中级人民法院（2019）京03民终5784号民事判决书

2. 案由：所有权确认纠纷

3. 当事人

原告（被上诉人）：牛甲

被告（上诉人）：牛乙

【基本案情】

牛某某与孙某某系夫妻关系，二人生育子女牛甲和牛乙。孙某某于1997年2月19日去世，牛某某于1999年1月2日去世。

涉案房屋最早是某仪器厂分给牛某某的承租公房。1998年开始房改购房，牛某某作为购房人，使用了牛某某和孙某某的工龄。在房改过程中牛某某去世，某仪器厂允许其子女购买涉案房屋，家属可自行协商由谁购买，但要求先变更承租人才能继续进行房改购房。1999年1月13日，涉案房屋的承租人由牛某某变更为牛乙。

1 月 15 日，牛甲和牛乙签订协议，约定由牛乙承租涉案房屋，但涉案房屋属牛甲、牛乙二人所有。1999 年 12 月 22 日，某仪器厂与牛乙签订房屋买卖契约，将涉案房屋出售给牛乙，购房款及相关税费共计 47481 元。购买涉案房屋使用了牛乙 15 年工龄。2000 年 9 月 7 日，涉案房屋所有权登记在牛乙名下。

牛甲得知牛乙在未与其协商的情况下于 2016 年 2 月将涉案房屋出售，已办理了网签，尚未办理产权过户手续，故诉至法院，要求牛乙向牛甲支付涉案房屋 50% 份额的折价款 1906150 元。

经牛甲申请，法院委托北京百成首信房地产评估有限公司对涉案房屋的现价值进行评估。估价结果为总价 3812300 元。牛甲交纳评估费 12000 元。

【案件焦点】

涉案房屋是否为牛甲、牛乙共同所有。

【法院裁判要旨】

北京市朝阳区人民法院经审理认为：考虑到涉案房屋原分配主体的历史特殊性，牛甲和牛乙双方达成协议的目的是将牛某某的承租公房转化为其二人可以享有所有权的房屋，该协议是双方真实意思表示，不违反法律法规的强制性规定，双方均应遵守。

根据涉案房屋的来源和牛甲、牛乙双方的约定，确认涉案房屋应为牛甲、牛乙共同所有。双方各自所占的份额，依据购房款的出资、使用工龄情况予以酌定。因涉案房屋登记在牛乙名下，牛甲要求牛乙给付相应份额折价款的诉讼请求，予以支持。具体金额参照房地产估价报告对涉案房屋的估价予以酌定。

关于牛乙抗辩的诉讼时效问题。本案案由为所有权确认纠纷，属于物权确认的范畴，不适用诉讼时效的规定，牛乙主张牛甲的诉讼请求已经超过诉讼时效的抗辩理由，于法无据，不予采纳。

综上，北京市朝阳区人民法院依照《中华人民共和国物权法》第三十三条规定，判决如下：

一、牛乙于本判决生效后七日内给付牛甲房屋折价款 130 万元；

二、驳回牛甲的其他诉讼请求。

牛乙不服一审判决，提起上诉。二审法院经审理同意一审法院裁判意见。判决：驳回上诉，维持原判。

【法官后语】

福利分房政策是我国改革开放前与计划经济体制相适应的一种住房分配制度。分房标准以工龄、有无住房、婚姻状况、家庭人员结构等因素为依据。根据公房产权单位及管理单位的不同，公房通常分为直管公房和自管公房。

公房承租人对公房享有占有、使用、收益的权利。公房承租权具有主体特定性、不设租赁期限和内容固定性的特征。理论和实务界对于公房承租权的性质多有争论。第一种观点认为，公房承租权是一种债权，因为公房承租权基于租赁合同产生，产权单位并未将所有权让渡给承租人。第二种观点认为，公房承租权是一种用益物权。因为公房承租权是承租人享有的长期对公房占有、使用和收益的权利，具有明显的物权特征。第三种观点认为，公房承租权是一种特殊的债权。除了公房承租权的特征，公房遇拆迁时，承租人还可获得拆迁补偿，公房承租权具有一定的经济价值。笔者赞同第三种观点，因为根据物权法定原则，我国物权法律并未明确将公房承租权规定为一种用益物权。在司法实践中，妥善处理因公房承租权而引发的纠纷，需要结合国家政策、公房承租权的特征等综合考量。

在司法实践中，公房承租人去世后引发的争议主要有以下几种情形：一是公房承租人的变更问题；二是公房的居住使用问题；三是在公房承租人未变更的情况下，公房遇拆迁，拆迁协议如何签订及拆迁利益如何处理的问题；四是在公房承租人未变更的情况下，公房遇房改，由谁购房，房屋所有权归谁所有的问题。本案即第四种情形。

根据国家的房改政策，产权单位可以将公房通过优惠的形式以成本价或标准价出售给承租人，该承租人即获得房屋的所有权。在房改过程中公房承租人死亡的情况下，因房改尚未完成，承租的公房并不能作为遗产由承租人的继承人继承。为保障职工的权益，公房的产权单位一般会允许承租人的配偶、子女协商，将公房的承租人先变更为其中一人，再以该人名义继续完成房改，购买承租的公房。在不考虑分房时子女计入分房参考因素增加了分房面积、户口在该房屋中且在此长期居住，对该房屋享有居住权的情况下，经已死亡的公房承租人的家庭成员协商，由其中一名家庭成员购买公房的，该房屋的权属如何确定，实践中存在以下两种情况：

第一种情况，由公房承租人的配偶购买。该配偶与承租人系同一单位，或虽为其他单位职工，但在其他单位未享受过福利分房。在此种情况下，购买公房会使用已死亡配偶一方的工龄。依据国家有关政策折算已死亡配偶的工龄而获得的政策性福利是一种财产价值，所购公房应为公房承租人夫妻的共同财产。使用已死亡的该公房承租人的工龄所享有的政策性福利对应的财产价值系该人的遗产，由其继承人继承。

第二种情况，公房承租人的配偶也已死亡的，由公房承租人的子女协商（不考虑承租人父母健在的情况，子女是公房承租人的法定继承人），由其中一名子女购买。此时判断所购公房的权属，需审查子女间的协商内容。如约定由其中一名子女承租并购买，所有权归所有子女所有，则应认定系子女为取得财产的所有权而达成的约定，所购公房归所有子女所有。在具体分割时，应综合考虑购房款的出资情况和使用工龄情况，确认各子女应享有的房产份额。如约定由其中一名子女承租并购买，购房款由该子女出资，权属归该子女所有，应认定系子女间对该房屋所有权归属达成的约定，所购公房归该子女所有。

本案中，涉案房屋的承租人牛某某在房改过程中去世，只有牛甲、牛乙两位法定继承人，经公房产权单位允许，牛甲、牛乙协议约定将承租人变更为牛乙，但房屋权属归于牛甲、牛乙，目的在于使承租的公房转化为牛甲、牛乙可以享有所有权的房屋，其真实意思并非将所购公房产权确认给牛乙一人所有。该协议不违反法律法规的强制性规定，合法有效。故涉案房屋应为牛甲、牛乙共同所有。同时，因购房时使用了牛乙的工龄，且购房款由牛乙支付，因此在分割涉案房屋时，法院据此酌定牛乙享有较多的份额并应给付牛甲相应产权份额的房屋折价款。

编写人：北京市朝阳区人民法院　陈一铮

6

认定借名买房关系应考量的因素

——郝甲诉陈某物权保护案

【案件基本信息】

1. 裁判书字号

北京市海淀区人民法院（2019）京0108民初51432号民事判决书

2. 案由：物权保护纠纷

3. 当事人

原告：郝甲

被告：陈某

【基本案情】

2007年9月12日，出卖人北京富民住房股份有限公司与买受人郝甲签订《北京市商品房预售合同》，购买位于某小区34号住宅楼×单元的A房屋，房屋总价款370776元，买受人采取一次性付款方式付款。2019年1月15日，郝甲交纳契税并取得完税证明，于当日取得涉案房屋不动产权证书，证书登记的房屋权利性质为划拨/经济适用住房。

郝甲之弟郝乙与陈某原系夫妻关系，双方于2018年11月12日经法院调解离婚。陈某主张涉案房屋系其与郝乙夫妻关系存续期间，借郝甲之名所购经济适用住房，主张曾见到郝乙与郝甲就借名买房一事签订书面协议，但未提交相应证据证明。郝甲对此否认。陈某认可在郝甲购房时，其与郝乙均不具备涉案经济适用住房的购房资格。

就涉案购房款的支付情况而言，其中222058.97元系通过郝甲名下中国邮政储蓄银行某账号刷卡支付，其余款项150000元为郝乙支付。陈某、郝甲均申请证人出庭以证明购房款为各自借款支付。郝甲认可向郝乙借款150000元支付涉案房屋购房款，陈某主张该购房款为郝乙与其借名购房支付的购房款。

陈某提交郝乙书写的一张说明，内容为："2007 年 9 月购买的某小区住房一套，因当时自己不是北京户口，购买此房必须是北京户口，故找到哥哥，哥哥同意用其身份证购买住房，审批手续都是自己拿着哥哥的身份证跑下来的。房款总额为 379684.97 元，含维修基金印花税 7626 元，后装修加家具花了 8.3 万元左右。"诉讼中，郝乙出庭作证，其认可该说明系其书写，但主张系受陈某胁迫所写，其与郝甲之间并无借名买房关系。

涉案房屋交付后，一直由陈某及郝乙居住使用，陈某与郝乙离婚后，郝乙搬出涉案房屋。现房屋由陈某居住使用。

郝甲主张房屋租金，其称与郝乙有协议，郝乙对此予以认可，陈某对此不予认可。截至本案诉讼前，郝甲从未向郝乙、陈某主张过房屋租金。

【案件焦点】

陈某、郝乙与郝甲之间是否存在借名买房关系。

【法院裁判要旨】

北京市海淀区人民法院经审理认为：不动产权属证书是权利人享有不动产的物权的证明。根据涉案房屋不动产登记证书及商品房预售合同等相关文件记载，郝甲为不动产登记所有人。

陈某主张陈某、郝乙与郝甲之间就涉案房屋存在借名买房关系，对此应从以下几方面予以分析：首先，陈某并未提交证据证明双方之间存在借名买房的协议，虽郝乙书写说明提及借名买房一事，但自始至终，作为相对方的郝甲均未作出对应的意思表示，无法确认双方之间存在借名买房协议；其次，涉案房屋性质为经济适用住房，2007 年购买该房时，陈某、郝乙并无相应购房资格，其借名购买涉案房屋已经违反了经济适用住房的相应管理规定；最后，涉案房屋于 2019 年 1 月 15 日由郝甲取得产权证书，至今并不具备上市交易的条件。综上，陈某主张其系借名购买涉案房屋的权利人，但其未提交证据证明与郝甲之间存在借名买房协议，其与郝乙亦不具备购房资格，涉案房屋至今亦不具备上市交易的条件，因此依照现有证据和条件，均不足以认定陈某、郝乙为涉案房屋的实际权利人，涉案房屋权利人应按照不动产权属证书登记记载，确认为郝甲。现郝甲作为涉案房屋所有权人起诉要求陈某搬离于法有据，予以支持。

针对涉案房屋使用费请求，双方之间并无书面约定，而从房屋实际由陈某、郝乙占有使用长达10年时间郝甲对此知情且未主张费用的情况，足以认定双方之间对于房屋使用并无有偿的约定，因此对于郝甲要求陈某支付房屋使用费的诉讼请求不予支持。就陈某主张的其本人及郝乙向郝甲账户打款支付购房款，应为借款等其他法律关系，就此双方应另行解决。

北京市海淀区人民法院依照《中华人民共和国物权法》第三十五条规定，判决如下：

一、陈某于本判决生效后六十日内从涉案房屋搬离；

二、驳回郝甲的其他诉讼请求。

【法官后语】

司法实践中，是否认定当事人之间存在借名买房关系，首先要区分所购房屋是一般商品房还是经济适用房等保障性住房。对于一般性商品房，主要考虑以下几个方面：

一是是否存在借名买房协议。借名买卖房屋协议的本质是当事人之间对房屋所有权归属于实际出资人的约定。若借名购买的房屋为一般性商品房，那么当事人之间的借名买房合同有效。当事人应当按照约定履行自己的义务，不得擅自变更或者解除合同。借名人可提起合同之诉，要求出名人为其办理房屋过户登记手续。

二是“借名人”是否为实际出资人并履行了相应的出资义务。大多数借名买房关系中，“出名人”只负责付出“名义”，而实际出资义务由真正买房人负担。“借名人”履行了全部出资或相应出资，是认定借名关系成立的基本要件。

三是借名人是否实际控制、使用房屋，即房屋由谁实际居住或向外出租。这是考虑当事人之间是否存在借名买房关系的重要因素。

审判实践中，当事人一方提供证据证明其对房屋的购买确实存在出资，但不足以证明双方之间存在借名登记的约定，其主张要求对方办理房屋所有权转移登记的，一般不予支持。

对于类似本案的情况，即借名购买经济适用房等针对特殊人群的保障性住房，借名买房合同是否有效，目前在司法实践中存在不同观点。一种观点是借名买房合同有效，主要理由是，虽然《经济适用住房管理办法》规定特定人群才可购买经济适用房，但根据《中华人民共和国民法典》第一百五十三条规定，违反法律、行政法规的强制性规定的民事法律行为无效。这里的“法律、行政法规的强制性规定”，是指全国人大及其常委会制定的法律和国务院制定的行政法规。法院不得以部门规章或地方性法规为依据确认合同无效。《经济适用住房管理办法》属于部门规章，不能以此为依据认定借名购买经济适用房的合同无效。另一种观点是借名购买经济适用房的合同无效，借名人不能据此获得房屋所有权。主要理由是，经济适用房等保障性住房是为城市低收入人群建设，通常会对购买者的身份及收入等方面有明确的限制，若不符合该条件的人可以通过借名方式购买经济适用房，则与经济适用房保障低收入弱势群体的制度设立目的相违背，也侵害了该部分人群的利益，属于因损害社会公共利益而导致合同无效的情形，故借名购买经济适用房的合同无效。

笔者赞同第二种观点。《全国法院民商事审判工作会议纪要》第三十条规定，下列强制性规定，应当认定为“效力性强制性规定”：强制性规定涉及金融安全、市场秩序、国家宏观政策等公序良俗。借名购买经济适用房违背了效力性强制规定，也违背了社会公共利益，故合同无效。对此，北京市高级人民法院的相关指导文件亦有明确规定。例如，《北京市高级人民法院关于审理房屋买卖合同纠纷案件适用法律若干问题的指导意见（试行）》第十六条规定，借名人违反相关政策、法规的规定，借名购买经济适用住房等政策性保障住房，并登记在他人名下，借名人主张确认房屋归其所有或者依据双方之间的约定要求登记人办理房屋所有权转移登记的，一般不予支持。《北京市高级人民法院关于审理房屋买卖合同纠纷案件若干疑难问题的会议纪要》第十条规定，借名人要求办理房屋过户登记手续，在借名买房合同构成法律上的履行不能的情况下，法院应当释明借名人可以主张解除合同，经释明借名人坚持不变更诉讼请求的，应当判决驳回其诉讼请求。借名买房合同解除的，借名人有权要求出名人承担包括赔偿房屋差价损失在内的违约责任。

值得注意的是，《中华人民共和国民法典》第一百五十三条对于原《中华人民共和国合同法》第五十二条因损害社会公共利益、违反法律、法规的效力性强制性规定而导致法律行为无效的内容，进行了承继和完善，提出了“公序良俗”法律概念，作为认定合同效力的标准。《中华人民共和国民法典》第一百五十三条规定：“违反法律、行政法规的强制性规定的民事法律行为无效。但是，该强制性规定不导致该民事法律行为无效的除外。违背公序良俗的民事法律行为无效。”其中的“公序良俗”，实际包括公共秩序与善良风俗两个方面，公共秩序是指法律秩序，善良风俗是指法律秩序之外的道德。公共秩序又可以进一步划分为基本权利实现型公序和管理秩序维护型公序，还可以进一步划分为基本权利之维护、弱者利益之保护、经济社会管理秩序之维护、婚姻家庭秩序之维护以及伦理道德之维护五大类。显而易见，在民法典的法律体系下，对于类似于本案中借名买房的法律问题，在司法实践中更具有可操作性，借名购买经济适用房的行为，明显违反了弱者权利之保护以及经济社会管理秩序之维护，可直接适用“背俗无效”规则，得出该法律行为无效的结论。

编写人：北京市海淀区人民法院　宋窈

7

仅享有拆迁安置面积的被安置人独占使用安置房屋的判定原则与标准

——刘某蕊诉金某庚等所有权确认案

【案件基本信息】

1. 裁判书字号

北京市第三中级人民法院（2019）京03民终10671号民事判决书

2. 案由：所有权确认纠纷

3. 当事人

原告（被上诉人）：刘某蕊

被告（上诉人）：金某庚、金某清、金某

【基本案情】

北京市通州区永顺镇王家场村（以下简称王家场村）A号宅基地登记在金某庚

名下。2005 年 12 月 27 日，王家场村村委会（甲方）与金某庚（乙方）签订了第 072 号《房屋拆迁安置合同》，合同写明：一、乙方在拆迁范围内宅基地使用面积 257.96 平方米，房屋建筑面积 155.46 平方米，正式户口 3 人，常住人口 1 人，应安置人口 4 人，应安置面积 200 平方米。二、1. 安置房屋为 16 号楼 B 号一居室，面积 49 平方米，折价款 68992 元；2. 安置房屋为 17 号楼 C 号二居室，面积 78 平方米，折价款 84864 元；3. 安置房屋为 22 号楼 D 号二居室，面积 78 平方米，折价款 114816 元……五、以上安置房价款共计 268672 元，乙方拆迁补偿补助款 361725 元。其中合同中手写部分为：补差面积 1 平方米，计 400 元。甲方退乙方 93453 元，房屋产权归乙方所有。

2018 年 12 月 22 日，王家场村村委会出具证明，内容为：王家场村于 2005 年进行旧村改造，安置给王家场村 A 号宅基地，户主金某庚 4 口人，共计 200 平方米安置房。其中正式户口 3 人，包括金某庚本人及其妻子刘某蕊和金某庚之子金某，常住人口 1 人（为金某庚之父金占某或之母金秀某中的其中一人），各 50 平方米安置房。

《永顺镇王家场村旧村改造拆迁安置方案》第十条规定，一层楼房预留给 60 周岁以上老人和生活不能自理下肢严重残疾的户。金秀某在拆迁时已年逾七十。拆迁后，金占某、金秀某一直居住在 B 号房屋内，之后该房屋由金秀某居住使用直至 2017 年金秀某烫伤后搬去与金某生同住。后该房屋由其姐妹金某芹、金某凤代金秀某出租，房租由金某生的妻子袁某兰收取用于金秀某的日常生活。

刘某蕊与金某庚已离婚，现刘某蕊要求确认其对 B 号房屋的排他性使用权。

【案件焦点】

被安置人之一的刘某蕊能否以其享有 50 平方米的安置面积要求独占使用 B 号房屋。

【法院裁判要旨】

北京市通州区人民法院经审理认为：刘某蕊确属拆迁被安置人之一，按照村内拆迁政策享受安置面积 50 平方米，B 号房屋为 49 平方米，综合刘某蕊享有的拆迁安置面积、房屋的实际使用情况，由刘某蕊享有使用权并无不当。

北京市通州区人民法院依据《中华人民共和国民法总则》第三条、《中华人民共和国民事诉讼法》第六十四条第一款之规定，判决如下：

一、确认B号房屋由刘某蕊居住使用；

二、驳回刘某蕊的其他诉讼请求。

金某庚、金某清、金某不服一审判决，提起上诉。北京市第三中级人民法院经审理认为：拆迁时金秀某已年逾七旬，符合安置方案中一层楼房的取得条件，且其作为被安置人口享有50平方米安置面积，其权益应得到保护；2005年拆迁至2017年，金某庚、刘某蕊、金秀某、金某分别使用拆迁所得的3套房屋，可以认定拆迁安置以来双方就房屋的分配、使用状态已经基本稳定。

刘某蕊要求确认B号房屋的排他性使用权的依据是其在拆迁中享有50平方米的安置面积。但是从拆迁安置补偿面积与安置房屋的关系来看，取得安置房屋仍需支付对应的价款而非无偿取得。本案双方当事人均确认拆迁安置过程中金某庚分得的3套房的购房款系2005年拆迁时直接折抵登记在金某庚名下的王家场村A号院的拆迁补偿补助款而来，刘某蕊自认其婚后并未对A号院中原有房屋进行改建、扩建、翻建。综合以上情况，刘某蕊要求排他性占有、使用原由金秀某居住使用的B号房屋缺乏事实及法律依据。

北京市第三中级人民法院依照《中华人民共和国民法总则》第三条、《中华人民共和国民事诉讼法》第一百七十条第一款第二项规定，判决如下：

一、撤销北京市通州区人民法院（2019）京0112民初4470号民事判决；

二、驳回刘某蕊的全部诉讼请求。

【法官后语】

本案是拆迁安置引发的利益分配中较有代表性的一类，即在安置房屋不能满足被安置人人均享有一套的情况下，仅享有拆迁安置面积的被安置人是否可以享有房屋的排他性使用权或所有权，对此问题司法实践中存在分歧。一种观点认为，只要当事人是被安置人就享有拆迁安置面积，那么就可以将与其享有的拆迁安置面积近似的房屋判归其独占使用；另一种观点认为，享有拆迁安置面积的当事人并不当然能够取得安置房屋的所有权或排他性的使用权，其针对某一特定房屋是否能够享有权益还需要具体酌情分析。本案的裁判认同上述第二种观点。在判断享有拆迁安置面积的被安置人能否取得安置房屋的所有权或排他性使用权时，应综合考虑以下因素：

第一，拆迁安置面积与安置房屋的关系。拆迁安置面积与安置房屋之间既有关联又有区别。一方面，享有拆迁安置面积是取得安置房屋的前提，在拆迁安置项目中，能够取得安置房屋的受众是相对固定的，因为保障被安置人居住是安置房屋的首要功能。另一方面，享有拆迁安置面积并不等于直接取得了安置房屋，通常情况下，安置房屋根据各个拆迁项目不同采取阶梯定价方式，被安置人购买安置房屋时在其享有的拆迁安置面积范围内享有最低价格，超出部分则需支付更高的购房价格，仅享有拆迁安置面积并不等于就取得了安置房屋。以金某庚家为例，其购买的三套安置房屋的面积基本上是四名被安置人获得的拆迁安置面积的总和，多出的50平方米被列为超额面积，需要支付超额面积购房款。

第二，购买安置房屋的资金来源。在大多数案例中，拆迁补偿款是被安置人购买安置房屋的主要资金来源。拆迁补偿款的主要构成是区位补偿价和重置价，主要是针对被拆迁人所有的原宅基地及地上物的补偿。如果安置房屋的购房款全部来自拆迁补偿款，则应认定安置房屋是原有的宅基地及房屋的价值的转化，在转化的过程中原有的宅基地及房屋的所有权人仍享有转化后价值的所有权，其他人员即使被列为被安置人也不当然享有转化后的财产价值及因再次转化而取得的房屋所有权。在有的拆迁项目中，拆迁补偿款甚至不向被拆迁人发放而是直接转化为安置房屋的购房款，本案中金某庚家取得的三套安置房屋就属于这种情况。

第三，安置房屋的居住使用状况。安置房屋的居住使用状况也是需要考虑的重要因素之一。以本案为例，拆迁至本案诉讼发生已时隔13年，双方一致确认2005年拆迁后诉争的B号房屋在金秀某因受伤与二儿子同住之前一直由其居住，另外两套中一套由刘某蕊与金某庚居住，另一套由金某居住。也就是说，在刘某蕊与金某庚婚姻关系发生变化前，金某庚一家就安置房屋的分配、使用状态已经基本稳定。在这种情况下，刘某蕊以其系被安置人享有对安置房屋的居住使用权为由要求排他性地使用原由金秀某居住使用的房屋，实际上是要求通过判决的方式改变原有的、家庭内部已经达成共识的居住方案。刘某蕊主张自己的拆迁安置利益，可以要求将原由其居住使用的房屋一间判归其居住使用，也可以通过经济补偿的方式要求其他被安置人补偿其因不能实际居住使用安置房屋的利益。如果其选择经济补偿方式而放弃安置房屋的居住使用，则其他被安置人将会因使用刘某蕊的拆迁安置面积而受益，应由其他全体被安置人共同向刘某蕊支付经济补偿款。

编写人：北京市第三中级人民法院　周易

8

涉婚姻关系的机动车不应仅以登记信息作为权属认定依据

——顾某诉铝业公司所有权确认案

【案件基本信息】

1. 裁判书字号

江苏省常州经济开发区人民法院（2019）苏0492民初1760号民事判决书

2. 案由：所有权确认纠纷

3. 当事人

原告：顾某

被告：铝业公司

【基本案情】

顾某之女程甲与铝业公司法定代表人周某之子周甲系夫妻关系，双方于2015年3月前后办理了订婚宴席。同年中秋节前，周甲至顾某处拜访，并将携带的现金58万元及烟酒、首饰等礼品交予顾某。顾某收到上述款项后，于同年9月21日存入新开立的银行账户中。

2015年9月29日，为购买奔驰轿车，顾某之夫程某向万帮公司支付了定金1万元，顾某于10月23日通过上述新开立账户向万帮公司支付64万元，程某于10月28日向万帮公司支付了尾款0.88万元。顾某陈述除以上刷卡支付的款项外，其还支付了其他费用5万元。

购买车辆后，考虑到程甲与周甲已经订婚，且此后会缔结婚姻关系，顾某同意将车辆登记在铝业公司名下，用以抵扣相应税款，后该车辆上牌为苏D×××××，于2015年10月27日登记在铝业公司名下。2015年10月30日，程甲与周甲登记结婚，婚后该车辆主要由程甲使用。该车辆在使用期间产生的维修、违章费用均由程某缴纳，2015年至2017年的保险费用由顾某家人缴纳，2018年度的保险费用由铝业公司缴纳。

【案件焦点】

本案中所涉车辆系何性质、应如何认定该车辆的权属。

【法院裁判要旨】

江苏省常州经济开发区人民法院经审理认为：我国动产物权采取以交付为生效要件的原则，《中华人民共和国物权法》第二十三条规定，动产物权的设立和转让，自交付时发生效力。机动车作为一种特殊的动产，我国对其实行登记制度，但登记信息并不能作为车辆权属认定的依据，而应兼顾车辆的出资、交付及使用情况进行综合认定。同时，顾某与铝业公司法定代表人周某系亲家关系，程甲与周甲的婚姻关系使本案当事人之间的关系亦区别于普通当事人，故顾某仅以苏 D×××××号车辆由其出资而主张其享有该车辆的所有权，缺乏充分法律依据。虽然从形式上看，苏 D×××××号车辆的所有购车款均从顾某及程某的银行卡上支出，但周甲在 2015 年中秋节前后曾向顾某交付 58 万元现金的事实亦尤为关键。铝业公司主张该 58 万元系由公司出资，但未能提交充分证据证明该款项系来源于公司，而周甲表示该款项系其父亲周某给的，故该款项的实际出资人应为周某。中秋节前，程甲与周甲已经订婚，周甲在拜访顾某时不仅携带了金银首饰、烟酒等礼品，还携带了大额现金，且与媒人居某某同行，虽此后法院向居某某调查时其不愿告知任何情况，但从上述种种以及此后程甲与周甲在 2015 年 10 月登记结婚的事实来看，周甲交付的 58 万元有高度可能为彩礼性质。

从顾某收取彩礼后的一系列事实来看，程某于 2015 年 9 月 29 日第一次向万帮公司支付定金，该时间与周甲交付彩礼的时间非常接近；后顾某于 2015 年 10 月 23 日向万帮公司支付了 64 万元购车款，而其使用的正是其在收取了彩礼后用于存款的新开立的银行卡；在车辆登记时，顾某亦是基于程甲与周甲的关系而将车辆登记在铝业公司名下；车辆交付后及婚后均实际由程甲使用，且存在程某及铝业公司均曾为该车辆支付保险费用的情况，从上述种种均能看出该车辆的购置与程甲及周甲的婚姻关系之间存在不可分割的联系。当事人对自己提出的主张，有责任提供证据。顾某作为程甲的母亲，其未能提交任何证据证明其与车辆登记方即铝业公司之间存在关于车辆实际权属的约定，而仅依据购车款均从其卡中支出来主张车辆所有权依据不足。综上，顾某要求确认其为苏D×××××号车辆的所有权人并要求铝业公司协助办理过户手续的诉讼请求无事实和法律依据，不予支持。

江苏省常州经济开发区人民法院依照《中华人民共和国物权法》第二十三条、《中华人民共和国民事诉讼法》第六十四条第一款、《最高人民法院关于适用〈中华人民共和国民事诉讼法〉的解释》[①] 第一百零八条第一款规定，作出如下判决：

驳回顾某的所有诉讼请求。

【法官后语】

彩礼与陪嫁作为我国的传统婚嫁风俗由来已久，各地因风土人情及经济水平的不同而呈现不同的特征。近年来，随着生活水平的不断提高，彩礼及陪嫁价值也水涨船高，动辄数十万元的彩礼及豪华汽车陪嫁已成为常态。然而，与彩礼、陪嫁相关的权属纠纷也越来越多。本案即为因上述习俗引发的所有权确认纠纷案件，讨论的意义在于明确基于婚嫁风俗，机动车作为陪嫁时的权属认定规则。

机动车作为一种特殊的动产，《中华人民共和国民法典》对其权属采用登记对抗主义原则。机动车所有权的设立和转让同一般动产一样，自交付时发生效力。当机动车作为陪嫁时，情况较为复杂，不仅车辆购置款中可能会混合包含彩礼在内的多方资金，车辆登记也会因婚嫁风俗的影响而出现多样化的形态。本案所涉奔驰轿车，登记在铝业公司名下，铝业公司据此认为其享有该车辆所有权；而顾某以所有款项均由其出资为由，认为其才是车辆的所有权人。之所以产生争议，是因为本案并非单纯的所有权确认纠纷，而是因婚嫁习俗引发的财产纠纷。矛盾纠纷既源于习俗，解决时就不能脱离习俗。笔者认为，在处理陪嫁机动车的所有权归属时，应将法律规范和习俗结合起来，综合款项来源、车辆交付情况、登记信息、赠与意思表示等多方面进行判断。

1. 案涉车辆具有陪嫁性质

习俗中所谓陪嫁，是指女方家庭在女儿出嫁时为女儿准备的结婚用品。本案中，虽铝业公司主张周甲向顾某交付的系购车款，且认为彩礼习俗是“恶俗”，其

---

① 配合《中华人民共和国民法典》的施行，最高人民法院于2020年12月对大量司法解释进行了修正。本书收录的案例均裁判于相关司法解释修正之前，适用的是当时有效的司法解释，下文将不再对此进行提示。

坚决予以抵制，但从查明的事实来看，程甲与周甲办理订婚宴席后的第一个中秋节，周甲拜访顾某并向其交付了由其父亲周某出资的现金58万元及烟酒、首饰等礼品，该行为符合当地男方需在重要节日拜访女方长辈的习俗，交付的现金数额巨大，且全程由媒人陪同，故而明显不同于平日交往中为增进感情而赠送的礼物，该行为明显以缔结婚姻为目的，该58万元应认定为彩礼。

而顾某方面，其在收取彩礼后短时间内即办理了轿车购买手续，因上述彩礼金额不足，其自行补贴了部分款项，并在程甲与周甲结婚登记之前将购买手续办理完毕，基于程甲与周甲的婚姻关系，顾某将车辆登记在周甲父亲经营的铝业公司名下，此后该车由程甲使用，上述种种均能反应该奔驰轿车系陪嫁性质。

2. 以彩礼所购陪嫁财产权属的认定

出于改善女儿婚后生活条件及争取在新婚家庭中更高的家庭地位等原因，陪嫁应属于女方父母实施的赠与行为。于法于情于理，陪嫁必然包含了父母对自己女儿赠与的意思表示，故通说认为，父母在婚姻登记之前赠与女儿的陪嫁，应属女方个人财产。但从我国民法典婚姻家庭编及司法解释的相关规定来看，在判断婚姻关系双方受赠财产的权属时，不仅要考虑赠与人的意思表示，同时要考虑购买财产的出资情况。

首先，根据《中华人民共和国民法典》第一千零六十二条、第一千零六十三条规定，夫妻在婚姻关系存续期间所获得的赠与财产属于夫妻共同财产，但确定只归夫或妻一方的财产则属于个人财产。相应地，在缔结婚姻关系之前，如赠与人明确赠与夫妻双方，应可认定为夫妻共同财产。本案中，案涉奔驰轿车系顾某为程甲购置的陪嫁，在进行车辆登记的时候，顾某选择将车辆登记在周甲父亲经营的铝业公司名下，且登记的时间在其女儿与周甲结婚登记之前，这当然不能视作顾某将车辆赠与铝业公司，而是顾某出于程甲与周甲二人即将登记结婚，其与周某即将成为儿女亲家考虑，选择以另一种方式作出将案涉奔驰轿车赠与程甲与周甲的意思表示，故而案涉奔驰轿车应认定为程甲与周甲的夫妻共同财产。

其次，对于婚后由双方父母出资购买的不动产的权属认定，最高法院的司法解释有明确规定，由父母出资购买的机动车作为动产未被列入适用范围，但探究法条背后的价值判断，可知在确定此类产权归属时，出资行为是一项重要的判断因素。结合本案，案涉奔驰轿车总价高达65万余元，购车款虽形式上全部从顾某处支出，但款项中包含了周某支付的彩礼58万元。顾某与周某出资的目的均为促成程甲与周甲的婚姻缔结，且是以获得长久稳定的婚姻关系为期望；顾某购买车辆意在便利程甲与周甲二人婚后的生活。事实上，该车辆在此后几年的保险费支出，铝业公司及程甲父母均有负担。综上，该奔驰轿车从出资、使用到登记、费用支出均指向程甲与周甲双方，故应认定为程甲与周甲的夫妻共同财产。

在案发当地，女方收取男方彩礼后再另行补贴款项购买汽车或将全部现金作为陪嫁交由女方带去新婚家庭是一种习俗，习俗是人们从情理出发，经过反复博弈并为大多数人所普遍接受的一套与他们生活相适应的规则体系，因此法院在解决有关陪嫁财产权属问题时不能脱离习俗，既不能片面地仅以付款主体进行确认，亦不能机械地仅以占有或登记信息作为依据，而应将法律和习俗结合起来，坚持公平公正原则，做到法、理、情统一，才能实现法律效果与社会效果的有机统一。

编写人：江苏省常州经济开发区人民法院　高立群

9

房产开发企业进入破产程序后，已支付全部购房款但未完成所有权转移登记的房屋是否属于破产财产

——梁某嘉、郑某香诉世和城建公司物权确认案

【案件基本信息】

1. 裁判书字号

广东省茂名市中级人民法院（2019）粤09民初110号民事判决书

2. 案由：物权确认纠纷

3. 当事人

原告：梁某嘉、郑某香

被告：世和城建公司

【基本案情】

2016 年 12 月 24 日，梁某嘉、郑某香作为买受人，世和城建公司作为出卖人签订了《商品房买卖合同（预售）》，合同中约定由梁某嘉、郑某香购买世和城建公司开发的位于茂名市茂南区人民南五路 88 号大院 × 号 A 房，房屋总价为 738537 元，梁某嘉、郑某香应当于 2016 年 12 月 24 日前支付首期房价款 188537 元给世和城建公司，余款 550000 元由梁某嘉、郑某香向中国农业银行申请贷款支付给世和城建公司，世和城建公司须于 2017 年 12 月 31 日前交付该商品房给梁某嘉、郑某香。签订合同后，梁某嘉、郑某香已按合同约定付清全部购房款给世和城建公司，世和城建公司至今没有向梁某嘉、郑某香履行交房义务。

2019 年 1 月 31 日，法院作出（2019）粤 09 破 1 号民事裁定，受理申请人世和城建公司的重整申请，并依法指定广东南天竹律师事务所担任管理人。

【案件焦点】

涉案商品房是否属于世和城建公司的破产财产。

【法院裁判要旨】

广东省茂名市中级人民法院经审理认为：梁某嘉、郑某香起诉请求确认涉案房屋不属于世和城建公司的破产财产，故本案案由应为物权确认纠纷。梁某嘉、郑某香与世和城建公司签订的《商品房买卖合同（预售）》是双方当事人的真实意思表示，内容未违反法律规定，合法有效。梁某嘉、郑某香根据合同的约定付清了涉案房屋的全部购房款，但世和城建公司未按合同约定交付房屋，亦未办理涉案房屋的不动产权证到梁某嘉、郑某香名下。目前，世和城建公司已依法进入重整程序。虽然《最高人民法院关于审理企业破产案件若干问题的规定》（本案以下简称《审理破产案件规定》）第七十一条第五项规定“特定物买卖中，尚未转移占有但相对人已完全支付对价的特定物”不属于破产财产，但该规定与其后颁布的《中华人民共和国物权法》第九条第一款“不动产物权的设立、变更、转让和消灭，经依法登记，发生效力；未经登记，不发生效力，但法律另有规定的除外”的规定不相符，应适用《中华人民共和国物权法》第九条第一款的规定。从《中华人民共和国物权法》第九条第一款的规定可见，不动产登记是不动产权利变动的生效要件，在房屋所有权未进行转移登记的情况下，房屋所有权并未转移，仍归属于出卖人。本案中，虽然买受人即梁某嘉、郑某香已支付了涉案房屋的全部购房款，但因未完成该房屋所有权转移登记到梁某嘉、郑某香名下的手续，故该房屋仍应认定为出卖人即世和城建公司的财产。梁某嘉、郑某香诉请确认涉案房屋不属于世和城建公司的破产财产，理据不足，予以驳回。另外，由于梁某嘉、郑某香已支付了涉案房屋的全部购房款，其两人就所购房屋对世和城建公司享有债权，该债权具有特定性和优先性，世和城建公司应当在破产程序中优先履行商品房买卖合同约定的交付已建成房屋并协助办理所有权转移登记的义务。

广东省茂名市中级人民法院依照《中华人民共和国物权法》第九条第一款规定，判决如下：

驳回梁某嘉、郑某香的诉讼请求。

【法官后语】

房地产开发企业进入破产程序后，已支付全部购房款但未完成所有权转移登记的房屋是否属于债务人财产，在司法实践中，存在以下不同观点：

一种观点认为，根据原《中华人民共和国物权法》第九条规定，不动产物权的变动以登记为要件，但同时又规定“法律另有规定的除外”，这不仅指原《中华人民共和国物权法》第二十八条至第三十条规定的情形，也包括破产法等法律作出的特别规定。而《审理破产案件规定》第七十一条规定“下列财产不属于破产财产：……（五）特定物买卖中，尚未转移占有但相对人已完全支付对价的特定物”，且该条规定与《中华人民共和国企业破产法》及其他有关破产法司法解释之间并不存在冲突，所以该条规定仍然具有法律效力，应当继续适用。因此，权属未进行变更登记的房屋，在已经支付全部购房款或者实际占有房屋的情形下，应认定归属买受人所有，而不再属于出卖人（债务人）的财产。

另一种观点认为，根据原《中华人民共和国物权法》关于不动产物权登记生效原则，除法律另有规定的以外，不动产登记是不动产权利变动的生效要件，在房屋所有权未进行转移登记的情况下，房屋所有权并未转移，而仍归属于出卖人。而且，一方面，《中华人民共和国企业破产法》第三十条规定：“破产申请受理时属于债务人的全部财产，以及破产申请受理后至破产程序终结前债务人取得的财产，为债务人财产。”该条没有但书规定，《中华人民共和国企业破产法》对本案所涉情形也未作出其他规定；另一方面，《最高人民法院关于适用〈中华人民共和国企业破产法〉若干问题的规定（二）》（本案以下简称《破产法司法解释（二）》）第二条规定：“下列财产不应认定为债务人财产：（一）债务人基于仓储、保管、承揽、代销、借用、寄存、租赁等合同或者其他法律关系占有、使用的他人财产；（二）债务人在所有权保留买卖中尚未取得所有权的财产；（三）所有权专属于国家且不得转让的财产；（四）其他依照法律、行政法规不属于债务人的财产。”相比较《审理破产案件规定》第七十一条，前者除了明确将第二、三、六、九等六项删除以外，其他表述并无不同。而《破产法司法解释（二）》第四十八条规定：“本规定施行前本院发布的有关企业破产的司法解释，与本规定相抵触的，自本规定施行之日起不再适用。”因此，《审理破产案件规定》中与《破产法司法解释（二）》规定不一致的内容已经不再适用，房屋所有权仍登记在出卖人名下的，该房屋应当属于出卖人的财产。

《中华人民共和国民法典》关于不动产物权变动的规则沿袭了原《中华人民共和国物权法》的登记生效原则。根据该原则及破产法司法解释的规定，第二种意见更为符合法律规定的精神以及法理逻辑。主要理由如下：

从不动产物权变动规则看，在原《中华人民共和国物权法》实施后，对于不动产物权变动的认定应一体遵循该法确立的规则，即“不动产物权的设立、变更，转让和消灭，经依法登记，发生效力：未经登记，不发生效力，但法律另有规定的除外”。对于已经支付了全部购房款但未办理所有权转移登记的房屋，《中华人民共和国企业破产法》等法律并未有特别规定。因此，对其权属的认定应当以登记生效为原则。《中华人民共和国企业破产法》则确立了债务人财产范围界定的原则，即“破产申请受理时属于债务人的全部财产，以及破产申请受理后至破产程序终结前债务人取得的财产，为债务人财产”。《破产法司法解释（二）》第三条第一款据此规定：“债务人已依法设定担保物权的特定财产，人民法院应当认定为债务人财产。”这些规定显然符合现行物权立法上关于物权变动的规定以及《中华人民共和国企业破产法》对于债务人财产范围的界定。与之类似，房屋买受人在房屋所有权转移登记完成之前，对出卖人享有的仅为债权，故此种情形下的房屋仍应属于债务人财产。《破产法司法解释（二）》第二条的规定符合原《中华人民共和国物权法》对不动产物权变动的规定，系根据《中华人民共和国企业破产法》第三十条的规定对债务人财产的准确解释,《审理破产案件规定》中与《破产法司法解释(二)》规定不一致之处应不再适用。因此,买受人已支付了全部购房款但未完成所有权转移登记的房屋应认定为债务人财产。本案中,梁某嘉、郑某香并未取得案涉房屋所有权,其起诉请求涉案房产不属于债务人的财产,没有依据。

另外,在无法行使取回权的情况下,如何保障已支付了全部购房款的买受人的房屋产权利益?笔者认为,根据我国法律、司法解释所体现的逻辑链,支付了全部购房款的买受人对于该房屋的权利系优先于担保物权获得保护的特殊债权,房地产开发企业应当在破产程序中优先履行商品房买卖合同约定的交付已建成房屋并协助办理所有权转移登记的义务,该行为不构成《中华人民共和国企业破产法》第十六条所称的无效的个别清偿行为。

编写人:广东省茂名市中级人民法院 陈春何 巫钊

10

开发商合围架空层建设的储藏间权属的认定

——名江丽景花园业委会诉名江房地产公司建筑物区分所有权案

【案件基本信息】

1. 裁判书字号

江西省上饶市中级人民法院(2020)赣11民终1167号民事判决书

2. 案由:建筑物区分所有权纠纷

3. 当事人

原告(上诉人):名江丽景花园业委会

被告(被上诉人):名江房地产公司

【基本案情】

名江房地产公司是名江丽景花园小区的开发商。名江丽景花园一期工程 C1－C11、D7－D10 工程于 2008 年 4 月 19 日进行了房屋建筑工程和市政基础设施工程竣工验收备案，建筑面积为商住 51090 平方米、地下室 4780 平方米、2.2 米以下架空层 2940 平方米，结构类型为框架、工程用途为商住。一期工程施工过程中，名江房地产公司按照设计施工图纸中的《架空层平面图》将架空层全部建造为储藏间。名江丽景花园二期工程 A1－A6、B1－B10、D1－D6 及幼儿园工程于 2008 年 4 月 18 日进行房屋建筑工程和市政基础设施工程竣工验收备案，建筑面积为 125333 平方米，其中地下室 9522 平方米，结构类型为框架、工程用途为商住。二期工程施工过程中，名江房地产公司按照设计施工图纸中的《架空层平面图》将涉诉 B7、B8、B9 号的一单元架空层全部建造为储藏间。

2008 年 12 月 26 日、2010 年 12 月 13 日，原上饶县房地产管理局先后出具《商品房综合验收合格证》，分别载明名江丽景花园一、二期建筑面积，对上述架空层（储藏间）均未予定性。在商品房销售过程中，名江房地产公司以签订《名江丽景花园储藏间使用权转让协议书》的方式，将涉诉储藏间的使用权有偿转让给部分小区业主。

另，案涉储藏间未计入小区规划时的容积率，亦未纳入业主公摊面积。

名江丽景花园业委会请求确认名江丽景花园小区的 B 区 B7、B8、B9 栋一单元的架空层（储藏间）共 356.94 平方米，C 区 C2、C3、C4、C5、C8、C9、C10、C11 栋架空层（储藏间）共 2940 平方米，归全体业主共同所有。

【案件焦点】

未经行政规划许可，房屋综合验收时也未经行政机关认定，对于开发商按照施工图纸将架空层建设成四周合围的储藏间，法院是否有权直接认定其权利归属。

【法院裁判要旨】

江西省上饶市广信区人民法院经审理认为：建筑物的共用部分在构造、使用上应当具有非独立性，对业主在功能用途上应当具有公共性、非排他使用性。本案双方争议空间在设计施工图纸上名称虽然标注为架空层，但图纸上显示该空间为四周合围，在建设过程中，已按图纸建设成四周合围的储藏间。该空间现已不符合“仅有结构支撑而无外围护结构的开敞空间层"的架空层定义，且已经失去了架空层防潮、通风、降噪的功能，而是变更为具备储藏功能的储藏间。现原、被告均未提供证据证明被告将案涉争议空间由架空层建设成储藏间是否经过了行政规划许可，相关行政机关在房屋综合验收时也未对该争议空间进行定性，而关于争议空间性质的确定属于国家有关行政机关的职责范围，故本案中暂不处理，待有关行政机关对该部分建筑物的性质进行确定后，原告可以另案主张权利。

江西省上饶市广信区人民法院依照《中华人民共和国物权法》第七十三条、第七十六条，《最高人民法院关于审理建筑物区分所有权纠纷案件具体应用法律若干问题的解释》第二条、第三条规定，判决如下：

驳回名江丽景花园业委会的诉讼请求。

名江丽景花园业委会不服一审判决，提起上诉。江西省上饶市中级人民法院经审理同意一审法院意见，同时认为，案涉储藏间和地下室空间均未计入小区规划时的容积率，亦未纳入业主公摊面积，故上诉人请求案涉的架空层（储藏间）为全体业主共同所有，没有事实和法律依据，不予支持。

江西省上饶市中级人民法院依照《中华人民共和国民事诉讼法》第一百七十条第一款第一项规定，判决如下：

驳回上诉，维持原判。

【法官后语】

建筑物区分所有权案件往往背后牵涉利益巨大，当事人人数众多，矛盾对抗激烈，而且涉及面广，具有普遍性、典型性，法律关系复杂，既有平等民事主体之间的权利义务关系，又涵盖通常意义上的行政管理关系，对案件办理的法律效果与社会效果都有较高要求。

与专有部分不同，区分所有建筑物的共有部分在构造、使用上应当具有非独立性，对业主在功能用途上应当具有公共性、非排他使用性。本案中，开发商按照施工图合围架空层建设储藏间，导致架空层事实上已基本丧失了其防潮、通风、降噪的功能，所以合围建设的储藏间已经不是原来意义上的架空层，不宜直接判决归属全体业主所有。

进一步来看，区分所有建筑物权属的认定，首先需要界定区分所有建筑物本身的性质，只有合法建设的区分所有建筑物才能进一步判断属于专有部分还是共有部分，进而明确其权利归属。本案中，对于开发商按照施工图合围架空层建设的储藏间，由于双方当事人均未能提供证据证明是否经过了行政规划许可，且相关行政机关在房屋综合验收时也未对储藏间进行定性，而关于该储藏间性质的确定属于国家有关行政机关的职责范围，对此法院必须予以充分尊重，不能越俎代庖。根据城乡规划法等法律法规的规定，认定建筑物合法与否，是相关行政机关的职权，而这不属于诉讼程序上的事实认定与法律适用问题，司法权对此应保持谦抑立场。

关于原告的诉请，法院明确指出，待有关行政机关对该储藏间的性质进行确定后，原告可以另案主张权利。如果案涉储藏间的建设经过了行政机关的规划许可和认定，且开发商在出售商品房时，申明对储藏间利用权予以保留，并通过合约来许可区分所有权人以外的人使用，则应当认为是合法有效的。反之，则案涉储藏间可能就会被行政机关认定为非法建筑予以拆除，恢复架空层本来面貌，归属全体业主所有。司法实践中，很多建筑物区分所有权案件，即便法院最后判决了，执行也是个现实难题，徒增当事人讼累，浪费宝贵的司法资源。而本案的处理，一方面有助于厘清司法权与行政权的边界，保持司法谦抑，另一方面有利于督促相关行政机关切实履行管理监督职责，从源头上预防化解此类矛盾纠纷的发生，取得了良好的法律效果与社会效果。

编写人：江西省高级人民法院　章光园

（二）返还原物纠纷

11

产权式商铺业主能否要求自主经营

——程某、王某诉通江邻里超市返还原物案

【案件基本信息】

1. 裁判书字号

四川省巴中市中级人民法院（2019）川19民终445号民事判决书

2. 案由：返还原物纠纷

3. 当事人

原告（上诉人）：程某、王某

被告（被上诉人）：通江邻里超市

【基本案情】

自2002年起，程某等85名业主与通江建筑总公司签订了《商品房买卖合同》，分别购买了位于通江县诺江镇诺江中路红军广场商城内的不同位置、面积的铺面，双方在《商品房买卖合同》中约定：买受人所购铺面的经营用途必须符合商城所规定的功能分区要求，在不影响整个商城经营管理的前提下，如改变其经营用途，须经商城物业管理部门批准。之后，通江建筑总公司又分别与程某等85名业主签订了《银座商城铺面租用合同》，约定将85名业主所购买的铺面予以返租，该合同根据85名业主铺面的面积大小，约定了租赁期限、租金计价方式与分年度的支付方式。后通江建筑总公司与通江邻里超市签订《租赁合同》，约定将红军广场商城租赁给邻里超市。2017年5月1日之后，通江邻里超市陆续征求红军广场商城铺面业主意见，均同意继续与通江邻里超市建立租赁关系，并自愿将其铺面租赁给通江邻里超市统一进行经营。红军广场商城铺面业主共计85户，程某系红军广场商城业主委员会成员，先前一直协助通江邻里超市与其他业主协商续租事宜，现除程某、王某外的84户业主均重新签订了租赁合同，通江邻里超市已再次对该商城及商场内、外全部建筑面积约3600平方米及其一切附属设施设备进行重新装饰、装修升级改造后经营至今。2018年10月8日，程某、王某因与通江邻里超市就其铺面的租金等协商无果，以通江邻里超市强行占用其铺面构成侵权为由，诉至法院。

【案件焦点】

1. 产权式商铺的所有权人能否要求自主经营；2. 业委会大多数意见是否可以对全体业主产生约束力。

【法院裁判要旨】

四川省通江县人民法院经审理认为：根据《中华人民共和国民法总则》第一百三十二条“民事主体不得滥用民事权利损害国家利益、社会公共利益或者他人合法权益”的规定，包括程某、王某在内的该商城85户业主所购铺面具有整体性和不可分割性，所有业主的铺面应当符合统一规划，服从统一的经营管理。故程某、王某在主张自己的民事权利时，不得损害他人合法权益。故对程某、王某的诉讼请求，不予支持。

四川省通江县人民法院依照《中华人民共和国侵权责任法》第二条、《中华人民共和国民事诉讼法》第六十四条、《最高人民法院关于适用〈中华人民共和国民事诉讼法〉的解释》第九十条规定，作出如下判决：

驳回程某、王某的诉讼请求。

程某、王某不服一审判决，提出上诉。四川省巴中市中级人民法院经审理认为：民事主体行使民事权利时必须遵守权利不得滥用原则，这意味着民事主体行使自己的权利时不是绝对地不受制约。首先，从双方签订的《商品房买卖合同补充协议》约定的内容看，程某、王某签订商品房买卖合同时，对该房屋在将来行使使用权应受到一定的限制是知晓的，不能随意行使房屋的使用权。该补充协议意思表示真实，不违反法律规定，程某、王某自应受其约束。其次，通江县建筑集团总公司在2009年向通江县房地产管理局报送《关于成立红军广场银座商城业主委员会登记的报告》中明确，商城自经营以来均是由总公司在代理业主承办招商引资及铺面的出租业务，总公司决定还权于业主，于是报请成立业主委员会。可以看出当初成立业主委员会的目的之一即代理业主承办招商引资及铺面的出租业务。现业主委员会成立后，经过业主大会及业主代表会议多次讨论后决定，大多数业主均同意将房屋出租给通江邻里超市，依照《中华人民共和国物权法》第七十八条第一款“业主大会或者业主委员会的决定，对业主具有约束力”的规定，程某、王某应当遵守绝大多数业主的共同决定。再次，商城从建立以来，一直采用符合广大业主共同利益的整体经营管理模式，商城其他84户业主均同意继续将房屋出租给通江邻里超市经营使用，且已与通江邻里超市签订了《物业续租协议》，程某、王某如强行收回案涉房屋，将影响商城目前整体经营管理使用状态，不利于商城整体功能的发挥，可能损害其他业主的合法权利。最后，从各业主购买案涉商城时的状态以及商城的现状看，各业主购买的商铺没有明确的空间隔离设施，整个商城是一个开放空间，现任何一业主单独隔离商铺都将会影响整体商城的使用。现通江邻里超市租用整体商城亦不存在不支付租金的情形，因此，程某、王某请求返还原物的理由不成立。

四川省巴中市中级人民法院依照《中华人民共和国民事诉讼法》第一百七十条第一款第一项规定，作出如下判决：

驳回上诉，维持原判。

【法官后语】

对于本案，法院结合产权式商铺自身的特性，从权利不得滥用的角度入手，对产权式商铺的所有权人行使其权利划定了边界，维护了大多数业主的利益，发挥了物尽其用的基本原则，符合民法典的立法精神。法院应通过个案审理引导业主依法行使权利。

产权式商铺，是指房地产开发商为了筹集或迅速回笼建设资金而将整体的商业建筑物分割为若干独立的部分分别销售，各独立销售的面积之间不设物理间隔，业主购买后享有产权但不直接经营，而是由开发商或专门的经营公司负责统一经营管理，业主获取定期、定额回报的房地产销售模式。近年来，其因具备高投资回报率、回笼资金快等特点而备受开发商青睐，其实质就是产权、经营权、管理权的三权分离。产权式商铺起源于20世纪70年代末的欧美，2003年起在北京、上海、广州等城市开始发展，2010年已遍布全国省会城市，近年来逐渐向二、三线城市发展。目前由于没有专门的法条对产权式商铺法律关系予以规范，加之投资者对产权式商铺的认识定位模糊不清，审判实践中对该类案件的法律适用徘徊左右，裁判标准不尽统一，在一定程度上影响了司法公信力。

1. 产权式商铺所有权行使应当受到特殊的限制

根据《中华人民共和国民法典》第一百三十一条、第一百三十二条规定，民事主体行使权利时，应当履行法律规定的和当事人约定的义务。民事主体不得滥用民事权利损害国家利益、社会公共利益或者他人合法权益。产权式商铺大多无法分割，必须统一经营才能发挥其最大价值，任一业主要求返还商铺均会影响到商城整体功能的发挥，损坏商城其他业主的利益，造成社会财富的浪费，不利于社会经济发展；反之，若业主通过参与整体出租取得租金收益，利于实现其自身权益最大化。因此，对产权式商铺业主物权的行使进行限制，有利于协调、平衡各方利益，也有利于维护全体业主的权益，符合物权法的立法精神。故业主对产权式商铺物权的行使应当受民法"禁止权利滥用"原则的限制，业主请求单独经营其购买的商铺的诉讼请求不应得到支持。

2. 产权式商铺的使用经营应尊重业主集体意志的体现

在审判实践中，有意见认为，业主的所有权是独立的，无需受到集体意志的限制。业主大会及其业委会经过法定程序可以对物业的共有部分作出决议，但不能处分业主商铺专有部分，未经业主本人同意处分其商铺专有部分的，是侵害业主所有权的行为，该决议对业主没有约束力。笔者认为，业主的集体意志是可以对全部业主产生约束的，因为产权式商铺大多为大厅或商城，其结构界限可能并不明确，物理形态上不能构成独立封闭的空间，单个商铺无法单独使用，其对商铺享有的权利不能等同于独立商铺。为有利于商城整体功能的发挥及多数业主的利益，单个业主行使权利必须符合大多数商铺业主的整体意志，该商业模式决定了产权式商铺所有权的行使必须同时兼顾个体项目收益与整体管理的统一。本案中，经过业主大会及业主代表会议多次讨论，大多数业主均同意将房屋出租给通江邻里超市，业主委员会的该项决议对全体业主具有约束力，而且该决议符合商业整体使用的利益以及长远发展，并不构成对产权式商铺所有权的侵害。

综上，因目前法律规定欠缺，产权式商铺的法律适用问题在司法实践中成为难点。人民法院在审判实践中应当充分注意到产权式商铺与传统独立式商铺的区别，充分尊重业主的整体意志，促进对商铺进行整体利用，最大限度地发挥商城整体功能，提高整体建筑物的使用效率，处理好涉产权式商铺的争议。

编写人：四川省通江县人民法院　马建华

12

机动车登记不能作为认定机动车所有权的唯一依据

——程某诉王某占有物返还案

【案件基本信息】

1. 裁判书字号

江苏省宜兴市人民法院（2019）苏0282民初998号民事判决书

2. 案由：占有物返还纠纷

3. 当事人

原告：程某

被告：王某

【基本案情】

王某受雇于程某，在苏州某工地打工。2017年8月初，双方同往苏州市旧机动车交易市场有限公司，由王某向周绍某购买黑色朗逸牌二手小型轿车一辆，车价9.4万元，王某支付了首付款2万元，余款以车辆贷款方式支付。但在办理车贷过程中，王某得知其受征信影响无法贷款，遂以一同前往的程某的名义办理了车辆贷款，并于2017年8月4日将车辆过户登记至程某名下。该车购买后一直由王某使用。王某于2018年2月22日为车辆投保交强险，并自购车之日起通过向程某还贷账户转账的方式偿还车贷直至2018年10月。后双方因劳动问题产生纠纷，王某遂不再偿还车贷，使用车辆过程中产生的违章罚款亦未予处理。程某认为车辆登记在其名下，是出借给王某使用，故诉至法院，请求判令王某返还车辆，消除违章记录并赔偿违章罚款损失2250元。

【案件焦点】

能否仅以机动车登记判别车辆所有权。

【法院裁判要旨】

江苏省宜兴市人民法院经审理认为：动产物权的设立和转让，自交付时发生效力，但法律另有规定的除外。机动车物权的设立、变更、转让和消灭，未经登记，不得对抗善意第三人。机动车的登记具有对抗效力，不具有物权生效效力。诉争车辆虽登记在程某名下，但实际系由王某向周绍某购买，首付款由王某支付，车辆自购买后一直由王某占有使用并偿还车贷至2018年10月，其间交强险亦由王某投保，仅因购车时王某贷款受限，才将车辆登记于程某名下，车辆实际由王某出资购买。程某称车辆系出借给王某使用，首付款系经王某转交，未能举证证明，且购车时双方均在场，若车辆是程某出资，其可直接向周绍某交付首付款，无需通过王某转交。综上，对程某要求返还诉争车辆的主张不予支持。王某使用车辆期间产生的违章记录及罚款，理应由其处理及承担，但程某主张的罚款损失2250元尚未实际发生，可待发生后另行主张。

江苏省宜兴市人民法院依照《中华人民共和国物权法》第二十三条、第二十四条，《中华人民共和国民事诉讼法》第六十四条，《最高人民法院关于适用〈中华人民共和国民事诉讼法〉的解释》第九十条、第九十一条、第一百零八条规定，作出如下判决：

驳回程某的诉讼请求。

【法官后语】

近年来，随着我国社会经济的发展及人民生活水平的提高，汽车已成为人们日常出行必不可少的交通工具之一，全国汽车保有量增长迅速。为了保护环境和缓解城市交通压力，多地出台了机动车限购、限贷政策，致使“借名买车”现象大量出现。本案即一起因“借名买车”导致机动车实际所有权人与登记所有权人不一致所引发的机动车权属纠纷。

1. 机动车登记不具有设权效力

《中华人民共和国民法典》沿袭原《中华人民共和国物权法》对物权的设立、转让，确立了动产交付、不动产登记的生效原则。机动车因其价值超过普通动产，在法律上被视为特殊动产，船舶、航空器和机动车等特殊动产物权的设立、变更、转让和消灭，未经登记不得对抗善意第三人。由此可见，机动车登记作为一种公示，仅产生对抗效力，法律并未赋予其物权变动生效的效力。就机动车登记的性质而言，公安部在《关于确定机动车所有权人问题的复函》中已明确：“公安机关办理的机动车登记，是准予或者不准予上道路行驶的登记，不是机动车所有权登记。为了交通管理工作的需要，公安机关车辆管理所在办理车辆牌证时，凭购车发票或者人民法院判决、裁定、调解的法律文书等机动车来历凭证确认机动车的车主。因此，公安机关登记的车主，不宜作为判别机动车所有权的依据。”机动车的基本属性仍是动产，其物权的设立、变动仍应以交付为生效要件，登记不具有设权效力。因此，法院在处理此类机动车权属纠纷时，不能简单依据机动车登记信息判定车辆权属，而应通过查明购车合同签订、款项支付、车辆交付、保险购买及车贷偿还等与机动车交易及占有使用相关的事实，综合认定机动车的实际所有权人。

2. 机动车登记具有对抗效力

《中华人民共和国民法典》第二百二十五条设立“未经登记，不得对抗善意第三人”这一登记对抗主义条款，目的在于鼓励机动车权利人及时、如实地办理机动车登记。仅有交付而未有登记的机动车的物权变动效力是不完整的，仅在当事人之间发生效力，不能对抗善意第三人。在第三人基于善意有偿取得机动车时，仅凭交付取得的所有权对第三人不具有追及效力。只有经交付且登记后才能取得完整的物权效力，故机动车的所有权转移、抵押权设立等物权变动，均应及时办理登记，以取得对抗效力。

3. 机动车登记具有权利推定效力

公安机关在办理登记过程中会对购车合同、发票等材料进行初步审核，其所审核的材料一般情况下能够证明机动车的权属及来源，故根据机动车登记，可推定登记记载的主体为机动车所有权人，在没有相反证据的情况下，可以进一步认定其为机动车所有权人。因此，机动车登记在一定程度上具有彰显物权、明晰物权归属的公示功能，机动车所有权人应如实进行登记。当真实权利状态与登记公示不一致时，对实际所有权人而言，存在车辆被登记所有权人设定抵押、因登记所有权人涉债务纠纷致使车辆被法院查封等风险，且一旦因“借名买车”发生纠纷，在举证责任分配上，法院会对非登记所有权人科以更重的举证责任；对登记所有权人而言，亦存在实际所有权人逾期处理违章、逾期偿还车贷导致登记所有权人个人征信受损，或车辆发生交通事故致使登记所有权人涉诉的风险。

编写人：江苏省宜兴市人民法院　江周渊

13

基于债权取得的有权占有具有相对性

——陶某诉B公司、陈某返还原物案

【案件基本信息】

1. 裁判书字号

重庆市第二中级人民法院（2019）渝02民终1231号民事判决书

2. 案由：返还原物纠纷

3. 当事人

原告（被上诉人）：陶某

被告（上诉人）：B公司

被告（被上诉人）：陈某

【基本案情】

A公司于2017年6月购入涉案车辆。2017年8月，A公司又将该车所有权转让给陶某，但该车至今未在车管所登记注册。2018年4月，陶某将涉案车辆交付给陈某。之后陈某又将该车交给B公司做展摆之用，B公司向陈某支付了车辆保证金。现该车存放于B公司的商铺内。陶某要求陈某、B公司返还涉案车辆未果，遂起诉。

【案件焦点】

1. 陶某是否是涉案车辆的所有权人；2. 陶某是否有权要求B公司返还涉案车辆。

【法院裁判要旨】

重庆市云阳县人民法院经审理认为：所有权人对自己的不动产或动产，依法享有占有、使用、收益和处分的权利。无权占有不动产或动产时，权利人可以请求返还原物。涉案车辆属于陶某所有的事实清楚，故陶某对涉案车辆享有完整所有权。现B公司以陈某未退还其保证金为由占有陶某所有的车辆，无法律依据，应当予以返还。陈某虽然没有实际占有涉案车辆，但该车辆系陈某从陶某处取得后交给B公司用于摆展，现陶某主张其予以返还，陈某依约也负有将涉案车辆返还的义务。

重庆市云阳县人民法院依照《中华人民共和国物权法》第三十四条、《中华人民共和国侵权责任法》第十五条、《中华人民共和国民事诉讼法》第一百四十四条规定，判决如下：

陈某、B公司在本判决生效后十五日内向陶某返还斯威轿车一辆。

B公司不服一审判决，提起上诉。重庆市第二中级人民法院经审理认为：通过陶某与陈某的电话录音内容，可以证明陶某曾将自己所有的车辆出借给陈某作展示车辆，并多次要求陈某返还车辆，然涉案车辆一直未返还，陶某也提交了购车发票、证明、转款凭证等证据，且一审庭审中，B公司认可涉案车辆属于陶某所有，因此B公司主张现有证据不足以认定涉案车辆系陶某所有的上诉理由不能成立，不予支持。《中华人民共和国物权法》第二百四十一条规定，“基于合同关系等产生占有，有关不动产或者动产的使用、收益、违约责任等，按照合同约定；合同没有约定或者约定不明确的，依照有关法律规定”。陈某将涉案车辆交给B公司做展摆之用，B公司向陈某支付了车辆保证金，B公司基于约定而产生占有，该占有为陈某主张返还时得以抗辩之法定事由，但是基于债权的占有具有相对性，其不具有对世性，不能对抗涉案车辆的所有权人陶某，在未经所有权人陶某许可的情况下，对所有权人陶某而言，B公司对涉案车辆的占有为无权占有。《中华人民共和国物权法》第三十四条规定："无权占有不动产或者动产的，权利人可以请求返还原物。"一审法院据此判决B公司负有返还义务并无不当。

重庆市第二中级人民法院依照《中华人民共和国民事诉讼法》第一百七十条第一款第一项规定，作出如下判决：

驳回上诉，维持原判。

【法官后语】

1. 债权性占有的对抗效力

基于债权而占有动产或者不动产的现象被称为"债权性占有"①。它是一种以债权为权源的占有状态，本质依然为相对性，其特殊性在于将占有与债权相结合，表现出对"物"支配的外观。因此，基于债权而占有债务人之动产、不动产时，债务人无权请求债权人返还，但是基于债权取得的占有具有相对性，不具有对世性，即债权人的有权占有是相对于债务人而言的，若债务人与占有标的的所有权人不同时，在未取得占有标的的所有权人许可的情况下，该债权人对占有标的的占有对所有权人而言属于无权占有。债权性占有的对抗性并非物权效力或"物权化"效力，而是相对人之间债之效力的体现，不宜否定或突破物权债权二元权利体系，这也体现了我国法律体系优先保护物权的价值取向。

2. 债权性占有和物权性占有的效力区别

债权性占有和物权性占有均可否定原物返还请求，但债权性占有否定原物返还请求是债之保持力的结果，物权性占有否定原物返还请求是物权支配力的结果。两者效力差异主要表现在权利来源的不同，债权性占有是债务人基于某种原因许可债权人在自己所有之物或者占有之物上实现占有权利，债权人基于债权关系而持续性受领给付，即占有标的物的效力，此为债之保持力的体现；物权性占有的占有权利来源于法律规定（物权法定原则），物权人对于物的占有依据是法律规定，可以独立地对物行使权利，而不受他人意志的干涉，此为物权支配力的体现。

本案中，所有权人陶某将涉案车辆出借给陈某作为展示车辆，并未约定期限，

---

① ［德］鲍尔·施蒂尔纳：《德国物权法》（上册），张双根译，法律出版社2004年版，第107页；王泽鉴：《基于债之关系占有权的相对性及物权化》，载《民法学说与判例研究》（第7册），中国政法大学出版社2005年版，第47~67页。

双方之间的合同为不定期合同，根据《中华人民共和国民法典》第五百一十一条第四项规定，所有权人陶某可以随时解除合同，在陶某要求陈某返还涉案车辆时，双方的不定期合同解除，此后陈某对涉案车辆的间接占有为无权占有，因此本案并不符合“占有连续”① 的情形。B公司基于与陈某签订的协议而占有涉案车辆，此为基于合同之债而形成的有权占有，该占有为陈某主张返还时得以抗辩之法定事由，但是基于合同之债而形成的债权性占有具有相对性，不具有对世性，不能对抗车辆的所有权人陶某，在陶某与陈某的借用关系已终止的情况下，对所有权人陶某而言，B公司对涉案车辆的占有为无权占有。因此，B公司也负有返还义务。

审判实践中，应当厘清物权人、债务人以及债权人（实际占有人）的关系，判断是否符合“占有连续”，以认定返还原物的义务主体，也应认识到债权性占有否定原物返还请求是债之保持力的结果，其本质依然是相对性，基于债权取得的有权占有具有相对性，不能对抗所有权人。

编写人：重庆市第二中级人民法院　闫东东

14

配偶一方作为非登记权利人对共有财产设定担保物权的审查

——颜某诉朱甲、朱乙返还原物案

【案件基本信息】

1. 裁判书字号

福建省厦门市中级人民法院（2019）闽02民终3178号民事判决书

---

① 占有连续（又称占有连锁）有三个要件：（1）中间人对所有权人构成有权占有；（2）直接占有人须自中间人处基于一定法律关系取得占有的权利；（3）中间人有权直接将直接占有转移给他人；也即每一环节的占有均为合法，则物权人无权径直向直接占有人主张返还原物。

2. 案由：返还原物纠纷

3. 当事人

原告（上诉人）：颜某

被告（被上诉人）：朱甲、朱乙

【基本案情】

2015年3月11日，颜某与杨某登记结婚。2017年8月15日，×号车辆被购买并登记在颜某名下。2018年2月，杨某与朱乙签订借款抵押合同，约定借款30万元，以×号车辆作为抵押。随后，杨某向朱乙交付×号车辆及行驶证。2018年11月28日，颜某向朱甲转账支付23万元。颜某称朱甲曾承诺只要支付23万元就会返还车辆及行驶证，故才向其转账。朱甲对此予以否认，辩称上述转账系用于偿还杨某欠朱甲的借款，与朱乙的借款无关。2018年12月7日，颜某向厦门市公安局祥平派出所报警。同月21日，颜某起诉要求朱甲、朱乙向颜某返还×号车辆和行驶证。

【案件焦点】

朱乙是否有权占有讼争车辆及行驶证。

【法院裁判要旨】

福建省厦门市翔安区人民法院经审理认为：涉讼车辆及行驶证虽在朱乙控制之下，但朱乙提供了借条、车辆抵押借款合同等证据，拟证明颜某的配偶杨某向朱乙借款30万元并以车辆作为抵押。颜某虽对朱乙提供的上述证据中杨某签名的真实性提出异议，但未在指定的期限内提交鉴定申请，依法应当承担举证不能的不利后果。因此，颜某主张朱甲、朱乙无权占有×号车辆及行驶证、应予返还的诉讼请求，证据不足，不予支持。

福建省厦门市翔安区人民法院依照《中华人民共和国物权法》第三十四条、《中华人民共和国民事诉讼法》第六十四条第一款、《最高人民法院关于适用〈中华人民共和国民事诉讼法〉的解释》第九十条规定，作出如下判决：

驳回颜某的诉讼请求。

颜某不服一审判决，提出上诉。福建省厦门市中级人民法院经审理认为：讼争车辆为颜某与杨某婚姻关系存续期间购买。婚姻关系存续期间所得的财产，以夫妻共同所有为基本原则，这种共有关系基于法定产生，即使讼争车辆仅登记于颜某一人名下，也应视为夫妻共有。杨某作为共有权人有权将讼争车辆进行抵押借款。颜某上诉主张因杨某不是车辆的所有权人，故与朱乙签订的抵押合同无效，其理由不能成立。值得注意的是，虽然杨某与朱乙签订的是抵押借款合同，但是双方并未办理抵押登记，杨某是将讼争车辆交付于朱乙作为借款担保，这种行为应视为双方就合同履行达成新的合意，即杨某将车辆质押给朱乙为债务进行担保。车辆抵押与质押皆是为了保障债权人债权的实现而设定的担保物权，但是两者的区分在于是否实际向被担保人交付车辆。本案在评判当事人法律关系时应当以当事人实际履行行为为准。既然杨某将讼争车辆质押给朱乙，在债务清偿前，朱乙作为质权人就有权占有讼争车辆。现颜某主张讼争车辆系其婚前个人财产，朱乙对讼争车辆的占有属于无权占有，既与二审查明的事实相悖，也有违诚实信用原则，不予采纳。

福建省厦门市中级人民法院依照《中华人民共和国民事诉讼法》第一百七十条第一款第一项规定，作出如下判决：

驳回上诉，维持原判。

【法官后语】

本案涉及两个问题：一是非登记权利人的夫妻一方以夫妻共有财产对外提供担保的效力认定；二是担保法律关系的性质认定。

1. 非登记权利人的配偶一方处分共有财产的，应视其是否属于家事代理范围判断是有权还是无权处分

实践中，无论是动产还是不动产，登记在夫妻一方名下的情形均十分普遍，另一方配偶即使未被登记于登记簿上，其根据夫妻共同财产制也可能是实际的共有权人。因为根据《中华人民共和国民法典》第一千零六十二条规定，夫妻在婚姻关系存续期间所得的财产，以共同共有为原则，这种共有关系基于法定产生，不以登记为取得物权效力的要件。本案中，只要讼争车辆是在夫妻婚姻存续期间所购买，该车辆就是双方的共同财产，即杨某即使不是车辆的登记所有人，其亦是车辆的共有权人之一。因此，简单以杨某不是车辆的登记所有人为由认定其无权就讼争车辆设定担保物权，显然有违法律关于夫妻共同财产的规定。

同时，作为共有权人之一，夫妻一方在讼争车辆上设定担保物权，另一方未在担保合同上签字，不宜认定为无权处分行为。根据《中华人民共和国民法典》第一千零六条关于夫妻双方家事代理权以及第一千零六十四条关于夫妻共同债务的规定，夫妻一方因家庭日常生活需要而实施的民事法律行为，对夫妻双方发生效力；夫妻一方在婚姻关系存续期间以个人名义为家庭日常生活需要所负的债务，属于夫妻共同债务。笔者认为，虽然一般而言，处分共有的不动产或者动产，应当经占份额三分之二以上的按份共有人或者全体共同共有人同意，但是夫或妻一方因日常生活需要，基于家事代理权对共同财产的处分，应视为有权处分行为。夫妻一方以个人名义为家庭日常生活所需对外担保所负债务，也应当按照夫妻共同债务处理。此种债务虽以配偶一方名义所负，但往往与夫妻生产经营、生活消费等密切相关，符合夫妻共同的利益需求，并且直接或间接为夫妻共同财产带来收益，即另一方配偶系该所负债务的共同受益人。因此，本案中夫妻一方为家庭生活需要以共有车辆设定担保所负债务应为夫妻共同债务，夫妻双方均应受到该共同债务以及担保合同的约束。

2. 担保物权的设立应以当事人真实意思表示及实际履行情况为准

本案中，虽然债务人与债权人签订了“车辆抵押合同”，但双方并未办理抵押登记，而是债务人将车辆以及行驶证交付于债权人作为担保。故本案原告主张，即使车辆抵押合同有效，债权人亦无权占有讼争车辆，应当予以返还。

实践中，车辆抵押与质押皆是为了保障债权人债权的实现而设定的担保物权，根据法律关于抵押权和动产质权的规定，二者的区别在于抵押不转移抵押物的占有，而动产质押需要将质物交付给债权人。虽然物权法定原则要求物权的种类和内容均由法律所直接规定，不得由当事人基于自由意志而协商创设或者确定，但普通当事人却未必能对不同担保物权的具体含义做到清楚明确，因此笔者认为，判断当事人设立何种担保物权不能过于形式主义，而应当以其真实意思表示为准。本案中，债务人与债权人虽然签订“抵押借款合同”，约定以债务人自有车辆作为抵押物，但是债务人又将车辆及行驶证交付于债权人，说明双方的真实意思表示是转移车辆的占有为债权提供担保，符合车辆质押的法律内涵。因此，在本案中，债务人与债权人之间实际上已经构成车辆质押的法律关系，债权人基于动产质权对讼争车辆的占有应属于有权占有。倘若债务人在债务清偿前反悔，要求债权人返还车辆，实有违诚实信用原则，故本案驳回其相关诉求。

编写人：福建省厦门市中级人民法院　王小兰　李仁莹

15

侨房部分权利人是否有权行使返还原物请求权

——许甲等诉康甲等返还原物案

【案件基本信息】

1. 裁判书字号

福建省厦门市中级人民法院（2019）闽02民终1049号民事判决书

2. 案由：返还原物纠纷

3. 当事人

原告（被上诉人）：许甲、许小雪、许乙、许小暑、许大寒、许小寒（以下简称许甲等）

被告（上诉人）：康甲、甘某、康乙

【基本案情】

许某于1980年在菲律宾去世，其在厦门市思明区民族路100号（原民生路19号）留有房屋一幢，该房屋系许某于1948年12月购置，1961年7月进行了所有权登记，登记所有权人为许某。许某生前未留下遗嘱。许甲等系许某的继承人。因许某及其家人和继承人都长期居住国外，无暇回国管理房屋以及特定历史条件等原因，康甲、甘某、康乙自称是许某的亲戚，长期占用讼争房屋（厦门市思明区民族路100－×号内的房屋，面积约20.54平方米）至今。许甲等为此委托林某全权处理相关事宜，多次与康甲、甘某、康乙协商要求腾空并交付房屋，但康甲、甘某、康乙置之不理，目前仍居住于该处。

另，许某与其配偶谢某共育有六子（许大雪、许小雪、许大暑、许小暑、许大寒、许小寒）及三女（许立春、许立夏、许立秋）。许某妻女表示放弃继承权利。

许大雪及配偶先后于1989年、2003年死亡，无遗嘱，其上述房产份额由许甲继承。许大暑于2004年死亡，其上述房产份额由许乙继承。

【案件焦点】

讼争房产部分权利人是否有权行使返还原物请求权。

【法院裁判要旨】

福建省厦门市海沧区人民法院经审理认为：私人的合法财产受法律保护，任何单位和个人不得侵犯。无权占有不动产或者动产的，权利人可以请求返还原物。讼争房产原系许某所有，其生前并无关于处分讼争房产的相关遗嘱，其死亡后，房产应由其继承人依法继承。依据继承法第十条规定，许某的遗产由其配偶与子女继承，在许某的配偶谢某与女儿均自愿放弃继承的情况下，讼争房产应由许大雪、许小雪、许大暑、许小暑、许大寒、许小寒共同继承。许大雪已于1989年死亡，其生前无遗嘱，其对讼争房产部分份额由许甲继承。许大暑已于2004年死亡，生前无遗嘱，许大暑对讼争房产部分份额由许乙继承。因此，本案原告系讼争房屋的合法继承人。由于历史原因，康甲一家已在讼争房屋内居住多年，但讼争房屋的所有权人有权要求其返还，其应当搬离讼争房屋，将讼争房屋退还给业主。

福建省厦门市海沧区人民法院依照《中华人民共和国物权法》第二十九条、第三十四条、第六十六条，《中华人民共和国继承法》第十条，《中华人民共和国民事诉讼法》第六十四条第一款，《最高人民法院关于民事诉讼证据的若干规定》第十一条规定，判决如下：

康甲、甘某、康乙于本判决生效之日起三十日内将位于福建省厦门市思明区民族路100－×号房屋腾空并返还给许甲等。

康甲、甘某、康乙均不服一审判决，提起上诉。福建省厦门市中级人民法院经审理认为：讼争房产的登记所有权人为许某。许某于1980年8月2日死亡，其继承人有许大雪、许小雪、许大暑、许小暑、许大寒、许小寒等。许大雪、许大暑已死亡，许甲系许大雪的合法继承人之一，许乙系许大暑的合法继承人之一。许甲等作为讼争房产的权利人之一，有权行使讼争房产的相关权利。康甲、甘某、康乙二审中提供的证据，均不足以否定许甲等是讼争房产权利人之一的事实。故许甲等要求康甲、甘某、康乙腾空、归还讼争房产是合法的，予以支持。至于康甲、甘某、康乙上诉称其居住部分是自行增建，因讼争房产原系许某所有，即使康甲、甘某、康乙有搭建行为，亦不能改变讼争房产的所有权归属。综上，一审判令康甲、甘某、康乙腾空并归还讼争房产给许甲等，并无不当。

福建省厦门市中级人民法院依照《中华人民共和国民事诉讼法》第一百七十条第一款第一项规定，作出如下判决：

驳回上诉，维持原判。

【法官后语】

1. 涉侨房纠纷的复杂性

讼争房产为台胞祖上所有，因所有权人出国定居，房子交由亲戚居住，现台胞回大陆索要房产并要求住户腾房。该类纠纷往往涉及利益巨大，呈现以下特点：一是案情纷繁复杂，有的侨房业主死亡，但继承人尚未确定；有的涉及改建、扩建部分产权不明的争议；有的讼争房产所在区域面临拆迁问题。二是双方分歧严重，作为业主，认为其房产已经被代管多年，急于收回；作为住户，认为其居住多年投入修缮维护且没有房源居住拒不搬出。三是案件调解工作难度大，判后强制执行效果并不理想，甚至有激化矛盾、影响社会稳定的隐患。

本案具有典型性。因讼争房产所在区域面临拆迁问题，原告急于回收，要求住户尽快腾房，而住户在该处长久居住，对讼争房屋进行修缮、改扩建，在面临拆迁时希望能获得补偿，为争取拆迁利益拒不搬出，由此引发纠纷。

2. 房产部分权利人的权利

本案的关键事实问题是原告是否对讼争房产享有继承权。因年代久远且多数讼争房产相关权利人移居海外，要确定全部继承人身份较为困难。对此，一审法院根据在案证据认定本案原告许甲等为讼争房产合法继承人，二审法院进一步明确，许甲等系讼争房产的权利人之一，有权行使讼争房产的相关权利。

那么，作为部分继承人的原告是否有权请求返还讼争房产？根据《中华人民共和国民法典》继承编相关规定，遗产继承开始至遗产分割之前，遗产作为整体属于继承人共同共有。依据《中华人民共和国民法典》物权编关于共同共有的规定，共同共有人对共有的不动产或者动产共同享有所有权，即各共有人对全部共有财产平等地享有占有、使用、收益和处分的权利。此外，共有人可以按照约定管理共有的不动产或者动产，没有约定或者约定不明确的，各共有人都有管理的权利和义务。因此，本案中各原告即使作为部分继承人，其对讼争房产同样享有所有权，都具有管理的权利，在其所有的房产遭受他人不法占有的情况下，作为权利人自然有权要求返还。另外，作为讼争房产部分权利人，原告出于防止共有物灭失、毁损或权利丧失等目的所采取的管理行为，对于全体共有人都有好处，不会损害其他共有人的利益，无需先经过其他共有人的同意。

据此，法院判决认为讼争房产权利人之一即有权要求无权占有人返还原物，并不需要全体权利人共同主张权利。

3. 域外证据的采信

本案在审理过程中发现一个问题，即经过认证、公证的域外证据仍存在不真实的可能性，法院应当如何采信。

关于当事人向法院提供在域外形成的证据应履行的证明手续问题。因法院对域外形成的证据进行调查核实存在诸多现实障碍，依据来自域外的证据裁判案件存在误断的风险，因此有必要对域外证据规定手续上的限制，以增强证据的真实性和合法性。为此，《最高人民法院关于民事诉讼证据的若干规定》（法释〔2019〕19号）第十六条规定了域外证据应当履行的证明手续，即提供公文书证，应当经所在国公证机关证明，或者履行中华人民共和国与该所在国订立的有关条约中规定的证明手续；提供涉及身份关系的证据，应当经所在国公证机关证明并经中华人民共和国驻该国使领馆认证，或者履行中华人民共和国与该所在国订立的有关条约中规定的证明手续。

本案中，双方各自提交的同一编号的《继承房屋遗产声明书》《公证书》等证据形成于菲律宾，内容完全不同但均经过公证、认证程序，如何采信该组证据给法院审理工作带来一定的困难。根据“谁主张，谁举证”的证据规则，一审法院认为，在被告提交的证据足以推翻原告所要证明事项的情况下，原告就待证事实负有举证责任，后原告继续提交证据证明查询不一致系归档编号问题所致，不存在伪造文书的情况。一审法院最终确认该组证据真实、合法，予以采信。因此，对于当事人提交的域外形成的证据，应注意证据程序上是否履行了公证、认证等证明手续，对于已履行证明手续但对方足以推翻其真实性时，当事人应继续承担举证责任。

编写人：福建省厦门市海沧区人民法院　陈志强　尹志泉

16

司法拍卖房屋中租赁关系的审查与处理

——李某诉范某、翁某返还原物案

【案件基本信息】

1. 裁判书字号

北京市第三中级人民法院（2019）京03民终6476号民事判决书

2. 案由：返还原物纠纷

3. 当事人

原告（上诉人）：李某

被告（上诉人）：范某

被告（被上诉人）：翁某

【基本案情】

涉案房屋的原产权人是翁某。法院在执行另案翁某财产过程中，于2018年1月10日在京东网依法对翁某所有的涉案房屋进行了拍卖，竞买人李某以19014160元的最高价竞得该房产。2018年1月26日，法院作出（2015）朝执字第14482号执行裁定书，裁定翁某将名下涉案房屋过户至李某名下，同年2月26日，李某取得不动产权证书，涉案房屋的权利人登记在李某名下。但范某主张其与翁某存在长期租赁关系，拒不腾退房屋，故李某向一审法院起诉，请求范某将涉案房屋腾退给李某并按照每日1000元的标准赔偿李某迟延交付房屋的损失。

范某提交2014年7月2日与翁某签订的租赁合同，该合同约定，翁某将涉案房屋出租给范某，租赁期限为2014年7月2日至2034年7月1日，租金265万元于2014年7月2日一次性支付，由范某指定的A公司账户汇入翁某指定的B公司账户，房屋交付日期为2014年7月2日。翁某并签署《承诺书》，内容为：翁某收到范某通过A公司汇入1000万元，其中265万元为翁某名下涉案房屋的租金。范某一并提交查账单，显示2014年7月2日由A公司共支付给B公司两笔款项，每笔金额均为500万元。范某另举出电费、供暖费、物业费缴费收据以及（2017）京0105民初56626号民事生效判决书一份，票据上的缴费人为范某。范某据此欲证实其与翁某之间存在房屋租赁合同关系，范某自租赁开始至今一直使用涉案房屋。

【案件焦点】

范某与翁某之间是否存在真实的租赁关系。

【法院裁判要旨】

北京市朝阳区人民法院经审理认为：李某以19014160元的最高价竞得涉案房产，该房屋的产权已登记至李某名下。李某作为涉案房屋的所有权人，对该房依法享有占有、使用、收益和处分的权利。无权占有不动产或者动产的，权利人可以请求返还原物。现涉案房屋由范某使用，其主张占有房屋的依据是其与翁某就该房签署的为期20年的租赁合同。结合翁某与范某的资金往来及租赁合同履行状况，翁某与范某间并不存在真实的租赁关系，因此范某以其与翁某之间存在租赁合同为由拒绝腾房的辩称，于法无据，不予采信。如范某逾期腾房，则其需向李某支付房屋使用费，具体数额法院按同区域、相仿户型的租金标准依法确定。

北京市朝阳区人民法院依照《中华人民共和国物权法》第三十四条、第三十九条，《中华人民共和国民事诉讼法》第一百四十四条规定，判决如下：

一、范某于判决生效后七日内将涉案房屋腾退，交还李某；

二、如范某未按上述规定期限腾退房屋，则自逾期之日起按照每日八百元的标准向李某支付房屋使用费，至腾退完毕之日止；

三、驳回李某之其他诉讼请求。

李某、范某均不服一审判决，提起上诉。北京市第三中级人民法院经审理认为：司法拍卖中对涉案房屋权利负担的公示系执行法院对涉案房屋作初步调查后进行的，对涉案房屋是否存在租赁以及其他权利限制情况仅作形式审查。涉案房屋是否存在权利负担发生争议被诉至法院后，法院应对房屋权利负担情况作实质审查后重新作出认定。

范某在一审法院庭审中陈述其与翁某之间存在资金往来，翁某欠范某265万元，翁某与范某协议以房租冲抵之前的欠款。此与范某提交的租赁合同以及翁某

《承诺书》中明确的租金支付方式存在矛盾，结合租赁合同内容、租金支付方式、租赁期限、庭审陈述等诸多不合常理之处，一审法院确认范某与翁某之间不存在真实租赁关系，并无不当，予以维持。

北京市第三中级人民法院依照《中华人民共和国民事诉讼法》第一百七十条第一款第一项规定，判决如下：

驳回上诉，维持原判。

【法官后语】

近年来，房屋所有人为逃避债务、阻碍执行而与他人恶意串通虚构租赁关系的现象常有发生。房屋所有人与他人充分利用买卖不破租赁制度意图限制买受人的权利，采用倒签合同、混合打款、虚假诉讼等手段形成虚假租赁关系，司法拍卖过程中，此类情况更是层出不穷。

拍卖公告与评估报告中对于所拍卖房屋的描述应当相符，当二者发生冲突时，拍卖公告或者评估报告二者均有可能存在瑕疵。对拍卖标的物进行准确详尽的描述是司法拍卖有序推行的前提，但拍卖公告的瑕疵很难完全避免。本案所涉及的是租赁问题，存在有效租约的现象在不动产司法拍卖中大量存在，按照买卖不破租赁原则，所有权人须承认承租人对房屋的合法占有和使用，这将削弱潜在竞买人的竞买意向，基于租约难以查清真伪等原因，部分拍卖公告中对是否存在租赁并不注明。执行法院在形式审查之下难以明确被执行人与他人是否系真实的租赁关系，故有时在拍卖公告中亦难以明确。对涉案房屋是否存在权利负担发生争议诉至法院，法院应对房屋权利负担情况作实质审查后重新作出认定。无论是司法拍卖公告还是房屋评估报告对于房屋现状的租赁描述均不能作为对有无租赁关系的确认依据。

对于租赁关系真实性的判断，应当考虑租赁合同内容、租金支付情况、房屋占有状况、租赁期限、出租人与承租人之间关系等因素予以综合判断。

首先，对于租赁合同的内容，真实的租赁合同对双方权利与义务约定得明确具体，而虚假的租赁合同多采用格式化条款，在房屋及附属设施的维护、合同解除、违约责任等方面存有诸多省略，因房屋占有人目的并不在于承租房屋，双方在租赁合同中约定的权利义务并不对等。本案中，翁某与范某之间的租赁合同在房屋的维修期限、合同违约具体情形、违约责任承担等方面，特别是涉及解除合同的具体期限、违约金的赔付标准存在多处省略，与一般房屋租赁情况不符。

其次，就租金支付情况及租赁期限而言，真实租赁关系的承租人与出租人之间一般存在按月付、按季付、按年付三种类型，同时伴有部分押金。普通居住使用的房屋以按月付、按季付最为常见；商业租赁的商铺等房屋因商业价值及成本的考量，多为按年支付租金或分期限交纳租金，极少数存在一次性支付租金的情况。而虚假租赁关系的租金支付方式多采用一次性支付或分次大额支付方式，承租期限亦常约定为较长的租赁期限，多为20年租期，租金标准在承租期内不发生任何变动。但实际上虚假的租赁关系中承租人往往并未实际支付租金，双方多以租赁关系之名行借贷担保之实。本案中，范某提供的翁某承诺书中载明翁某收到范某通过A公司汇入的1000万元，其中265万元为翁某名下涉案房屋的租金，房屋租赁期限20年。按照承诺书，范某所支付的租金与其他资金发生混同，仅凭翁某的承诺书难以证明范某已支付租金的事实。

最后，就承租人与出租人之间的关系而言，虚假的租赁合同双方往往具有较为紧密的联系，双方相互串通以达到逃避债务或规避执行的目的。本案中，范某曾在一审庭审中陈述其与翁某之间存在资金往来，翁某欠范某265万元，翁某与范某协议以房租冲抵之前的欠款。该陈述与租赁合同以及翁某承诺书中明确的租金支付方式存在矛盾，范某虽实际占有房屋，但由于在租赁合同内容、租金支付方式、租赁期限、庭审陈述等存在诸多不合常理或矛盾之处，故确认范某与翁某之间并不存在真实租赁关系。

编写人：北京市第三中级人民法院　万丽丽　李延昭

17

通过合法形式掩盖非法目的的无权占有人应返还原物

——蔡某诉王某返还原物案

【案件基本信息】

1. 裁判书字号

北京市第一中级人民法院（2019）京01民终8962号民事判决书

2. 案由：返还原物纠纷

3. 当事人

原告（上诉人）：蔡某

被告（被上诉人）：王某

【基本案情】

蔡某于2014年5月22日以22.18万元的价格购买了涉案车辆。2015年2月26日，蔡某与周某结婚。

2017年7月24日，周某与蔡某签订《车辆买卖授权委托书》，载明蔡某委托周某出售涉案车辆，委托出售价格为13万元，超出部分归周某所有（后经鉴定《车辆买卖授权委托书》上“蔡某”签名、指印与蔡某本人的签名、指印不一致）。同日，周某与李甲签订《车辆抵押借款合同》，约定周某向李甲借款13万元，周某以其享有所有权的涉案车辆提供担保，如周某未能按期还清借款本息，李甲有权处置抵押物，行使抵押权，并不再另行通知周某。抵押车辆由李甲保管使用，随车手续由李甲保管。后李甲将涉案车辆转让给李乙，李乙又将涉案车辆转让给兰某。

2018年6月30日，王某（乙方）与兰某（甲方）签订《车辆债权债务转让协议》，载明：截至签订本协议之日止，车主蔡某拖欠甲方及转押到甲方的债权债务，经多次催收一直未能偿还，甲方视车主为违约。现甲方将车主抵押物轿车一辆（涉案车辆）转让给乙方，转让价格为18.5万元。甲方已告知乙方该车辆的实际情况：

车辆为抵押车辆，非正常过户车，不可过户。车辆状态为正常。乙方了解相关情况，并自愿接受债权转让。协议签订后，王某向兰某支付车款18.5万元，兰某出具收条，并向王某交付了涉案车辆及车钥匙、行驶本等。王某收到涉案车辆后对车辆进行了维修并购买了保险，涉案车辆由王某使用。

2018年11月15日，王某将涉案车辆停放在北京市朝阳区某路旁。蔡某发现涉案车辆后报警，要求王某返还涉案车辆，但王某称涉案车辆是其购买所得，拒绝返还。蔡某遂诉至法院，请求法院判令涉案车辆为其所有，王某返还涉案车辆。

【案件焦点】

1. 如何认定涉案车辆所有权归属；2. 王某应否返还涉案车辆。

【法院裁判要旨】

北京市石景山区人民法院经审理认为：涉案车辆登记的所有权人为蔡某，但车辆是一种动产，其物权变动以交付发生效力。现蔡某不是涉案车辆的占有人，仅凭借机动车登记证书的登记主张其权利无法律依据。蔡某、周某系夫妻关系，李甲在签订《车辆抵押借款合同》时有理由相信周某对涉案车辆享有处分权且征得了蔡某的同意。鉴于周某已将涉案车辆实际交付给李甲，李甲享有诉争车辆的质权，对诉争车辆属于合法占有。李甲后将其享有的债权通过转手，王某以18.5万元受让了债权。故蔡某主张王某返还涉案车辆无事实和法律依据，不予支持。

北京市石景山区人民法院依照《中华人民共和国物权法》第二十三条、第三十九条、第二百一十二条规定，作出如下判决：

驳回蔡某的诉讼请求。

蔡某不服一审判决，提出上诉。北京市第一中级人民法院经审理认为：关于车辆所有权问题。双方提交的《机动车登记证书》、机动车销售统一发票等证据均表明涉案车辆由蔡某出资购买，且登记在蔡某名下，王某亦认可蔡某对涉案车辆享有所有权，故对蔡某主张涉案车辆为其所有之诉讼请求，予以支持。

关于涉案车辆应否返还问题。王某表示其与兰某之间系通过债权债务转让的方式买卖涉案车辆，知道车辆无法过户，只是为了使用车牌。结合王某提交的卖方为周某的《购车协议》，可以确定王某为了使用车牌以18.5万元取得了涉案车辆，涉案车辆的占有、转移行为表面上为车辆质押，但实际上为车辆买卖，其目的是在没有北京市小客车指标的情况下通过上述行为实现使用车辆的目的。按照《北京市小客车数量调控暂行规定》及其实施细则的相关规定，在北京市购置车辆，需要有车辆配置指标。王某的上述车辆买卖行为扰乱了北京市关于机动车的公共管理秩序，损害了社会公共利益，属无效行为。另外，即使诚如王某内心真实意思为对涉案车辆享有质权，相关材料亦存在明显冲突，在此情况下，王某既未与蔡某也未与周某核实过情况，难以认定其能够善意取得该质权。因而王某所称其对涉案车辆享有质权的辩解，缺乏事实和法律依据，王某对涉案车辆属无权占有，应将车辆返还给所有人蔡某。

北京市第一中级人民法院依照《中华人民共和国物权法》第三十四条、第一百零六条，《中华人民共和国合同法》第五十二条第一款第四项，《中华人民共和国民事诉讼法》第一百七十条第一款第二项规定，作出如下判决：

一、撤销北京市石景山区人民法院（2018）京0107民初30547号民事判决；

二、确认涉案车辆为蔡某所有；

三、王某于本判决生效后十五日内将涉案车辆返还给蔡某。

【法官后语】

《中华人民共和国民法典》第二百二十五条规定，船舶、航空器、机动车等的物权的设立、变更、转让和消灭，未经登记，不得对抗善意第三人。由此可见，对于车辆这类特殊动产而言，公示方法采取登记对抗主义，对于第三人而言，占有并不意味着所有。而且，占有亦有有权占有与无权占有之分，只有有权占有才可能享有所有权，无权占有者必然不能享有动产的所有权。

相对于不动产登记的严谨性而言，现实中的动产占有与所有之间经常存在差异，在司法实践中判断动产所有权人不可仅凭占有这一外观现象，而应综合考虑当事人的主客观情况，结合相关证据材料准确认定动产所有权的归属。本案中，购车发票、机动车行驶证等证据能够证明涉案车辆由原告出资购买，并登记在原告名下。涉案车辆虽然由被告占有和使用，且被告主张占有该车辆是以善意取得的方式获得了车辆的质押权，但是综观全案证据，被告在受让涉案车辆时的主观状态难以被认定为善意，其行为并不符合善意取得的构成要件，故其对涉案车辆的占有为无权占有。随着诉讼过程的不断深入，被告在二审期间亦认可原告对涉案车辆享有所有权。故涉案车辆的所有权应归原告所有。

《中华人民共和国民法典》第五百零二条第一款规定，依法成立的合同，自成立时生效，当事人理应遵守，法律理应予以维护；第一百四十六条第一款规定，行为人与相对人以虚假的意思表示实施的民事法律行为无效。本案中，被告与兰某签订《车辆债权债务转让协议》，从表面上看兰某将相关债权及从属于该债权的质押权、质押车辆转让给被告，被告支付18.5万元的价款。但是结合本案相关证据及证人证言来看，被告的这一意思表示是虚假的；其真实的意思表示是在没有车辆配置指标的情况下，通过车辆买卖来达到获得涉案车辆并使用的目的。根据《北京市小客车数量调控暂行规定》及其实施细则的相关规定，在北京市购置车辆，需要有车辆配置指标。车辆配置指标通过摇号的方式来进行分配，不能私下进行买卖，而被告名为质押、实为买卖的行为正好规避了上述规定，达到了占有、使用涉案车辆的目的。这一行为是对北京市机动车公共管理秩序的挑战，对于其他认真遵守相关规定参与摇号而又迟迟无法获得车辆配置指标的市民而言是极不公平的，因此被告与兰某以虚假的意思表示签订的《车辆债权债务转让协议》应被认定为无效。

近年来，随着收入水平的提高和高速公路等基础交通设施的完善，越来越多的家庭购买了私家车以方便出行，而我国的汽车保有量也在逐年上升。北京、上海等一线城市的车辆保有量已经远远超过城市承载能力，交通拥堵、环境污染等问题也随之显现。为此，相关城市采取了机动车数量控制措施。北京市早已于2011年1月1日施行了小客车限购措施，随着购车需求的不断攀升，北京市小客车指标摇号中签难度持续增大，一号难求。在此情况下，不少人“另辟蹊径”，通过租赁、买断、“假”结婚等方式来达到没有取得小客车指标而使用京牌小客车的目的。但是其中蕴含的巨大风险往往被当事人忽略了。例如，在指标租赁情形中，对于购车人而言，自己出资购买的车辆虽然由自己占有和使用，但却登记在指标所有人名下，如果指标所有人因其他纠纷被申请强制执行，则车辆有被查封、扣押甚至拍卖的风险（执行实践过程中此类情形有增多的趋势）；对于指标所有人而言，登记在自己名下的车辆却不受自己控制，一旦发生交通事故或其他状况，自己难以撇清关系，被牵连而承担相关责任的可能性极大。有的行为还可能涉嫌刑事犯罪。据报道，由于2020年以来以“结婚”为手段买卖京牌小客车指标的现象频发，严重破坏了社会管理秩序，北京市公安机关对此开展侦查，实施全链条打击，截至2020年12月

27日，北京市检察机关已依法批准逮捕行动中抓获的67名违法犯罪嫌疑人。因此，笔者奉劝市民遵守相关规定，通过合法、正规的途径获得小客车指标，避免出现不必要的损失。

编写人：北京市石景山区人民法院　刘志凯

18

占有事实的识别和认定

——蔡甲诉金某占有保护案

【案件基本信息】

1. 裁判书字号

福建省厦门市思明区人民法院（2019）闽0203民初4077号民事判决书

2. 案由：占有保护纠纷

3. 当事人

原告：蔡甲

被告：金某

【基本案情】

厦门市公房管理中心（以下简称公房中心）出具的《证明》显示，案涉房屋系厦门市直管公有住房，自1986年12月由厦门市纸制品厂调配给李某居住。李某于1998年去世，其生前育有四子，即长子蔡甲、次子蔡乙、三子蔡丙、四子蔡丁，金某系蔡乙的前妻，蔡小一系蔡甲女儿。2010年6月28日，蔡甲、蔡乙、蔡丙、蔡丁向公房中心提交《申请书》，载明经大家协商一致后同意由蔡甲办理更名换户手续，将案涉房屋的承租人李某更名为蔡甲。2015年10月13日，厦门市旧城保护开发有限公司（以下简称保开公司）与蔡甲就案涉房屋租赁续签《厦门市直管公有住宅租赁合同》，约定案涉房屋的建筑面积56.2平方米，使用面积43.23平方米，租金基数为84.5元/月，租期自2015年1月1日起至2019年12月31日止。

金某现占有使用案涉房屋的一半面积。

金某与蔡乙于2010年9月7日签订《离婚协议书》，其中第四条约定“现有公房三楼归女方所有”。蔡甲的配偶高某出具的《收据》载明，高某在2011年至2017年均按每月42.25元的标准收取金某支付的房费，还另收取了机顶盒费用、水电费。蔡乙出庭陈述：“蔡乙一家原与蔡丙一起居住在案涉房屋，在与金某离婚时同意让金某继续居住在案涉房屋。后蔡丙搬走，高某找到蔡乙商量承租人更名的事情，在保证不会影响金某及女儿居住的前提下，蔡乙同意将承租人变更为蔡甲，但蔡甲从未居住过案涉房屋。”

蔡甲向法院提起诉讼，请求金某腾空并返还涉案房屋。

【案件焦点】

蔡甲对金某主张的占有物返还请求权能否成立。

【法院裁判要旨】

福建省厦门市思明区人民法院经审理认为：《中华人民共和国物权法》第二百四十五条规定，占有的不动产或者动产被侵占的，占有人有权请求返还原物；对妨害占有的行为，占有人有权请求排除妨害或者消除危险；因侵占或者妨害造成损害的，占有人有权请求损害赔偿。占有人返还原物的请求权，自侵占发生之日起一年内未行使的，该请求权消灭。根据前述查明事实及法律规定，蔡甲的诉讼请求不能成立。理由如下：首先，基于占有保护纠纷主张占有物返还的，应适用于纯占有人丧失占有之情形。占有物返还请求权发生于占有物被他人侵占的情形，此侵占系违反占有人的意思而排除其对物事实上的控制与支配。案涉房屋性质属于公有住房，公房使用者对公房享有占有、使用的权利，体现的是政府对公有住房全体居住人员的社会保障和福利性。案涉房屋的原承租人为李某，李某去世后，虽然李某的继承人一致同意将案涉房屋的承租人更名为蔡甲，但该更名行为并不代表蔡甲是唯一有权居住在案涉房屋的人员，而是蔡甲代表其他家庭成员共同承租该公有住房，所有家庭成员均有权居住使用。金某作为李某的儿媳及家庭成员之一，且在与蔡乙离婚时达成由金某继续居住在案涉房屋的约定，金某可享有案涉房屋的居住权，该居住权利不因案涉房屋承租人更名至家庭成员某一人名下而被排除。其次，金某提供的相关证据及证人证言可形成完整证据链条，足以证明金某长期居住在案涉房屋，蔡甲虽对相关证据不予认可，但并未提交反驳证据，结合蔡甲在2011年至2017年期间收取金某一半租金的事实，案涉房屋在2010年更名至蔡甲名下，蔡甲后以自己的名义缴纳每月租金84.5元，再向金某收取一半的租金，反而佐证了金某及蔡乙陈述的房屋更名后由金某继续居住一半房屋的事实。反观蔡甲的陈述，其陈述金某占有的一半房屋本来由蔡乙出租给他人，金某在2015年知道更名的事实后搬进来并持续占有，又确认其在2011年至2017年收取金某一半租金的事实，明显自相矛盾，另外蔡甲关于其在案涉房屋更名前后的居住情况的陈述也语焉不详，故蔡甲的相关陈述实难采信，金某的陈述更为合理。金某长期占用案涉房屋，并未破坏蔡甲纯占有的状态。最后，即便按蔡甲的主张，其至迟在2011年即对金某占用案涉房屋的事实知晓，而其在时隔八年后才提起本案诉讼，也早已超过物权法第二百四十五条所规定的一年除斥期间，蔡甲的占有物返还请求权已经灭失。综此，对蔡甲提出的诉讼请求，不予支持。另，蔡甲主张金某利用案涉房屋进行经营的行为与本案无关，各家庭成员如对案涉房屋的承租使用存在争议，可另行解决。

福建省厦门市思明区人民法院依照《中华人民共和国物权法》第二百四十五条及《中华人民共和国民事诉讼法》第六十四条第一款规定，判决：

驳回蔡甲的诉讼请求。

【法官后语】

占有虽为一种事实，不是权利，但是一种物的归属秩序，目的是维护社会和平、促进物尽其用。在司法实践中，因权利人的占有源于某种特定的权利，其可直接基于本权对占有进行权利主张，基于占有保护纠纷主张占有物返还的应适用于纯占有人丧失占有之情形。占有物返还请求权发生于占有物被他人侵占的情形，此侵占系指违反占有人的意思而排除其对物事实上的控制与支配。笔者在司法实践中发现，原《中华人民共和国物权法》第三十四条、第二百四十五条①均系对返还请求权的规定，但前条是为了保护物权人对物的支配占有关系，需要以本权为基础，后条是为了保护占有人对占有物的占有事实状态，不问背后是否存在本权。不少当事

① 分别对应《中华人民共和国民法典》第二百三十五条、第四百六十二条。

人在主张返还请求权时不能厘清占有保护和物权保护的区分，不能准确选择案由和法律依据并围绕诉请进行举证，造成诉讼主张不能得到法院的支持。

1. 在占有保护类案件中，占有人仅需证明占有存在即有权主张返还原物请求权。占有作为占有人对不动产或动产实际控制与支配的事实状态，其本身不一定反映产权关系；占有制度所保护的也仅仅是占有的事实状态，而非通过确认、保护占有而对占有物进行权属判断，故占有人提出返还原物请求权仅以其长期、持续、和平地占有标的物为前提。而物权保护请求权需以权利人提供相应的权利依据为前提，可能存在举证困难。但在占有制度的框架内，是有权占有还是无权占有、是基于债权、物权还是人身关系的占有均无需考虑，占有人仅需证明其对标的物持续稳定地实际占有这一事实即可，这无疑减轻了当事人的维权负担。但请求权的主体为前占有人，如前占有人不能证明其占有在前，则其请求也难以获得支持。本案中，蔡甲无法证明其占有的事实在金某之前，并因金某的侵占造成其对案涉房屋形成瑕疵占有，故其返还房屋的主张不能获得支持。

2. 占有人提出返还原物请求权应受除斥期间限制。占有保护制度意在维持或恢复占有的事实状态从而维护社会秩序。有权占有人对动产或者不动产的占有有其背后的本权为依据，对本权的保护是法定和持续的，不适用诉讼时效规定。但对无权占有人而言，其对动产或不动产的控制与支配状态并无权利基础。而一旦占有的事实状态被打破，非占有人基于其侵占事实，亦可能形成新的占有，故为了维护社会秩序，在区分占有和侵占时，需以一年的和平、稳定控制作为界限。《中华人民共和国民法典》第四百六十二条第二款对此也明确规定，占有人提出返还原物请求权应以一年为除斥期间。本案中，即便按蔡甲的主张，其至迟在2011年即对金某占用案涉房屋的事实已经知晓，而其在时隔八年后才提起本案诉讼，早已超过一年的除斥期间。

3. 占有的事实状态非因权利人的合法权利主张不得破坏。破坏占有事实状态的行为，除非有权利人授权或追认，可径行排除；即便有权利人提出权利主张，有权占有人亦可依据其占有背后的本权与之对抗。故占有虽然并非终局性地确认权属，但强化了占有人的法律地位，使其占有得以和平公开地维持，即占有人的身份、占有的事实状态一经确认，即受法律保护，非因合法事由、合法程序，非占有人均不得以私力加以破坏。所以诉讼中占有人要就侵占人的“侵占”行为进行举证。本案中，案涉房屋性质属于公有住房，公房使用者对公房享有占有、使用的权利，体现的是政府对公有住房全体居住人员的社会保障和福利性。房屋承租人更名的，新的承租人也是代表其他家庭成员共同承租该公有住房，所有家庭成员均有权居住使用。本案中，金某作为李某的儿媳及家庭成员之一，且在与蔡乙离婚时达成由金某继续居住在案涉房屋的约定，金某可享有案涉房屋的居住权，该居住权利不因案涉房屋承租人更名至家庭成员某一人名下而被排除。金某事实上长期居住在案涉房屋，并未破坏蔡甲纯占有的状态，故蔡甲的诉讼主张不能得到支持。

编写人：福建省厦门市思明区人民法院　冯莉平

（三）排除妨害纠纷

19

安全隐患的认定和处理

——A 公司诉 B 公司、C 工厂排除妨害案

【案件基本信息】

1. 裁判书字号

江苏省无锡市惠山区人民法院（2019）苏 0206 民初 1347 号民事判决书

2. 案由：排除妨害纠纷

3. 当事人

原告：A 公司

被告：B 公司、C 工厂

第三人：D 居委会

【基本案情】

A 公司与 B 公司、C 工厂相邻，均租用 D 居委会的土地，A 公司位于北面，B 公司和 C 工厂位于南面。A 公司于 2010 年在紧邻双方土地边界处建造了职工宿舍，无建设规划审批手续。案涉电缆线系 D 居委会安装，为 A 公司生产所用，该电缆线经由 B 公司承租土地上方至 A 公司职工宿舍南墙外沿布设。

2015 年，B 公司在紧邻双方土地边界处（紧贴 A 公司职工宿舍南墙）建造墙体，并加盖彩钢瓦，无建设规划审批手续。B 公司在建造时将案涉电缆线砌入墙体中，但未提供证据证明对案涉电缆线采取了相应的保护措施。

在此前的诉讼中，法院曾向供电公司咨询，供电公司判断：案涉 4 根电缆线是从电杆上通下来的，应该是通电的，如果绝缘层受损坏，加之电缆线受彩钢瓦包围，极易受损，会导致彩钢瓦带电，也会引起电路短路，用电人将受损失，所以有安全隐患。

【案件焦点】

1. B 公司将案涉电缆线砌入墙体是否存在安全隐患；2. A 公司对涉案电缆线存在的安全隐患是否享有诉权。

【法院裁判要旨】

江苏省无锡市惠山区人民法院经审理认为：案涉电缆线虽系 D 居委会安装，但专用于 A 公司生产所需，故 A 公司对该电缆线享有合法使用的权益，对构成电缆线用电安全隐患的侵权行为，A 公司作为使用人有权提起侵权诉讼。

B 公司在自己承租的土地上建造墙体并加盖彩钢瓦，未取得建设规划审批，该违法建造行为应由相关行政部门予以依法处理。但 B 公司将案涉电缆线砌入墙体，导致 A 公司在电缆线使用上的用电安全隐患，构成对 A 公司的侵权，应依法承担消除危险的民事责任，具体方式以将电缆线移出墙体为宜。

A 公司未提供证据证明 B 公司破坏其窗户，故对 A 公司主张的窗户维修费用不予采纳。A 公司以其职工宿舍采光受影响而主张用电损耗损失，但其职工宿舍亦未有建设规划审批手续，不享有合法物权，不具备相邻权的合法权利基础，故对此亦不予采纳。

江苏省无锡市惠山区人民法院依照《中华人民共和国侵权责任法》第二十一

条规定，作出如下判决：

B公司应于本判决生效后一个月内将砌入墙体的电缆线移出。

【法官后语】

排除妨碍请求权是指物权人在其对物的支配因他人不法侵害而不能充分实现时，依法要求侵害人停止妨害和排除妨碍的权利，为物上请求权的一种。行使排除妨碍请求权的要件，一是请求权人对物拥有合法的物权，二是存在持续的不法妨害事实。排除妨碍请求权通常由物权人行使。本案的特殊性在于：案涉电缆线系D居委会安装，专用于A公司生产所用，那么特定物的合法使用人在物的使用因他人行为而遭受危险时，能否主张排除妨碍？对此分析如下：

首先，物的合法使用权人可以主张排除妨害。根据《中华人民共和国民法典》第二百三十六条规定，妨害物权或者可能妨害物权的，权利人可以请求排除妨害或者消除危险。这里的权利人当然包括物的合法使用人。本案中，A公司对案涉电缆线享有安全使用的合法权益，有义务保障电缆线的使用安全，也有权利排除任何可能存在的安全隐患。

其次，安全隐患属于仍在持续的不法妨害事实。工业用电安全是安全生产环节中的一个重要方面，也是相关权利人的重大安全利益。当行为人的行为对他人权利构成现实危险或妨碍时，即使未造成实际损失也构成实际存在的损害。因为严重危险或妨碍他人权利的行使，都会影响到权利人利益的实现。此时，虽然损害尚未实际发生，但已使他人权利受到现实威胁。本案中，B公司将电缆线砌入墙体，亦未做相应的保护，不论是从常理还是供电部门的咨询结果判断，确已构成安全隐患，且至今未消除。最后，消除安全隐患具有现实紧迫性。本案原告起诉时虽然损害尚未实际发生，但安全隐患已经埋下，一旦电缆线受损漏电，不仅会影响A公司的正常生产，更有可能对B公司的人员和财产造成严重损害。因此，消除安全隐患具有紧迫性。

综上，B公司的行为导致A公司使用的电缆线存在现实的危险，A公司有权请求停止侵害、排除妨碍、消除危险。停止侵害是指侵权人实施的侵权行为正在进行时，被侵权人可以依法请求侵权人停止侵权行为；排除妨碍是指侵权人实施的侵权行为造成现实的妨碍时，被侵权人有权请求侵权人消除妨碍的状态；消除危险是指侵权人实施的侵权行为尚未实际发生，但将来必然会发生妨碍危险的，被侵权人有权请求侵权人消除危险存在的状态。消除安全隐患的方式，应当视具体的侵权行为而定，以足以消除危险为限，不得超出必要的限度。本案中，根据B公司实施侵权行为的方式，法院判令B公司将电缆线移出墙体，足以有效排除妨碍，维护了权利人的安全利益。

安全生产无小事，更遑论工业用电安全这一极易产生事故的领域。安全生产，不仅仅是一句口号，也不仅仅是事故发生后的亡羊补牢，更重要的是安全隐患的防范和消除，防患于未然，追求经济效益绝不能以忽视安全生产为代价。

编写人：江苏省无锡市惠山区人民法院　安震旦

20

合法占有人通过诉讼途径寻求救济后占有的保护期间认定

——李某诉王某排除妨害案

【案件基本信息】

1. 裁判书字号

江苏省淮安市中级人民法院（2019）苏08民终317号民事判决书

2. 案由：排除妨害纠纷

3. 当事人

原告（被上诉人）：李某

被告（上诉人）：王某

【基本案情】

王某与倪某原为夫妻关系，位于淮安经济技术开发区的涉案房屋为王某、倪某共同出资购置，该房屋登记在其子倪小一名下。房屋由三人共同居住。王某称，为减少百年后房屋过户手续的烦琐，便将房产登记在当时还没有独立生活能力的倪小一的名下。2017年4月18日，倪某与王某登记离婚，离婚协议的财产分割部分约定：涉案房屋在未折迁情况下按现状居住，如被折迁，按折迁补偿款总额，三等份分割（男方、女方、儿子），任何一方无权买卖交易。倪小一在该协议上签署“如折迁，同意将涉案房屋按三等份分割”。2018年5月19日，倪小一将房屋出售给李某。2018年7月4日，房屋登记为李某单独所有。

王某于2018年7月30日向江苏省淮安市清江浦区人民法院起诉案外人倪小一，要求倪小一返还出售涉案房屋1/3房款120万元，后该院判决倪小一向王某支付涉案房屋款781000元。该判决已生效并在法院强制执行中。王某提供缴费票据，证明其在对房屋买卖不知情的情况下，于2018年7月18日向淮安新奥燃气有限公司缴纳燃气初装费3000元。李某诉请判令王某立即搬离涉案房屋并将其占有的房屋交付给李某。

【案件焦点】

占有人对房屋的权利另行向出卖人寻求了救济，其继续占有房屋是否具有合法性和正当性。

【法院裁判要旨】

江苏省淮安经济技术开发区人民法院经审理认为：妨害物权或者可能妨害物权的，权利人可以请求排除妨害或者消除危险。李某与案外人倪小一签订了房屋买卖合同，购买了涉案房屋并依法取得了房屋所有权证，其基于所有权主张王某无权占有房屋，要求王某搬离涉案房屋，于法有据，予以支持。

江苏省淮安经济技术开发区人民法院依照《中华人民共和国物权法》第六条、第三十五条规定，判决如下：

王某于判决生效之日起30日内搬离涉案房屋。

王某不服一审判决，提起上诉。江苏省淮安市中级人民法院经审理认为：根据《中华人民共和国物权法》第三十四条、第三十五条、第二百四十三条规定，妨害物权或者可能妨害物权的，权利人可以请求排除妨害或者消除危险。无权占有不动产的，权利人可以请求返还原物，因此合法占有的权利也受法律保护。李某向案外人倪小一购得涉案房屋，并登记在其名下，其作为房屋所有权人有权请求返还房屋，排除妨害。诉争房屋系王某与其前夫倪某共同购置，并出资对房屋进行扩建，登记在儿子倪小一个人名下，由家人共同居住；同时，离婚协议书载明涉案房屋拆迁时按三等份分割，倪小一也签字同意。因此，王某享有涉案房屋的权利。王某的房产权利被其他共有人倪小一处分，但并无证据证明李某取得涉案房屋违法。王某通过诉讼向倪小一主张财产权利，其权利得到生效判决的确认，另行寻求了权利救济，继续占有涉案房屋失去了合法性和正当性。王某主张对涉案房屋附属设施、树木享有财产权利，不属于本案审理范围；李某表示王某对涉案房屋的可移动物品、树木可以自行处理，故王某可以另行处理或主张。

江苏省淮安市中级人民法院依照《中华人民共和国民事诉讼法》第一百七十条第一款第一项规定，判决如下：

驳回上诉，维持原判。

【法官后语】

处理排除妨害案件，通常要对排除妨害的权利与占有者的权利进行审查判断。

1. 关于房屋有权占有的保护

学理上按照占有是否有本权，将占有区分为有权占有和无权占有。本权是指基于法律上的原因对物占有的权利。有权占有是指有本权的占有，无权占有是指无本权的占有。无权占有又区分为善意占有和恶意占有。恶意占有、善意占有与有权占有的保护价值依次递增，三者承担的责任不同。[①] 有权占有者，因享有对占有物一定范围的使用权、收益权，从而使占有具有类似物权的地位，具有权利性质。有权占有人在其占有的本权依据存续期间，可以据此抗辩权利人的请求。因此，权利人只能向无权占有人提出返还原物的请求，而不能要求有权占有人返还原物。依照《中华人民共和国民法典》第二百三十五条规定，无权占有不动产或者动产的，权利人可以请求返还原物。依照《中华人民共和国民法典》第四百五十九条、第四百六十条、第四百六十一条规定，善意占有人有返还原物及其孳息的义务，若占有物毁损、灭失而获赔，以获赔之替代物返还，不因使用导致占有物损害而负赔偿责任；恶意占有人不应从不法行为中获利，其具有向权利人返还的义务，造成损害的，还应当赔偿。王某享有涉案房屋的权利相对于原共有人而言，系按份共有；相对于现权利人而言，系基于原共有关系而享有的占有、使用、收益的权利。因此，

① 吴香香：《论侵害占有的损害赔偿》，载《中外法学》2013年第3期。

王某享有涉案房屋的权利，其占有房屋系有权占有，应予保护；王某在其占有的本权依据存续期间，可以据此抗辩权利人李某的排除妨害请求。

2. 合法占有人通过诉讼途径寻求救济后占有的保护期间认定

王某合法占有涉案房屋期间的权利，应受法律保护。但是，王某的房产权利被倪小一处分，权利被侵害，其通过诉讼主张分得倪小一处分涉案房产所取得的价款，得到生效判决的确认，而是否能以生效判决认定其继续占有涉案房屋不再具有合法性和合理性，值得探讨。

案件审理中，出现过如下两种处理方式的权衡：一种处理方式认为，在王某向倪小一主张的财产权利未实现之前，其拒绝搬出房屋，占有房屋仍具有合法性，可以判令王某于其向案外人倪小一主张的财产权利实现之后搬离涉案房屋。另一种处理方式认为，王某通过诉讼向案外人倪小一主张财产权利，其权利得到生效判决的确认，其另行寻求权利救济，继续占有涉案房屋失去了合法性和正当性，应判令其搬离涉案房屋。前一观点是基于对占有人王某现实处境的考虑：一方面，其母子关系恶化，其也将被迫离开所居住的房屋，居住权利受侵害。如果王某的财产权利未实现，将导致其无居所；另一方面，可以间接地将矛盾转于始作俑者，促使排除妨害权利人依据房屋买卖合同以出卖人履行瑕疵为由，主张违约之诉，其可以在一定程度缓和诉争双方的矛盾。后一观点基于如下考虑：一是权利人基于对房屋产权登记公示的信赖而善意地取得所有权，其所有权保护价值应高于有权占有。二是生效裁判在法律上产生确定力和执行力，其确定的权利不因义务人怠于履行而不存在，也不因是否强制执行到位受到影响。王某诉案外人倪小一案的裁判生效，在法律上其权利救济已确定，因此其继续占有失去了合法性。三是如果裁判生效后，案外人倪小一怠于履行，或者执行不到位，判令王某于其向案外人倪小一主张的财产权利实现之后搬离涉案房屋，将导致权利人李某的利益受损，于其不公平。四是倪小一取得了房款，王某诉案外人倪小一案生效裁判的执行到位具有极大可能性（从后续反馈信息看，执行已到位）。对于上述两种处理方式权衡后，法院选择了后一种方式，即以另案裁判生效时间作为占有人对占有是否仍具有合法性的分界点。

笔者支持裁判的处理结果，同时还认为，其一，王某另案诉讼寻求权利救济，据此可以判断其接受了房屋出卖的事实，以该事实和时间点认定其继续占有涉案房屋是否仍具有合法性，具有裁判的确定性，利于裁判的履行或执行。法院在裁判处理方法的取舍上基于事实和法律，通盘考虑，兼顾其他，力争做到了利益的衡平。其二，比较一、二审法院裁判理由，二审进一步指出和肯定了占有人享有占有权利并明确占有人权利保护的时间节点，维护了占有人合法占有期间的利益。其三，如果王某未向房产的处置者寻求司法救济，则其仍为有权占有，司法裁判可以通过驳回所有权人排除妨害的请求保护占有人的权利。那么，房屋买受人可以以履行瑕疵为由向出卖人主张违约责任，从而迫使出卖人向占有人履行义务后，令占有人搬离房屋。占有人得到救济后仍不主动消除妨害的，则因占有失去合法性而承担排除妨害的责任。

编写人：江苏省淮安市中级人民法院　马作彪

21

林木自然生长构成侵权的情形下，裁剪与移植救济途径的选择

——吴某、张某诉余某排除妨害案

【案件基本信息】

1. 裁判书字号

江苏省无锡市滨湖区人民法院（2019）苏0211民初7243号民事判决书

2. 案由：排除妨害纠纷

3. 当事人

原告：吴某、张某

被告：余某

【基本案情】

某小区37号房屋系吴某、张某所有，房屋为二层斜顶结构。余某居住于某小区46号房屋。早年，余某在该房屋北侧后门外2.2米处栽种了一棵香樟树。至

2018年，该香樟树树冠已高于37号房屋屋顶数米，枝叶遮挡了37号房屋的一层、二层窗户采光，房顶天沟中落满了香樟树的树叶，且37号房屋墙体内存在多处开裂状况。

吴某、张某认为该香樟树过于高大，树冠已盖过屋顶，落叶堵塞了排水沟；树根已扎入地基，影响房屋结构安全；香樟树冠过于茂盛，影响了采光。双方经协商处理无果，故诉至法院要求：1. 余某将某小区37号房屋后门栽种的香樟树移植排除妨害；2. 余某赔偿吴某、张某多年修剪树木的费用、房屋损坏的损失及精神损失等10000元。余某辩称愿意对树木进行修剪，但不同意移植。香樟树系其父亲栽种，树龄已达37年以上，早于吴某、张某建造房屋。而香樟树落叶落于屋顶是自然现象，天沟堵塞的最主要原因是吴某、张某疏于清理天沟；树根已在吴某、张某开挖化粪池时被切断，故不存在影响房屋安全的情况；该树木位于房屋北侧，故不存在影响采光的问题。

某小区的工作人员反映：双方就该香樟树落叶影响37号房屋一事发生纠纷，已多次在社区的组织下进行调解，但均无结果。

【案件焦点】

对香樟树应采用修剪还是移植的救济途径。

【法院裁判要旨】

江苏省无锡市滨湖区人民法院经审理认为：据无锡市滨湖区城管3局调查了解，案涉香樟树属常绿乔木，冬天不落叶，但在秋冬季节有一个换叶过程，在此过程中，落叶情况会比较严重，香樟树同时也是深根系植物，一般来说，根系范围与树冠范围相当。

涉案香樟树生长比较茂盛，对周边住户的采光有影响，且该树树冠已超过吴某、张某的房屋屋顶，在换叶过程中肯定会有大量树叶落在房顶，堵塞天沟影响排水。至于根系，因该树树冠范围已至房屋范围，根据常理，根系也会深入房屋地基，除非遇到坚硬物而无法生长。而对于如何解决上述问题，经向园林绿化部门咨询得知，落叶和采光的问题可通过修剪来解决，但这个方法治标不治本，且需要经常进行修剪；至于根系的问题，只有通过移植的方式才能解决，且若移植，可一并解决采光及落叶问题。

妨害物权或者可能妨害物权的，权利人可以请求排除妨害或者消除危险。余某栽种的香樟树落叶大量填塞在吴某、张某所有的某小区 37 号屋顶天沟中，影响房屋排水，且该树树冠生长茂盛，根据现场情况来看，确实已经影响到吴某、张某房屋的采光，对吴某、张某行使物权造成了一定程度的干扰。关于根系问题，虽然吴某、张某未提供证据证明该树树根确已深入其房屋地基，但根据城管局工作人员的陈述及 37 号房屋内的情况，可以认为树木根系已对房屋安全造成了一定的影响，需予以排除妨害。关于排除妨害的方式。余某提出对树木进行修剪，但吴某、张某不予同意，结合城管局工作人员的陈述，修剪的方式仅能治标，不能治本，而移植的方式可以一次性解决树木对房屋所造成的影响。综合以上两点，吴某、张某要求通过移植方式排除妨害的诉讼请求，于法有据，予以支持。

关于损失赔偿问题。因吴某、张某并未举证证明 10000 元损失的具体构成且已实际发生，应承担举证不能的责任。故对于吴某、张某的该项诉讼请求，不予支持。

江苏省无锡市滨湖区人民法院依照《中华人民共和国物权法》第三十五条，《中华人民共和国民事诉讼法》第六十四条第一款规定，判决如下：

一、余某于本判决发生法律效力后 30 日内对某小区 37 号房屋北侧后门外的一棵香樟树进行移植；

二、驳回吴某、张某的其他诉讼请求。

【法官后语】

行使物权的自由是建立在对每一个公民合法权利的公平保护和对他人权利不予侵害的基础上的自由，不是绝对的自由。当所有权人对物权的行使侵害到其他权利人的合法利益时，应予限制。这是我国民法典的立法精神，也是建设和谐社会的基本追求。

本案中，树木的自由生长已经超出原、被告宅基地建设范围的间隙，其枝叶延伸实际损害了原告房屋的采光权、其落叶也已形成对原告房屋正常使用和排水的安全隐患，所有权人对其种植的树不加管制造成了事实的侵害结果和排除妨害的必要，故对树的所有权应予限制。但民法典“利用相邻不动产应当尽量避免对相邻的不动产权利人造成损害”的规定中“尽量避免”的途径选择尚无明文规制，法院在作出裁判时需探索如何充分权衡利弊、进行价值取舍并兼顾执行的可行性与救济效果，基于对妨害的排除和最大限度地避免损失进一步扩大选择排除方案。

1. 从民法典立法目的出发，最大限度地保护双方当事人合法权益，尊重植物生长习性的客观科学规律，使判决结果能够更好地减少双方当事人的诉累，发挥我国的国家社会管理制度优势、体系优势、国家土地制度优势，在国家相关林业部门、土地管理部门、城市行政管理部门协调配合下，采用移植的方式对判决的可执行性和成功率也有可靠的保障，使司法判决结果不会流于纸上。

2. 涉案房屋的建造时间和树木栽种时间无论先后，只要批建程序和栽种均符合政府相关部门的许可，办理了合法的物权登记，均为合法的物权，都应受到法律保护。林木的种植权、所有权，属不动产范畴，但并非具有不动产的全部属性，类似于经济作物。涉案树木的侵权结果是由于植物生长的自然规律造成，侵权事实发生在房屋建造之后，因此建造房屋行为并不存在过错。

3. 利益价值的衡量，要求损害较小的合法权益保护较大的合法权益。行使相邻权所保护的合法权益应明显大于所损害的合法权益，否则便超过了必要限度。这里的“明显大于”是指对当事人利益受损进行衡量后得出优越性十分明确的结论即可。对利益衡量要综合考虑。位阶高的合法权益显然优于位阶低的合法权益，如人的居住权、采光权、房屋的结构安全位阶高于利用土地种植林木的经济利益。

4. 法益权衡并非唯一要素，还应考虑手段的轻微性、执行方式的有效性，即有无其他方式能够避免损害。如果有其他可替代的方式，就不可以选择造成相邻不动产损害的方式实现相邻权。遵守最小损害原则，优先选择最轻微的手段行使，但并不意味着不能造成损害，而是强调在满足实现相邻权目的下选择最为缓和的手段，实现较大的司法效果和社会效果。移植树木表面看对余某行使权利影响较大，但实际执行中，移植有较多的地点可供选择，可以一次性解决树木对房屋所造成的影响，移植完毕即可达到彻底定分止争的目的。反观余某主张的裁剪枝叶的处理方式，不仅需要反复、累年执行，而且结合城管工作人员、园林管理人员的陈述，枝叶、根系生长受自然规律支配，系不定期行为，不利于执行，仅能治标，不能治本。从长远来看，该方式反而无限增加了执行的成本，积聚了双方当事人的仇怨，无法达到邻里和睦的社会效果，无论从经济利益还是社会成本看，都是损失最大的选择。综上，本案选择了整棵移植的方案。

编写人：江苏省无锡市滨湖区人民法院　倪晓锋　毛翰飞

22

未经公示的租赁权不得对抗不特定买受人善意取得的所有权

——张乙诉成某、马甲排除妨害案

【案件基本信息】

1. 裁判书字号

云南省昆明市中级人民法院（2019）云01民终7575号民事判决书

2. 案由：排除妨害纠纷

3. 当事人

原告（被上诉人）：张乙

被告（上诉人）：成某

被告（被上诉人）：马甲

第三人（被上诉人）：张甲、马乙、×公司

【基本案情】

2017年4月12日，马甲向马乙出具《委托书》，委托马乙代为出售案涉房屋及办理相关手续，并办理了委托公证。4月26日，马乙代马甲与张甲签订《二手房买卖合同》将案涉房屋转让于张甲，并办理了公证。6月8日，张甲取得案涉房屋的不动产产权证书。12月6日，张乙与张甲通过中介荣城公司签订《×地产存量房屋买卖合同》，约定张甲将案涉房屋出售给张乙，成交价为174万元，并约定待办理网签后张乙应付首付款98万元，尾款待收到不动产权证时一次性付清。12月7日，张乙与张甲以及房屋共有人田某签订《房屋买卖合同补充协议》，约定双方于2017年12月6日签订的《房屋买卖合同》，实际成交价174万元，虽公证价格为140.6万元，张乙仍按174万元支付给张甲、田某。同日，张乙向田某账户转账98万元；张甲、田某向张乙出具房屋首付款收条载明现已收到张乙预付房款 98 万元。同日，张乙与张甲、田某签订《二手房买卖合同》将案涉房屋以成交价 140.6 万元出售给张乙，并办理了公证，张乙将尾款 76 万元转账到资金监管方昆明市明诚公证处的账户，双方办理了不动产权转移登记手续，张乙取得不动产产权证书。

张乙以马甲、成某非法占有涉案房屋为由，请求判令马甲、成某停止侵权，排除对涉案房屋的妨害。成某辩称，马甲系因拖欠借款，与成某签订《房屋租赁合同》，约定马甲将涉案房屋租给成某使用，租金用于抵充马甲所负债务，租期为 20 年。张乙取得涉案房屋的所有权时，仍处于租赁期内，根据买卖不破租赁原则，成某有权占有、使用涉案房屋，不存在侵犯张乙权利的行为。

经鉴定，成某提交的署期为“2015 年 5 月 13 日”的《房屋租赁合同》上“马甲”签名及指印与 2017 年 4 月 12 日的《委托书》上“马甲”签名及指印系同一人书写和按捺；《房屋租赁合同》落款处“马甲”签名及指印的形成时间晚于《委托书》落款处“马甲”签名及指印的形成时间。另，本案产生鉴定费 44900 元，系张甲预付。

【案件焦点】

本案是否适用“买卖不破租赁”的原则。

【法院裁判要旨】

云南省昆明市西山区人民法院经审理认为：首先，张乙有理由相信张甲对登记于其名下的案涉房屋享有处分权，并支付了相应对价，受让房屋属善意，且已取得案涉房屋不动产权证书，已取得房屋所有权。其次，成某所持租赁合同是债务人以其房屋使用权抵偿欠款的合同之债，与合同法规定的租赁不符，故本案不适用“买卖不破租赁”原则。另外，张乙未举证房屋“原状”为何状态，对其恢复原状的诉请不予支持。张乙并无证据证明马甲侵占其房屋，驳回张乙对马甲的诉请，支持其对成某要求排除妨害的诉请。

云南省昆明市西山区人民法院依照《中华人民共和国物权法》第九条、第十七条、第三十五条、第三十九条，《中华人民共和国合同法》第八条、第九条、第一百三十条、第二百一十二条、第二百二十九条，《中华人民共和国民事诉讼法》第六十四条、第一百一十八条以及《最高人民法院关于适用〈中华人民共和国民事诉讼法〉的解释》第九十条规定，作出如下判决：

一、成某于本判决生效之日立即排除妨害张乙对涉案房屋的使用；

二、成某于判决生效之日起十日内支付张甲鉴定费44900元；

三、驳回张乙对马甲的全部诉讼请求；

四、驳回张乙的其他诉讼请求。

成某不服一审判决，提起上诉。云南省昆明市中级人民法院经审理认为：买卖不破租赁是指在租赁关系存续期间，租赁物所有权的变更不影响租赁合同的效力，租赁合同在买受人和承租人之间继续有效。适用买卖不破租赁的原则须符合三个构成要件：首先，买受人已取得租赁物的所有权。张乙受让案涉房屋时为购房的合理需求，且系通过中介发布的售房信息获知房源，在中介的陪同下前往案涉房屋进行了实地查看，看房时房屋无人居住，并与张甲及中介签订《买卖合同》，以合理的价格交易，成某并无证据证明张乙清楚房屋上手的交易情况，其受让案涉房屋属善意，其所有权并不因前手交易的真实与否而受影响，双方办理了不动产权转移登记手续，张乙取得了房屋所有权。其次，所有权发生转移前，租赁合同已成立并生效。成某提交的落款为2015年5月13日的《房屋租赁合同》，经鉴定并非落款日签订，成某所举证据不足以证明租赁合同生效于房屋所有权发生转移前。最后，所有权发生转移前，租赁物已交付承租人使用。租赁权虽为债权范畴，但买卖不破租赁的原则赋予了租赁权对抗不特定买受人的效力，然而对于第三人之对抗效力应建立在权利已进行公示的基础上，对于租赁权来说，最直接、最客观的公示方式应为租赁物交付使用，使得买受人容易得知其所受让的租赁物上存在租赁关系。成某虽持有房屋钥匙，但房屋为空房，其并未使用，不能对抗不特定买受人。综上，本案并不适用买卖不破租赁的原则，张乙有权要求成某排除妨害。成某以马乙、张甲违法放贷一案已被公安机关立案侦查，案涉房屋可能为马乙、张甲违法犯罪所得，本案需以刑事案件处理结果为依据为由提出中止审理本案的申请。如上所述，张乙获得案涉房屋所有权系善意，案涉房屋是否为马乙、张甲违法犯罪所得，并不影响张乙对案涉房屋所拥有的合法所有权，故对成某的中止审理申请不予准许。

云南省昆明市中级人民法院依照《中华人民共和国合同法》第三十二条、第四十四条第一款、第二百一十二条、第二百二十九条，《中华人民共和国物权法》第九条、第一百零六条，《中华人民共和国民事诉讼法》第六十四条第一款、第一百七十条第一款第二项规定，作出如下判决：

一、维持云南省昆明市西山区人民法院（2018）云0112民初1896号民事判决第一、三、四项；

二、撤销云南省昆明市西山区人民法院（2018）云0112民初1896号民事判决第二项。

【法官后语】

“买卖不破租赁”指在租赁关系存续期间，租赁物所有权的变更不影响租赁合同的效力，租赁合同在买受人和承租人之间继续有效。该原则主要适用于土地、房屋等不动产的租赁。当然，这里所称的“买卖”不仅仅指钱物交易行为，其他民事法律行为如赠与、遗赠、互易、以物抵债等均可适用“买卖不破租赁”的原则，本文主要以房屋买卖为例进行阐述。

买卖不破租赁的立法目的在于保护承租人的利益，稳定租赁关系，保护交易安全，实现物尽其用。保护承租人的利益固然重要，但司法实践中常出现出卖人与所谓的“承租人”恶意串通，伪造租赁合同并对签约时间进行倒签，以达到干扰买卖标的物交付的效果；也有个别被执行人为了干扰执行与案外人恶意串通，伪造租赁合同及相关证据阻止执行标的物转移占有的情形。故应谨慎适用“买卖不破租赁”的原则，确保在保护租赁交易安全的同时不侵犯善意买受人的合法权益。适用买卖不破租赁原则须同时符合三个构成要件：买受人已取得租赁物的所有权；所有权发生转移前，租赁合同已成立并生效；所有权发生转移前，租赁权已进行有效公示。

1. 买受人是否已取得租赁物的所有权

《中华人民共和国民法典》第二百零八条规定，不动产物权的设立、变更、转让和消灭，应当依照法律规定登记。买卖双方办理了不动产权转移登记手续，买受人依法取得不动产权证书，即取得房屋的所有权。但，需要注意判断买卖双方是否存在恶意串通损害承租人利益的行为，判断标准为：（1）买受人受让房屋时是否为善意；（2）是否以合理的价格交易。以本案为例，张乙受让案涉房屋时为合理需求，且系通过中介获知房源并在中介的陪同下实地查看，房屋无人居住，从一般生活经验看，其有理由相信张甲对案涉房屋享有所有权，属善意，且张乙支付了合理的价格。

2. 所有权发生转移前，租赁合同是否已成立并生效

买卖不破租赁系保护在先的租赁权，此是物权的先来后到原则在所有权与租赁权冲突的情况下的应用。审查此条件时需格外谨慎，因为租赁合同容易造假，租赁合同成立、生效的时间不能单凭落款时间予以确定，还应综合承租人提交的其他证据予以判断，如在房管部门或物业公司进行租赁登记备案的凭证，合同公证书，装修的证据，缴纳租金税的凭据，交纳水、电、暖、气、物业费的凭据等，以此佐证租赁合同成立并生效的时间。

3. 所有权发生转移前，租赁权是否进行了有效公示

租赁权虽为债权范畴，但法律赋予了其以对抗不特定买受人的对世效力，即赋予了该债权以物权化的效力，物权的变动必须遵循公示原则，其设立、变更、转让和消灭必须以外部可查知的方式表示出来。法律虽然确定了买卖不破租赁的原则，但并未确定租赁权的公示方式。有人认为应采取登记备案的公示方式，有人认为应遵循占有使用的公示方式。笔者认为，登记备案的法律状态较之实际占有的事实状态虽更易被第三人准确地知悉，但《中华人民共和国城市房地产管理法》第五十四条和《城市房屋租赁管理办法》第十三条规定的仅为房屋租赁合同的登记备案，登记备案在性质上只是一种行政管理措施，不同于登记对抗制度，也非房屋租赁合同的生效要件，故在实践中登记备案往往不是强制性的，人们对登记备案认知度也不高，大部分城市备案率普遍低下，登记备案的可操作性和合理性不大。由于承租人对租赁物占有使用的现实状态会产生足以为不特定买受人识别和认知的权利外观，买受人通过实地看房即可准确探寻房屋现状，承租人对租赁物的占有使用相对于租赁合同的登记备案更易为人们所接受，买卖交易的安全也更具有可预测性，能够更好地承担房屋买卖不破租赁的公示作用。另外，占有使用还必须是持续状态，承租人未持续占有使用不能起到公示作用。以本案为例，成某虽拥有案涉房屋的钥匙，但在张乙现场看房时却未见房屋具有正在居住使用的痕迹，不具有租赁的权利外观，故本案最终未适用买卖不破租赁的原则进行裁判。

编写人：云南省昆明市中级人民法院　何永伦

（四）财产损害赔偿纠纷

23

航空安检中依法移除危险品不需承担赔偿责任

——唐某诉首都机场公司财产损害赔偿案

【案件基本信息】

1. 裁判书字号

北京市顺义区人民法院（2019）京0113民初2593号民事判决书

2. 案由：财产损害赔偿纠纷

3. 当事人

原告：唐某

被告：首都机场公司

【基本案情】

2018年9月29日，唐某于北京首都国际机场T3航站楼搭乘客机出行。在乘机时，就其携带的行李办理了行李托运手续。唐某托运的行李内有三块某品牌无人机锂电池。到达目的地后，唐某发现该三块锂电池不在行李包裹内，并在行李内收到开包检查单一张，内容为："我们通过X光机对您的托运行李进行检查，按照图像判断，疑有禁止托运物品特征，因此进行了开包检查。整个开包检查均在严密的监管和视频监控下进行。检查结果，开包后确认以下物品是中国民航局禁止随机运输的物品，不能托运；开包原因，锂电池三个；处理结果，电池、移动电源（充电宝）、火种类禁止托运的物品被移除。"为此，唐某起诉，请求法院判令：1. 首都机场公司赔偿唐某于乘机安全检查中违规操作开包移除的某品牌无人机锂电池3块等值人民币 1110 元；2. 首都机场公司赔偿唐某因违规操作而造成的经济损失 429 元；3. 首都机场公司赔偿唐某因此次诉讼而导致的误工损失 2000 元。

【案件焦点】

1. 涉诉锂电池是否属于航空危险品；2. 对涉诉锂电池进行移除是否属于违规操作，安检机构的行为是否构成侵权。

【法院裁判要旨】

北京市顺义区人民法院经审理认为：本案中唐某托运的某品牌无人机锂电池属于可能造成人身伤害或者对航空安全和运输秩序构成较大危害的物品，如在托运行李中夹带锂电池将危及航空安全。涉诉锂电池已被法律以及中国民用航空局的相关规定界定为危险品，属于禁止托运的危险品。

首都机场公司作为北京首都国际机场管理机构，对机场航空安保工作承担直接责任，负责实施有关航空安保法规和标准，通过实施安全检查工作防止危及航空安全的危险品、违禁品进入民用航空器。安检工作包括对乘坐民用航空器的旅客及其行李、进入候机隔离区的其他人员及物品，以及空运货物、邮件的安全检查。另根据首都机场公司与港龙航空签订的《地面结算协议》，港龙航空委托首都机场公司承担出港旅客行李、货物的安全检查义务。由此，首都机场公司依照有关规定和约定，履行首都机场的安全检查职责，在履行安全检查职责过程中，有权对查处的危险品按规定进行处理。

在具体处理过程中，首先，首都机场公司在安检中履行了相关的提示和告知义务。首都机场公司通过各种方式向首都机场的旅客告知锂电池安全运输的相关要求，包括禁止托运锂电池的提示。唐某乘坐的航班在三号航站楼，出发层在四层，无论其采用何种方式前往三号航站楼，均需要在四层出发大厅办理出港手续，而旅客办理乘机手续、托运行李等相关信息，都集中展示在出发层及出发大厅。航站楼配备的问询人员也能现场解答对携带锂电池的相关注意事项。由此可见，首都机场公司在托运以及乘机环节均对乘客进行了提醒，已尽到了相关提示义务。唐某在此背景和提示下知道或应当知道锂电池属于禁止托运的物品。

其次，首都机场公司对涉诉锂电池进行移除处理符合相关操作规范。由于民用航空具有高度危险性，基于公共交通的安全性要求，承运人必须以最严格要求保障航空器及其所载人员及财物的安全。尽管民航机场不断加大安全检查的力度和提高安全检查的技术手段，但是仍有些危险物品难以查出，旅客通过隐匿、伪装等方式将其带入航空器，虽然携带的动机和目的不尽相同，但将此类物品带入机场或飞机上，必将对民航安全造成潜在的威胁。因此，民用航空领域有其特殊性，对于该行业操作有特殊规定的应依照特殊规定办理。《民用航空货物运输安全保卫规则》第三十一条第一项规定，检查中发现普通航空货物中夹带危险品、违禁品的，安检机构应当报告民用机场公安机关处理，不得作退运处理。该条款明确规定了，在航空货物运输中发现货物中夹带危险品，安检机构应报告民用机场公安处理，不得作退运处理，即不得将危险品交还旅客。客运相较于货运而言，涉及多数人的生命安全，在客运检查中，发现托运行李中夹带有危险品，亦不应交还旅客。

最后，首都机场公司的相关行为系维护公共安全，合理且合法。民事权利的行使也就是民事权利内容的实现，不仅关涉到权利人的利益，而且也关涉义务人的利益以及国家和社会的利益。民事权利的行使必须符合国家法律和社会公共利益的要求。权利意味着主体的意志自由，但这种自由是有一定的限度的。人们必须在法律规定的限度内行使自己的权利，只有在这个限度内，人们才可能依自己的意志从事一定的行为。这个界限就是不得损害国家利益、社会公共利益和他人合法权益。根据我国民用航空方面的相关规定，公共航空运输企业负有保障航空安全的法定义务，基于航空安全关乎其他旅客的生命财产安全的事实，法律的基本理念要求公共安全应优先于消费者个人权益得到保护。公共航空运输企业如果认为旅客的运输要求可能构成对航空安全的影响，其应有权作出判断并基于合理的判断作出及时处理。唐某将涉诉锂电池放入托运行李并交由航空托运的行为违反了航空运输和安检方面的法律法规规定。对于唐某违法夹带的危险品，无论在开包检查时其是否在场，安检机构均有权按照相关安检规则将危险品卸下、销毁或交有关部门处理。此外，锂电池作为法律规定禁止托运的危险品，若不及时处理，会给航班和旅客的安全造成一定的危险，危及公共航空安全。因此，在唐某不在场的情况下，首都机场公司紧急对其托运的某品牌无人机锂电池进行了处理并交与公安机关，合法合理。

综上，首都机场公司对涉诉锂电池进行移除不属于违规操作，其行为不构成侵权。

北京市顺义区人民法院依照《中华人民共和国民法总则》第三条、第八条，

《中华人民共和国侵权责任法》第二条，《中华人民共和国合同法》第二百九十七条，《中华人民共和国民用航空法》第一百零一条，《中华人民共和国民事诉讼法》第六十四条，《最高人民法院关于适用〈中华人民共和国民事诉讼法〉的解释》第九十条规定，判决如下：

驳回唐某的诉讼请求。

【法官后语】

在民法上，限制民事主体自由的足够充分且正当的理由就是公共利益。公共利益指向的是社会中不特定多数人的利益，是法律拟定的为满足人们的需要、促进社会生存、发展的必不可少的必要秩序，权利人行使权利不得违反公共利益。因为权利的行使不仅关乎个人权益，还将影响整个社会的发展，只有正当、合法地行使权利才能被法律所允许、被公众所接受。行使权利不仅要遵守法律，还需要符合民法中的公序良俗，也就是满足社会公共利益的需要。若权利人在行使权利时可能造成社会公共利益的损害，导致个人利益和社会利益的冲突，就应当以禁止权利滥用原则来限制权利人的权利行使。为此，《中华人民共和国民法典》第一百三十二条规定，民事主体不得滥用民事权利损害国家利益、社会公共利益或者他人合法权益。对此，结合本案进行如下分析。

1. 权利滥用的构成要件及特征

权利滥用须符合以下要件：(1) 须有权利的存在。无权利则无滥用。滥用权利的本质是对权利的不当行使，必须以存在权利为前提。(2) 须权利人有与权利行使相关的行为。此种行为可为积极行为亦可为消极行为。(3) 须权利人的行为有滥用的违法性，造成损害国家利益、社会公共利益或者他人合法权益的后果。(4) 权利人具有主观过错。这是认定权利滥用的主观标准。通常情况下，这种主观过错表现为权利人的故意，但在特殊情况下，权利人的过失也可能构成权利滥用。

民事权利滥用的主要特征有：(1) 权利滥用的行为主体是权利人。民事权利滥用现象都是发生在权利人行使民事权利的过程当中，所以滥用权利的主体只能是法律所规定的享有权利并能够行使权利的人。(2) 权利滥用中，权利人所行使的权利必须是法律所规定的合法权利。这也是权利滥用与普通违法行为的重大差别。普通违法行为并不考虑行为人实施的行为是否出于其正当享有的合法权利，而权利滥用则规制的是行为人在行使自己合法享有的权利时的滥用行为。(3) 权利滥用行为所损害的客体,《中华人民共和国民法典》第一百三十二条表述为国家利益、社会公共利益或者他人合法权益。

本案中，唐某对涉案某品牌无人机锂电池享有所有权，其有权根据自己的意志对该物进行支配，但是，唐某的锂电池属于民用航空法禁止作为行李托运的危险品，其所采取的随机托运方式危及航空安全，构成权利滥用，违反了旅客不得在行李中夹带易燃、易爆、有毒、有腐蚀性、有放射性以及可能危及运输工具上人身和财产安全的危险物品或者违禁物品的规定。

2. 公共利益优先保护的程序正当性

民事权利的行使必须符合国家法律和社会公共利益的要求，当个人权利行使与社会公共利益发生冲突时，应优先保护社会公共利益。在公共航空领域，基于航空安全关乎其他旅客的生命财产安全的事实，法律的基本理念要求公共安全应优先于消费者个人权益进行保护。但是此种优先保护应坚持程序正当性，以确保个人权利不受非法侵害，实现公共利益和个人权益的平衡保护。本案中，首先，公共航空运输企业负有保障航空安全的法定义务。公共航空运输企业如果认为旅客的运输要求可能构成对航空安全的影响，应有权作出判断并基于合理的判断作出及时处理。唐某将涉诉锂电池放入托运行李并交由航空托运的行为违反了航空运输和安检方面的法律法规规定，首都机场公司有义务进行查处。其次，首都机场公司在行李托运以及乘机环节均对乘客进行了安全运输锂电池的提醒，已尽到了相关提示义务。最后，首都机场公司对唐某的行李实施的检查和处置行为符合法律规定。根据《中华人民共和国民法典》第八百一十八条第二款规定，旅客在行李中夹带易燃、易爆、有毒、有腐蚀性、有放射性以及可能危及运输工具上人身和财产安全的危险物品或者违禁物品的，承运人可以将危险物品或者违禁物品卸下、销毁或者送交有关部门。相关法律明确规定，在航空货物运输中发现货物中夹带危险品，安检机构应报告民用机场公安处理，不得作退运处理，即不得将危险品交还旅客。客运相较于货运而言，涉及多数人的生命安全，在客运检查中，发现托运行李中夹带有危险品，亦不应交还旅客。唐某托运的锂电池属于危险品，首都机场公司可以按照机场的特殊规定进行处理。即首都机场公司有权将托运的锂电池移除，报民用机场公安机关处理。首都机场公司为维护公共安全，对唐某的行李进行检查、对其中的锂电池进行移除，符合操作规程。

3. 行为人侵权责任的认定

因维护公共利益导致个人权益受限甚至财产损失的，行为人是否承担民事责任，应根据侵权责任构成原理分析判断。财产损害赔偿责任的构成要件包括违法行为、损害事实、因果关系和主观过错四个部分。具体在航空安检领域，对于禁止托运的危险品，机场安检机构按照操作规程对旅客的行李进行开包检查和移除的行为不具有主观过错和违法性，不构成侵权。具体到本案中，在唐某不在场的情况下，首都机场公司紧急对其托运的锂电池进行了处理并交与公安机关，合法合理，对此机场安检机构不需要承担法律责任。

编写人：北京市顺义区人民法院　张鹏飞

24

物业公司拆除业主违章构筑物的免责认定

——杨某诉某物业公司财产损害赔偿案

【案件基本信息】

1. 裁判书字号

江苏省无锡市锡山区人民法院（2019）苏0205民初5260号民事判决书

2. 案由：财产损害赔偿纠纷

3. 当事人

原告：杨某

被告：某物业公司

【基本案情】

杨某购置无锡市悦诚源筑房屋后与某物业公司签订《前期物业服务协议》，约定某物业公司为物业管理区域内的业主提供物业公共部位的维修、养护和管理、装饰装修管理服务等，物业可采取规劝、阻止、上报等必要措施，制止业主违反临时管理规约和物业管理区域内物业管理规章制度的行为，业主授权某物业公司对业主违反《业主临时管理规约》的行为进行劝阻、制止。杨某另签订《临时管理规约》。该规约载明业主装饰装修自有单元须保证在装修过程中不损坏占用公共部位、共用设施设备及公区绿化，如有损坏，应承担修复或赔偿责任，业主同意因装饰装修房屋影响物业共有部分、共用设施设备的安全使用以及侵害相邻业主合法权益的，应及时恢复原状并承担相应的赔偿责任，各业主在物业使用过程中严禁发生违法搭建建筑物、构筑物的行为。该规约同时载明其他禁止行为包括损坏或者擅自占用、改建物业共有部位，违法搭建建筑物、构筑物，擅自改变房屋或单元的外貌，包括入户门的开启方向等。

随后，杨某对涉案房屋进行装修。装修过程中，杨某在涉案房屋大门外1米左右的公共走廊上装设防盗门。某物业公司要求杨某拆除无果后，先后两次在城管等有关部门的见证下拆除了防盗门。杨某诉称，其在购买房屋时曾得到销售人员的口头承诺，可将入户门外移1米，其才装设了防盗门；此外，某物业公司无执法权，无权私自拆除其防盗门，要求某物业公司赔偿其防盗门损失5000余元。

【案件焦点】

某物业公司是否应就拆除业主违章构筑物予以赔偿。

【法院裁判要旨】

江苏省无锡市锡山区人民法院经审理认为：杨某无权就其违法行为而产生的损失依法获得赔偿。民事主体从事民事活动，不得违反法律，不得违背公序良俗。首先，杨某主张其在购房时曾得到销售人员的口头承诺，可将入户门外移1米，然该主张未得到某物业公司的认可，杨某亦未举证证明，故对该意见不予采纳。其次，从法律规定来看，杨某所装设防盗门的位置位于公共建筑部位，属于建筑物共有部分，其亦确认明知该事实。杨某私自装设防盗门的行为侵害了其他业主对共有部分享有的共有和共同管理的权利，该行为具有违法性，理应得到法律的纠正和制裁。杨某主张之损失系基于其违法行为而产生。若杨某经司法程序就该损失获得赔偿，在客观上会产生其违法后果得到保护的现象，这与立法精神及公序良俗相违背。最后，从双方约定来看，根据《前期物业服务协议》的约定，某物业公司负有提供物业公共部位管理、装饰装修管理服务的义务和采取规劝、阻止、上报等必要措施，制止业主违反业主临时管理规约和物业管理区域内物业管理规章制度行为的职责。《临时管理规约》明确约定了业主在物业使用过程中严禁违法搭建建筑物、构筑物，在装饰装修自有单元时亦须保证不损坏占用公共部位、共用设施设备。杨某私自装设防盗门的行为违反了相关约定。某物业公司将上述情况报告相关部门的行为符合合同之约定，其在相关部门的监督下拆除案涉防盗门亦具有正当性。另外，杨某为证明其主张的损失提供了收据和照片，然根据其提供的照片显示的内容，涉案防盗门虽已受损，但尚具有较为完整的轮廓，仅根据照片显示的内容无法认定该防盗门已达全损之状态，不足以证明其主张的损失。

江苏省无锡市锡山区人民法院依照《中华人民共和国民法总则》第一条、第八条，《中华人民共和国合同法》第八条，《中华人民共和国物权法》第七十条，《物业管理条例》第七条，《中华人民共和国民事诉讼法》第六十四条第一款、第一百四十二条规定，判决如下：

驳回杨某的诉讼请求。

【法官后语】

随着物业服务的普及，业主与物业公司之间的矛盾日益突出。笔者以“物业不作为 物业服务合同纠纷”为关键词通过中国裁判文书网查询了相关案例，并随机抽取了其中30件物业公司主张物业费的案件进行观察，发现在此类纠纷中业主无一例外地以物业公司不作为为由拒付物业费。其中，业主抗辩较为典型的不作为包括卫生脏乱差、安全管理不到位、修理修缮不及时、对违建行为缺乏有效制止。由此可见物业公司的消极行为已经成为导致其与业主产生矛盾的主要原因，而在众多消极行为中物业公司对部分业主违规违章行为的处置不力又成了其中的重点。

本案中，杨某违章搭建构筑物即属于此类典型纠纷。与多数纠纷中物业公司的消极行为不同，本案某物业公司采取了积极行为，拆除了杨某违章搭建的防盗门。杨某主张某物业公司无执法权，无权拆除其防盗门，并基于此要求某物业公司赔偿损失。对此意见的采纳与否亦成为此类案件审理的关键。笔者以“物业 违章 执法权 财产损害赔偿纠纷”为关键词查询了中国裁判文书网的生效文书，部分判决认为姑且不论业主是否有权搭建违章构筑物、对违章构筑物是否享有物权，物业公司都无执法权，无权强行拆除，应对业主的损失进行赔偿。本案未采纳该种意见，而是从立法本意、杨某行为的违法性和某物业公司的行为依据出发，作出了杨某无权主张相关损失的论断。在此以本案事实为基础，对物业公司抗辩拆除业主违章构筑物成立的条件进行分析。

首先，物业公司的管理行为应具有权利基础。物业公司在物业服务合同关系中作为民事主体，并非公法意义上的权力机关，当然不具有公法意义上的执法权。但需要明确的是，“执法权”的缺失并不妨碍物业公司依据法律规定或合同约定实施必要的管理行为。而物业公司实施管理行为的基础来源于法律或者业主的授权。从法律层面来讲，《中华人民共和国民法典》《物业管理条例》在物业服务人对物业服务区域内的管理责任以及业主应承担的遵法守约及配合义务方面，有明确的规定。[①] 据此，物业公司依法享有维护物业管理区域内相关秩序并为此实施相关管理行为的权利，业主也应遵守法律、法规以及管理规约，遵守物业管理区域内物业共用部位和共用设施设备的使用、公共秩序的维护等方面的规章制度。这些规范构成了物业公司实施物业管理活动的法律基础。从合同层面来讲，《中华人民共和国民法典》第九百三十九条规定，建设单位依法与物业服务人订立的前期物业服务合同，以及业主委员会与业主大会依法选聘的物业服务人订立的物业服务合同，对业主具有法律约束力。《物业管理条例》第二十一条、第二十二条、第三十四条规定，物业管理服务应订立书面（前期）物业服务合同，建设单位在销售物业之前还应制定临时管理规约。从实践中较为规范的物业服务合同或管理规约来看，都会详细约定业主方享有的权利和应当履行的义务，其中就包括对公共部分侵占、损毁行为的禁止及相应的责任等。因此，物业服务合同不仅是双方权利得以保障的基础，也是物业公司积极合理履行物业服务职能的合同依据。

其次，物业公司应及时履行相应的报告义务。《中华人民共和国民法典》第九百四十二条第二款吸收了《物业管理条例》第四十五条的相关内容，规定：“对物业服务区域内违反有关治安、环保、消防等法律法规的行为，物业服务人应当及时采取合理措施制止、向有关行政主管部门报告并协助处理。”这既要求物业公司制止相关违规违法行为，又要求物业公司及时报告行政主管部门并协助行政管理部门

---

① 详见《中华人民共和国民法典》第二百八十六条、第九百四十二条规定；《物业管理条例》第二条、第七条规定。

实施处置行为。其立法用意在于对物业管理中出现的违规违法行为，立法者首先是希望通过公力救济的方式解决，这既符合现代法治理念，又可以最大限度地避免因私力救济而产生的秩序混乱的风险。也正是基于该规定，有观点认为物业公司仅享有制止和报告的权利，对违章构筑物拆除应由行政管理部门完成。但是，现实生活不总是尽如人意，立法的局限性决定了法律规定难以面面俱到。以本案为例，某物业公司在采取拆除行为之前已多次向杨某送达自行拆除违章构筑物的通知，并分别向城市管理部门和社区机构等报告了相关情况，但相关部门未采取进一步措施。经法院核实，城市管理部门称对建筑楼道内的构筑物无执法权，无法完成拆除行为。若按照前述观点处理，某物业公司或者对违章建筑熟视无睹，或者仅可履行劝阻、报告义务，在行政管理部门对违章构筑物无法进一步处置后，此事便也不了了之，或者之后再由权利受损的其他业主依据建筑物区分所有权等请求权基础再行主张。但是如此一来，一方面，会打击物业公司主动服务的积极性，其他业主势必会因物业公司的不作为产生不满，加剧业主与某物业公司之间的矛盾；另一方面，又会延长公共秩序混乱持续的时间，增加公共权益恢复和相关业主维权的成本，甚至引发新的不可控的私力救济。因此，在公力救济之外，允许物业公司依法、依约采取私力救济有利于及时制止违法行为，使社会公益尽快恢复平衡。本案某物业公司采取在相关公权力部门鉴证的情况下拆除违章构筑物的做法值得借鉴。

最后，物业公司的管理行为应遵循必要限度原则。业主行为的违法性和物业公司的权利基础决定了物业公司拆除违章构筑物的正当性。但是由于对违章构筑物的拆除直接影响了业主的财产性权利，因此对物业公司相关行为的合法性仍应审慎判断。即在符合正当性的前提下，物业公司须以“确有必要，损害最小”为原则决定行为的具体方式，对超出必要限度的行为应视物业公司的过错程度，要求其承担相应的责任。本案中，某物业公司在拆除防盗门前已多次通知杨某自行拆除。在杨某置之不理的情况下，某物业公司经报告行政主管部门未能得到有效解决后方进行了主动拆除，且在拆除前某物业公司通知杨某到场，在拆除过程中尽可能地保持了防盗门和相关建筑物的完整性，将损害在合理范围内降到了最低。杨某未提供证据证明某物业公司有扩大损失的主观过错，故法院认定某物业公司不承担责任。

编写人：江苏省无锡市锡山区人民法院　刘家强　刘志刚

二、用益物权纠纷

25

公有租房居住使用权具有用益物权性质，原承租人死亡后确认居住使用权的归属应综合多种因素考量

——胡大一诉米某等用益物权确认案

【案件基本信息】

1. 裁判书字号

辽宁省本溪市平山区人民法院（2019）辽0502民初1180号民事判决书

2. 案由：用益物权确认纠纷

3. 当事人

原告：胡大一

被告：米某、胡小一、胡小二

【基本案情】

胡大一与米某系夫妻关系，胡小一系二人之子。胡大一与胡小二的父亲胡大二系兄弟关系，其父胡某于1997年5月28日承租了坐落于本溪市平山区向前街×栋5单元4层×号的公产房屋一处，并取得房屋产权管理部门颁发的《本溪市公有住宅房屋租赁证》（以下简称《租赁证》），该租赁证记载："承租人姓名：胡某；家庭人口：4；人口辈数：3；建筑面积：33.57平方米；承租人家庭成员情况：次子胡大一，儿媳米某，孙子胡小一。"胡某于2004年去世，胡大二于2014年去世。

【案件焦点】

如何确定公有租房的居住使用权。

【法院裁判要旨】

辽宁省本溪市平山区人民法院经审理认为：公民个人对其承租的公产房屋虽然不享有房屋所有权，但依据合同约定及法律规定，对其承租的公产房屋享有居住使用权，该居住使用权受法律保护。胡某生前承租了诉争公产房屋，产权管理部门向胡某颁发的《租赁证》是胡某享有承租权和居住使用权的有效凭证，又是与胡某共同居住的人即胡大一、米某、胡小一共同享有居住使用权的证明，且共同居住人胡大一及米某、胡小一对该房屋享有的居住使用权并不因胡某的去世而消灭，现三人一致同意确认共同享有居住使用权并由胡大一作为该房屋的承租人亦不违反法律规定，故对胡大一的诉讼请求予以确认。从《租赁证》来看，胡小二并不属于共同居住使用权人，故其不享有该房屋的居住使用权。

辽宁省本溪市平山区人民法院依照《中华人民共和国物权法》第二条、第一百一十七条及《中华人民共和国民事诉讼法》第一百四十二条、第一百四十四条规定，判决如下：

胡某名下的坐落于本溪市平山区向前街×栋5单元4层×号公产房屋的居住使用权归胡大一、米某、胡小一共同享有（其中胡大一为承租人）。

【法官后语】

公有租房在我国住房史上由来已久，其产生有历史的必然性。在计划经济年代，很多生产资料都由国家享有所有权及管理权，因此作为影响社会民生的房屋居住情况及其产权属性，也在一定程度上反映了时代的发展及社会的变迁。公有租房的性质及原承租人去世后如何确定该公房的承租使用权的归属问题，一直是困扰司法工作的难题，也亟须对相关问题进行研讨。笔者所在法院对于生前承租公房被继承人去世后，因其继承人之间发生争议而提起诉讼的，曾作为继承纠纷处理。2013年，辽宁省高级人民法院民一庭发布的100题中第81题提出以下参考意见：“公有租房承租使用人的继承人之间就公有租房承租使用权继承问题产生的纠纷，法院不应予以受理。但就公有租房共同居住人的居住使用权问题产生的纠纷，法院应当立案受理。”这一意见对于司法审判中处理公房使用权问题具有很强的指导作用，也为法院系统重新审视公有租房使用权的性质及归属的确定带来了思考的空间。笔者所在法院经过召开审疑小组会议，就公有租房案件在今后的司法实践中如何处理进行了深入的探讨，本案的处理结果也参照了审疑小组讨论意见的成果，具有一定的借鉴意义。

1. 公房承租使用权的权利属性及相关纠纷的案由确定

公房承租使用权具有双重性质，是一种混合权利，是债权与物权的混合体，即对于产权单位，承租人享有的是承租使用权（债权），承租人取得承租使用权后，在行使占有、使用权能时，其权利属性又具有物权的性质，这种物权类似于用益物权。那么，作为非公有租房承租人的其他共同居住人所享有的居住权利是否也属于混合型权利？一般认为，其他共同居住人只享有物权属性的权利，而不是承租权的主体，不享有基于承租人地位的债权。因此在原承租人去世后，该类诉讼审理的内容，一是确认当事人是否享有居住使用权，而非承租权；二是共同居住人中谁有与产权单位签订租赁合同的资格。根据居住使用权的权利属性，对应寻找案由，应是用益物权确认纠纷，该案由能较为准确地反映和体现诉争法律关系。关于共同居住人之间的权利关系，不能按共有处理，虽然共同居住人享有使用房屋的权利具有物权的性质，但这种物权是准物权，不是法定物权，不是标准和完整的物权，其权利取得、行使和丧失根据公房承租相关规定认定，不适用法律关于共有关系份额确认和分割的规定。

2. 公有租房居住使用权人的认定标准

公有租房居住使用权人是一个动态的、变化的范畴，就像宾馆的房客，住店期间是房客，离店后就失去了住店的权利，所以首先应确认认定居住使用权人的时点。本案经过讨论，把原公有租房承租人的死亡时间作为判断居住使用权人的时点，这个认定居住使用权人的基本标准确定后，再考量其他条件。关于其他条件，可以参考建设部1994年3月23日颁布的《城市公有房屋管理规定》（已于2001年10月26日废止）第二十八条“承租住宅用房的，承租人在租赁期限内死亡，其共同居住两年以上的家庭成员愿意继续履行原契约的，可以办理更名手续”的规定和所在地的相关管理规定（如《本溪市房产管理条例》）等，并结合户籍和实际共同居住情况、居住时间、他处有无住房、离开公有租房的原因等综合考量，不能简单地以公有租房分配时的居住人数来确定共同居住使用权人。在共同居住人的认定标准方面，有的高院出台了审判指导意见，如《上海市高级人民法院关于审理公房承租权确定及使用权转让纠纷案件若干问题的意见》第二条规定就界定了公房原承租人死亡后何人具备继续履行租赁合同的资格问题，事实上也就是确定谁能继续享有公房居住使用权的问题。该规定以公房原承租人死亡为时点，然后从是否有亲属关系、共同居住的事实、有无常住户口、户口迁出与否及原因、住房困难与否等多方面来确定公房居住使用权人的资格问题，具有很强的操作性，值得参考借鉴。

3. 本案的审理思路

本案是一起典型的公房租赁使用权纠纷案件，涉案公房原承租人去世后，其继承人曾经因“房屋继承分割”产生争议，后经咨询得知该房屋并不属于遗产，不能用遗产分割的方式解决双方的争议，原告因此提起本案诉讼。本案受理后，将案由确定为用益物权确认纠纷，为下一步具体审理指明了方向。案件审理过程中，法庭紧紧围绕公有租房居住使用权的属性及归属这条主线开展法庭调查、询问，结合司法实践的指导意见及相关规定，确认胡大一、米某、胡小一是与该公有租房原承租人胡某共同享有该房屋居住使用权的人，其对该房屋享有的居住使用权并不因胡某的去世而消灭，同时指出胡小二并不属于共同居住使用权人，其不享有该房屋的居住使用权，最终判决支持了胡大一的诉讼请求。

编写人：辽宁省本溪市平山区人民法院　梁大鹏

26

业主对小区配套用房权益的认定

——龚某诉B公司用益物权案

【案件基本信息】

1. 裁判书字号

北京市第一中级人民法院（2019）京01民终1606号民事判决书

2. 案由：用益物权纠纷

3. 当事人

原告（上诉人、再审申请人）：龚某

被告（被上诉人、再审被申请人）：B公司

【基本案情】

2003年9月8日，龚某与A公司签订《商品房买卖合同》，约定龚某购买某小区A3座2层03号房屋（现登记为16号楼203号，以下简称203号房屋）。

2015年12月18日，北京市第一中级人民法院作出（2010）一中执字第1231号执行裁定，裁定同小区3号楼房屋及相应的土地使用权归买受人B公司所有。

3号楼的建设工程规划许可证附件载明“建设项目名称”为“会所”。A公司印制的售楼宣传单页上载“优级要素：复合大社区中的纯居住区……”“‘日出映象’休闲中心具备健身/娱乐/休闲/购物/交往多重功能”，“客户通讯”中载有“满足他们求学、就医、娱乐、健身等多重需求”“康体设施、娱乐设施和自身商业配套”等内容。

上述《商品房买卖合同》未将3号楼房屋列为203号房屋或其所在楼宇公摊面积之内。B公司自拍卖取得3号楼房屋后，将该房屋用途变更为该公司自用。

【案件焦点】

1. 业主对小区配套用房是否享有权益、享有何种权益；2. 配套用房转让的，受让人是否受业主权益约束。

【法院裁判要旨】

北京市海淀区人民法院经审理认为：地役权系指依照合同的约定而以他人土地供自己土地的方便和利益之用的权利。设立地役权，当事人应当采取书面形式订立地役权合同。龚某主张对3号楼房屋享有地役权，但就其提供的《商品房买卖合同》、售楼宣传单等证据材料中均不具备地役权合同的一般条款。根据本案现有证据不足以认定龚某与A公司之间对3号楼房屋曾设立地役权，进而B公司自A公司拍卖取得3号楼房屋时并未负担地役权。因此，《商品房买卖合同》仅具有房屋买卖合同性质，龚某对203号房屋享有的所有权属于业主的建筑物区分所有权，仅对专有部分享有所有权。

龚某提起本次诉讼的初衷或者目的在于恢复3号楼房屋的会所用途。但是，由于其选取的、据以提出诉讼请求的权利依据为地役权，故B公司将3号楼房屋自用是否违反规划用途、该公司是否负有恢复3号楼房屋会所功能之义务等，均不属于本案审理范围。

北京市海淀区人民法院依据《中华人民共和国物权法》第一百五十七条、《最高人民法院关于适用〈中华人民共和国民事诉讼法〉的解释》第九十条规定，判决如下：

驳回龚某的全部诉讼请求。

龚某不服一审判决，提起上诉。北京市第一中级人民法院经审理认为：关于龚某主张一审判决存在矛盾一节，因龚某的诉讼请求权利依据为地役权，故一审法院认定3号楼房屋是否违反规划用途，是否应当恢复会所功能均不属于本案审理范围并无不当，予以维持。

北京市第一中级人民法院依照《中华人民共和国民事诉讼法》第一百七十条第一款第一项规定，判决如下：

驳回上诉，维持原判。

龚某不服二审判决，申请再审。北京市高级人民法院经审理认为：龚某系涉案小区内203号房屋的业主，其与A公司签订的《商品房买卖合同》没有对该小区内3号楼房屋用途进行约定，该小区房屋售楼宣传单等材料，亦不具备地役权合同的一般条款。因此，无法认定龚某与A公司就3号楼房屋设立了地役权，进而亦无法认定B公司自A公司拍卖取得3号楼房屋时负有地役权的义务。龚某申请再审提交的A公司制作的售楼宣传广告，不足以证明其与开发商就3号楼房屋达成了地役权协议，不能推翻一、二审判决，不予采信。综上，龚某的再审申请缺乏充分的事实和法律依据，不符合《中华人民共和国民事诉讼法》第二百条第二项、第六项规定的情形，不予支持。

北京市高级人民法院依照《中华人民共和国民事诉讼法》第二百零四条第一款、《最高人民法院关于适用〈中华人民共和国民事诉讼法〉的解释》第三百九十五条第二款规定，裁定如下：

驳回龚某的再审申请。

【法官后语】

1. 业主对小区配套用房的权益认定

随着房地产经济的迅速发展和业主权利意识的不断增强，业主不仅要求对自己享有专有权部分的房屋行使所有权，还要求对于小区配套用房行使相关权益，由此引发的纠纷不断出现，而法律对此尚无明确规定，使得审判实践中处理不一。本案即为业主试图以地役权法律规范为依据要求对小区配套用房行使权益引发的纠纷。笔者认为，业主对小区配套用房是否享有权益以及享有何种权益，应以该配套用房是否摊入商品房成本及业主购买商品房时该配套用房用途是否构成其合同的一部分，区分不同情况进行确认。具体为：

(1) 配套用房的成本摊入商品房成本。如果配套用房与整个小区商品房土地使用权是一体批复、整体使用的，该配套用房的设施成本摊入商品房的成本之中，购买商品房的业主便对这些配套用房支付了相应对价，享有对这些配套设施的使用权益。如地下室、楼口门厅管理用房等属于建筑物本身的设施，这些设施与建筑物主体结构相连，价值不可区分，这些设施的占地、建筑面积支出一并计入公摊面积的性质决定了它们的费用很难从商品房的摊销中分离出来。另外，如供电、暖、气、门卫等非商业用房，这些配套设施是专为商品房业主提供服务的，其成本也是摊入商品房成本的。业主因在购房时支付了相应对价而对这些配套设施享有相关权益。如开发商或物业管理者改变上述配套用房用途的，侵犯所有业主的权益，业主有权要求恢复原有用途。开发商或物业管理者利用相关配套设施营利的，相关收益应归全体业主共有。

(2) 配套用房成本未摊入商品房成本但商品房买卖合同中对配套用房用途有约定。有的独立商业性用房的成本未摊入商品房成本中，其建设成本由开发商自行承担，开发商对这些配套用房拥有独立所有权。对于这些配套用房，因业主未支付相应对价，开发商享有完全的所有权，业主不享有相关权益。但如果开发商为提升小区品质、促进房屋销售，将配套用房用途作为对业主的承诺条件写入商品房买卖合同，或者将该配套用房的用途写入可视为合同配套内容的销售宣传单中的，该配套用房的固定用途便成为开发商履行其合同约定的义务，购买商品房的业主也就有权依据合同享有该配套用房的相关权益。开发商改变其承诺的配套用房用途的，业主可依据合同追究其违约责任。例如，在业主购买商品房时，便要求业主成为相关会所的会员并缴纳会费，在合同中对此亦明确约定，如开发商变更该会所用途或者自始未将配套用房作为会所用途为业主提供会所服务的，业主便可依据合同追究开发商的违约责任。

(3) 配套用房成本未摊入商品房成本且商品房买卖合同中对配套用房用途无约定。对于此类配套用房，开发商享有完全独立的所有权，且没有通过商品房买卖合同对该配套用房用途予以限定，所以业主对该配套用房便不享有相关权益。即使购买房屋时，该配套用房为某一项用途且成为吸引业主的因素，开发商后来变更该配套用房用途的，业主无权主张相关权益。

综上，业主对于配套用房是否享有相关权益，要看该配套用房的成本是否摊入商品房成本，如果摊入商品房成本，业主因支付相应对价而享有相关权益；如果配套用房成本未摊入商品房成本，看商品房买卖合同或可视为合同内容的宣传单、广告单等内容中是否对于该配套用房用途进行了约定，如果有约定，则业主依据合同享有相关权益，如果没有约定，则业主不享有相关权益。

2. 配套用房受让人是否受业主权益约束的问题

配套用房转让的，受让人是否受业主对配套用房相关权益的约束，要根据上述三种不同情况来认定：

(1) 配套用房成本摊入商品房成本的，该配套用房的权益应属于全体业主，开发商或者物业管理者无权处分该配套用房，不得擅自买卖该配套用房，所以该转让行为是无权处分。全体业主作为权利人如认可该转让行为并认可转让后该配套用房的用途，该转让行为便被追认为有效。如果业主不同意该转让行为及用途的变更，则该转让不发生物权法上的效力。

(2) 配套用房成本未摊入商品房成本但在商品房买卖合同中对配套用房用途有约定的，开发商有权转让该配套用房，但对于合同约定的配套用房用途，在转让时应一并向受让人说明，受让人亦应受该配套用房用途约束。如果开发商在转让时未向受让人披露该配套用房用途所受商品房买卖合同的约束，则受让人因对该约束不知情，并不受业主对配套用房相关权益的约束，对此给业主造成的影响和损失，业主不能向受让人主张，只能依据合同向开发商主张违约责任。

(3) 配套用房成本未摊入商品房成本且在商品房买卖合同中无约定的，开发商对该配套用房享有完全的所有权，该配套用房上无业主相关权益约束，开发商转让该配套用房的，受让人亦不受业主相关权益约束。

本案中，业主依据地役权相关法律规定主张对小区配套用房享有相关权益。因龚某对于作为配套用房的3号楼房不享有地役权，其是否享有作为业主的相关权益，根据上述分析，应首先审查3号楼房的成本在建设审批时是否摊入商品房成本，如摊入，则A公司转让该配套用房及作为受让人的B公司改变该配套用房用途，是侵犯业主权益的。如未摊入商品房成本，则审查龚某购买涉案房屋时签订的商品房买卖合同中有无对于3号楼房屋用途的明确约定，或者作为销售楼房的宣传单是否构成合同的一部分且宣传单中有无3号楼房屋用途的明确约定，如合同或可视为合同内容的宣传单中有约定，则龚某可依据合同主张权益，但如果B公司在受让该配套用房时不明知该合同约定，则不受此约束，龚某只能向开发商A公司主张违约责任。如果合同中无约定，则龚某对3号楼配套用房无权主张相关权益。至于B公司受让后改变3号楼规划用途的问题，属于相关行政部门主管范围。

编写人：北京市高级人民法院　姜春玲　王宁

27

征而未用的宅基地使用权权属认定

——张某诉张乙侵权责任案

【案件基本信息】

1. 裁判书字号

河南省信阳市中级人民法院（2018）豫15民终5448号民事判决书

2. 案由：侵权责任纠纷

3. 当事人

原告（上诉人）：张某

被告（被上诉人）：张乙

【基本案情】

2004年7月，因史河路改建，张某之父张甲与固始县城关圩区防汛撤退道路建设指挥部签订了房屋拆迁补偿安置协议书，其自愿选择以住宅货币安置的形式，将自己位于固始县新桥三组的各类房屋（建筑面积59.37平方米）及其他附属物予以拆迁，并领取补偿金27352元。后张甲亡故，张某和其母亲外出。2013年，张某和其母亲回来后发现自己原被拆迁的房屋所在宅基地被张乙建房占用。后经张某数次向张乙讨要未果，张某诉至法院。

【案件焦点】

征而未用的宅基地使用权权属如何认定。

【法院裁判要旨】

河南省固始县人民法院经审理认为：《中华人民共和国土地管理法》第六十二条规定，农村村民一户只能拥有一处宅基地，其宅基地的面积不得超过省、自治区、直辖市规定的标准。张甲生前已就其位于固始县新桥三组的各类房屋（建筑面积59.37平方米）及其他附属物通过拆迁补偿安置，自愿选择了住宅货币安置形式，且已领取各类补偿金27352元。为此张某已不再享有对该处宅基地的使用权，故对张某的诉求，不予支持。至于张乙在双方诉争的宅基地上建房是否合法，则系另一法律关系，不属于本案审理范围。

河南省固始县人民法院依照《中华人民共和国民事诉讼法》第六十四条规定，判决如下：

驳回张某的诉讼请求。

张某不服一审判决，提起上诉。河南省信阳市中级人民法院经审理认为：本案争议的焦点是涉案宅基地是否在2004年7月被政府征用，张乙的现建房屋是否侵犯张某的宅基地使用权。第一，2004年7月，固始县政府因城市建设需要，改建史河路时，需征用部分农户的房屋所占用的土地。张甲自愿选择了住宅货币安置方式，将其位于固始县新桥三组的各类房屋（建筑面积59.37平方米）及其他附属物予以拆迁，领取了补偿金27352元。因此，张甲对于本案争议的宅基地，不再享有使用权。第二，即使本案争议的宅基地被政府征收后，政府没有使用，张某对于争议的宅基地也不再享有使用权。依据法律规定，当事人对自己提出的主张，有责任提供证据予以证明。现张某诉称张乙的现建房屋侵犯其宅基地使用权，证据不足，不予采纳。综上所述，张某的上诉请求不能成立，应予驳回；一审认定事实清楚，适用法律正确，应予维持。

河南省信阳市中级人民法院依据《中华人民共和国民事诉讼法》第一百七十条第一款第一项规定，判决如下：

驳回上诉，维持原判。

【法官后语】

1. 关于农村宅基地使用权的性质

我国的土地分为国家所有和农民集体所有，农村的宅基地、自留山、自留地属于农民集体所有。宅基地使用权是我国特有的一项独立的用益物权，是农村居民在依法取得的集体经济组织所有的宅基地上建造房屋及其附属设施，并对宅基地进行占有、使用和有限制处分的权利。它具有严格的身份性、无偿使用性、永久使用性、从属性及范围的严格限制性等特点。其取得方式有原始取得与继受取得，消灭形式有绝对消灭与相对消灭。宅基地使用权人有占有、使用宅基地的权利，该权利具有排他性。

《中华人民共和国民法典》第二百三十五条规定："无权占有不动产或者动产的，权利人可以请求返还原物。"返还原物请求权是物权保护的一项基本权利。当对该物没有权利的人占有该物时，物权人可以要求占有人返还原物，使物归还于物权人由物权人事实上支配。该法第二百三十六条规定："妨害物权或者可能妨害物权的，权利人可以请求排除妨害或者消除危险。"他人的非法行为致使物权人对物无法行使占有、使用等权能时，物权人可以请求行为人排除妨害，或者请求法院责令行为人排除妨害。具体到本案，原告认为其对争议宅基地享有使用权，被告未经允许擅自建房而且拒绝返还，是对原告合法物权的侵犯，原告有权要求被告停止侵害，返还宅基地。

2. 侵犯农村宅基地使用权的认定

按照《中华人民共和国土地管理法》的规定，申请宅基地应当以户为基本单位，且原则上一户只能申请一处宅基地，执行"一户一宅"原则。原告张某父亲张甲在固始县新桥三组拥有一处宅基地，后因固始县政府拆迁，张甲与固始县城关圩区防汛撤退道路建设指挥部签订了房屋拆迁补偿安置协议书，其自愿选择以住宅货币安置的形式，将自己的宅基地及各类房屋、附属物予以拆迁，并领取补偿金。鉴于此，该处宅基地已被固始县政府依法征收，所有权、使用权已归国家所有，原告家庭不再享有对该处宅基地的占用、使用的权利。被告未经相关部门批准在争议土地上建房，其建房行为应当认定为违法行为，但其损害的是国有土地使用权，原告对该宗土地不享有占有、使用权，故被告的行为不侵害原告的合法权益。

3. 宅基地使用权侵权案件中的举证责任分配

《中华人民共和国民事诉讼法》第六十四条第一款规定，当事人对自己提出的主张，有责任提供证据。《最高人民法院关于适用〈中华人民共和国民事诉讼法〉的解释》第九十条规定，当事人对自己提出的诉讼请求所依据的事实或者反驳对方诉讼请求所依据的事实，应当提供证据加以证明。在作出判决前，当事人未能提供证据或者证据不足以证明其事实主张的，由负有举证证明责任的当事人承担不利后果。即当事人应当就产生法律关系的基本事实提供证据，本案中，原告主张被告建房侵犯其宅基地使用权，其有义务就其对该宗土地享有占有、使用权提供依据，其曾对该宗土地享有使用权，但因国家征收其使用权消灭，现其不能证明仍对争议宅基地享有权利，故原告称他人侵犯其宅基地使用权没有依据，应当承担举证不能的法律后果。

4. 征而未用的宅基地使用权的归属认定

在部分老百姓朴素的观念中，分配给自己的宅基地为其个人所有，有出让、转卖的权利。国家征收后暂未使用就可以私搭乱建，甚至是为了拆迁多得到补偿，罔顾法律，违法加建、改建，这些都是认识误区。随着我国土地管理制度的日益完善，为了维护土地使用的红线，合理利用每一寸土地，国家对违法占用、使用土地的行为将给予严厉惩治和处罚。人民群众也应当增强法律意识，合法合理使用土地，保护土地资源。对于被征用和征收的宅基地等土地，国家或者政府、集体因为种种原因没有及时规划和利用，但是其使用权依然归国家所用，任何公民都不得侵犯。

编写人：河南省固始县人民法院　裴国刚　陈青云

三、担保物权纠纷

28

被“代持”抵押权的法律效力认定

——吴某等诉彭某、陈某抵押权案

【案件基本信息】

1. 裁判书字号

上海市第二中级人民法院（2019）沪02民终8110号民事判决书

2. 案由：抵押权纠纷

3. 当事人

原告（被上诉人）：吴某、施某、周某

被告（上诉人）：彭某

被告（被上诉人）：陈某

第三人（上诉人）：唐某

【基本案情】

2011年11月14日，陈某与彭某签署《抵押借款协议》，约定陈某向彭某借款200万元，借期至2012年11月13日，陈某以其名下的上海市凯旋北路某房屋（以下简称系争房屋）向彭某作抵押。后其二人于11月18日完成了房产抵押登记，抵押权人为彭某，债权数额为200万元。

2013年10月12日，以吴某、施某、周某（以下简称“吴某一方”）作为买受方，陈某作为出售方就系争房屋签订《上海市房地产买卖合同》，约定房屋价款为

590万元，2014年2月15日前完成房屋交接。之后，陈某出具三张收条确认收到吴某一方支付的房款共计360万元。2014年至2015年期间，交易双方多次签订确认书对房屋过户日期及违约责任进行补充约定，其中2014年3月还通过签署房屋交接书的方式对房屋进行了验收交接，但始终未完成房屋产权的过户。

2016年5月23日，唐某与陈某就借贷纠纷通过上海市长宁区人民法院达成调解协议，确认陈某应于2016年6月15日前向唐某归还借款本金386万元及相应利息，否则唐某可对系争房屋进行折价或申请拍卖、变卖后行使优先受偿权。

2017年7月14日，上海市长宁区人民法院就吴某一方与唐某、陈某关于前述民事调解书的撤销权之诉作出（2017）沪0105民撤1号民事判决，认为因唐某并非系争房屋抵押权人，其在陈某已将房屋向吴某一方出售并由吴某一方付款且对房屋实现占有使用后，再与陈某达成对系争房屋优先受偿的协议损害了吴某一方的民事权益，故将调解协议中赋予唐某对系争房屋的优先受偿权撤销。

2017年12月1日，吴某一方向上海市普陀区人民法院提起（2017）沪0107民初28910号民事诉讼，请求判令陈某继续履行买卖合同并支付违约金，该案除查明吴某一方与陈某就系争房屋的买卖关系，吴某一方履行了部分付款义务，房屋已完成交接等事实外，还查明陈某为系争房屋的产权人，彭某为房屋的抵押权人之一，上海市长宁区人民法院对房屋采取了司法限制措施。2018年8月15日，上海市普陀区人民法院就该案作出判决，以系争房屋产权已被采取司法限制措施而不具备过户条件为由对吴某一方的诉请不予支持。

2018年12月7日，吴某一方提起本案诉讼，请求判令彭某、陈某办理抵押权登记解除手续。

【案件焦点】

当事人基于意思自治将抵押权登记在非债权人名下时，人民法院应如何认定该被“代持”抵押权的法律效力。

【法院裁判要旨】

上海市普陀区人民法院经审理认为：第一，吴某一方作为买受方已履行了大部分付款义务并实际占有房屋，其有权要求出售方陈某履行房屋产权过户并在此过程中排除相应的隐患或侵害；第二，系争房屋得以办理抵押登记手续并以彭某为抵押权人显然是基于其与陈某签订的抵押借款协议，现彭某自认其本人并未按合同约定向陈某出借钱款，故彭某取得该抵押权缺乏依据；第三，对不动产享有抵押权应以具有公示公信效力的登记手续为依据，唐某并非系争房屋的登记抵押权人，而民事活动中所谓的“隐名”或“委托”均以不侵害善意第三方为前提，目前并无证据证实吴某一方在购房时明确知晓彭某对系争房屋的抵押权系代唐某行使，房屋产权人陈某对此亦未予以确认。

上海市普陀区人民法院依照《中华人民共和国民法总则》第三条，《中华人民共和国担保法》第三十三条、第四十一条、第四十二条规定，判决如下：

撤销设定于系争房屋之上的、抵押权人为彭某的抵押登记。

彭某、唐某提起上诉。上海市第二中级人民法院经审理认为：彭某与陈某签订《抵押借款协议》后登记为系争房屋抵押权人，且彭某认可其与姐姐彭甲向陈某转账系代唐某出借资金，加之另案生效调解书也已确认唐某对陈某享有债权，因此案涉抵押权实质上是为了担保唐某所享有的债权能顺利实现而设立。针对抵押权人与债权人不一致的情形，该不一致仅是登记上的形式不一致，而实质上的抵押权人与债权人仍相统一，只是债权人须通过登记的抵押权人来实现其抵押权利。由此可见，案涉抵押权的设立具有相应的债权债务基础，并未突破抵押权的从属性，符合法律规定。

案涉抵押权登记时吴某一方尚未购买系争房屋，该抵押权的设立显然不存在侵害其合法权益的情形。同时，吴某一方作为购房人，其在交易时应对设定于系争房屋上的抵押权尽到审慎的注意义务，并据此作出购买与否的决定。吴某一方称其签约时并不知晓案涉抵押权的存在，对此其应承担相应责任。据此，吴某一方作为房屋买卖合同当事人一方，起诉主张撤销设立在先的案涉抵押权缺乏法律依据，对此无法支持。

上海市第二中级人民法院依照《中华人民共和国民事诉讼法》第一百七十条规定，判决如下：

一、撤销一审判决；

二、驳回吴某一方的全部诉讼请求。

【法官后语】

本案争议焦点为案涉被“代持”抵押权的法律效力问题。根据法律规定，债务人提供的抵押财产应登记在债权人名下，届时由债权人作为抵押权人就该财产优先受偿。但当事人基于意思自治主动选择将抵押权登记在非债权人名下的，该抵押权并不因此而无效。人民法院应结合该抵押权的设立是否存在债权基础、该抵押权是否损害信赖登记的善意第三人利益及将该抵押权撤销是否损害债权人利益等因素综合认定抵押权的法律效力。

1. 基于从属性特征的分析

抵押权作为担保物权的一种，其设立目的在于担保特定债务的履行，因此从属性是抵押权的根本属性。从属性贯穿于抵押权的始终，这就要求抵押权的存在、转移及消灭均应从属于特定债权。被“代持”抵押权最显著的特征是债权人与抵押权人在登记上的分离。这一形式上的分离直接隐藏了抵押权与其所担保债权之间的对应关系，容易造成该被“代持”抵押权缺乏债权基础的假象，从而对其效力产生怀疑。因此，要认定被“代持”抵押权的法律效力，首先应明确该抵押权是否能与特定债权形成对应关系，也即是否符合从属性特征。回到本案例，案涉由彭某代持的抵押权能与唐某对陈某享有的债权形成对应关系，即案涉抵押权的设立是为了担保唐某的债权得以实现，符合抵押权的从属性特征。

2. 基于公示公信原则的分析

公示公信原则是物权法的基本原则，其中公示对于维护物权的归属秩序具有重要意义，而公信是以保护交易的安全为旨趣，并以此实现交易便捷。物权公示为物权法上的一项基本原则，不动产物权的变动以登记为其公示方法，动产物权的变动以交付为其公示方法。当事人基于物权公示而产生公信并进行交易的，其权利受到法律保护，即便公示所表征的物权与实质权利并不相符，这是公示公信原则对善意第三人信赖利益的保护。回到本案例，鉴于设立在先的案涉抵押权已通过登记的形式予以公示，吴某一方作为在后的买受方对此应当知晓，其交易安全已得到了该公示的保护。实际上，无论案涉抵押权的真实享有人是彭某还是唐某，都不会对吴某一方基于登记而产生的公信产生影响，其现在面临的不能取得系争房屋所有权的风险，是因其在交易时未对公示内容尽到审慎注意义务所致。

3. 基于债权人利益保护的分析

抵押权的设立目的主要为担保特定债务的履行，当债务人不履行到期债务或者发生当事人约定的实现抵押权的情形，债权人有权就该抵押财产优先受偿。如前文所述，被“代持”抵押权亦符合从属性特征，也即其设立是为了担保特定债务的履行。如果仅因抵押权未登记在债权人名下而否定其效力，则债权人的利益必然受到损害。因此，从保护债权人利益的角度，也不应轻易否定被“代持”抵押权的合法性。回到本案例，如果案涉抵押权被撤销，则唐某对陈某的债权将面临难以受偿的风险。案涉抵押权是唐某实现债权的重要保障，应该也是其愿意出借资金的重要考量因素，其效力应依法予以确认。

编写人：上海市第二中级人民法院　王晓梅　高勇

29

房屋所有权证被撤销不影响善意取得的房屋抵押权效力

——南京银行诉马甲担保物权确认案

【案件基本信息】

1. 裁判书字号

北京市第一中级人民法院（2019）京01民终6911号民事判决书

2. 案由：担保物权确认纠纷

3. 当事人

原告（被上诉人）：南京银行

被告（上诉人）：马甲

第三人：马乙

【基本案情】

2014年4月15日，南京银行与马乙签订《最高债权额合同》《最高额抵押合同》，约定南京银行向马乙提供最高债权额1700000元用于个人消费性借款、债权确定期间为2014年3月14日至2017年5月14日，马乙提供登记在其名下位于北京市昌平区的案涉房产作为抵押物。4月17日，马乙以前述房产为南京银行办理了最高额抵押登记。4月24日，马乙向南京银行提交《个人授信业务用款申请书》。同日，南京银行审核同意后向马乙发放贷款1700000元。

因马乙逾期还款，南京银行将其诉至北京市西城区人民法院。该院于2015年12月24日作出民事判决，判令马乙偿还南京银行贷款本金1177482.95元及利息、罚息、复利等。该民事判决生效后，马乙未履行判决确定的内容。

2016年11月29日，北京市昌平区人民法院作出行政判决，撤销北京市住房和城乡建设委员会于2009年5月27日为马乙颁发的案涉房屋的《房屋所有权证》，该裁定现已生效。2018年10月26日，北京市昌平区人民法院作出民事判决，确认案涉房屋由马甲继承，该判决现已生效。

【案件焦点】

案涉房屋所有权证被撤销后，南京银行能否善意取得以该房屋登记的最高额抵押权。

【法院裁判要旨】

北京市昌平区人民法院经审理认为：根据《中华人民共和国物权法》第一百零六条规定，当事人善意取得物权须同时满足三个条件：（1）受让人受让该不动产或者动产时是善意的；（2）以合理的价格转让；（3）转让的不动产或者动产依照法律规定应当登记的已经登记，不需要登记的已经交付给受让人。南京银行确已发放贷款170万元即支付合理对价，且就案涉房屋办理抵押登记，则南京银行能否善意取得抵押权取决于其在取得案涉房屋抵押登记时是否为善意。

《最高人民法院关于适用〈中华人民共和国物权法〉若干问题的解释（一）》第十五条规定，受让人受让不动产或者动产时，不知道转让人无处分权，且无重大过失的，应当认定受让人为善意。真实权利人主张受让人不构成善意的，应当承担举证证明责任。首先，在办理抵押登记时，房屋所有权证由马乙持有，且登记的房屋所有权人为马乙，根据物权登记的公示效力，南京银行有理由相信马乙为案涉房屋实际权利人。其次，根据南京银行提供的办理授信业务的相关材料，其已进行了贷款发放前的相关审查，包括个人贷款面谈面签及实地调查。现马甲及马乙虽否认南京银行为善意，但未提供相应证据，应当承担举证不能的不利后果。综上，应认定南京银行能够善意取得在案涉房屋上设立的抵押权，对拍卖、变卖案涉房屋所得的价款享有优先受偿权。

北京市昌平区人民法院依据《中华人民共和国合同法》第六十条，《中华人民共和国物权法》第一百零六条、第一百七十九条、第二百零三条，《最高人民法院关于适用〈中华人民共和国物权法〉若干问题的解释（一）》第十五条、第十六条、第十八条，《中华人民共和国民事诉讼法》第六十四条规定，判决如下：

一、确认南京银行对案涉房屋享有抵押权，对该房屋拍卖、变卖所得款在马乙应承担的贷款本金、利息、逾期利息（包括罚息、复利）、律师费、案件受理费、公告费及迟延履行期间的债务利息范围内且不超出1700000元被担保债权金额范围内享有优先受偿权；

二、驳回南京银行的其他诉讼请求。

马甲不服一审判决，提起上诉。北京市第一中级人民法院经审理认为：首先，南京银行在办理相应抵押登记手续时，马乙具有房屋所有权人的权利外观，南京银行有理由相信马乙为案涉房屋真实所有权人。尽管马乙持有的房屋所有权证嗣后被撤销，但南京银行在办理抵押登记时并不存在知道或应当知道马乙系无权处分的情形，因此应认定其为善意。其次，南京银行向马乙发放了1700000元贷款，为取得抵押权支付了合理的对价。南京银行就案涉抵押权办理了登记手续，并取得了他项权利证书。综上，一审法院认定南京银行善意取得在案涉房屋上设立的抵押权并无不当。

北京市第一中级人民法院依照《中华人民共和国民事诉讼法》第一百七十条第一款第一项规定，判决如下：

驳回上诉，维持原判。

【法官后语】

善意取得制度是关于物权变动的重要规则，用以维护交易安全。《中华人民共和国民法典》第三百一十一条规定了善意取得的三个构成要件，其核心要件为受让人的善意。

区分动产善意取得和不动产善意取得，其善意的判断标准存在差异。在不动产物权善意取得的判断中，由于不动产登记的公示力和公信力，受让人具有信赖登记内容的合理性，在通常情形下，受让人基于对登记内容的信赖就应为善意。但考虑到我国不动产登记尚在完善中的现实情况，《最高人民法院关于适用〈中华人民共和国民法典〉物权编的解释（一）》第十四条第一款增加“不知道”和“无重大过失”两个要求，对于受让人善意的判断提高了认定标准。具体到不动产抵押权善意取得中善意的判断，可以从以下方面考虑：

一是认定善意的前提是不动产登记存在错误，登记权利人并非真实权利人。如登记权利人通过借名、欺诈等方式将房屋登记在自己名下。本案中，案涉房屋所有权证登记马乙为所有权人即为错误登记情形。在登记错误的情况下，登记权利人对不动产的抵押未经真实权利人的同意或追认属于无权处分，但由于物权登记的公示力和公信力，可以适用善意取得制度。这里要区别“冒名处分”行为，该行为是他人冒充真实权利人处分不动产，不动产登记并不存在错误。如他人通过窃取等非法行为取得不动产权证，然后冒充真实权利人对不动产进行抵押等处分行为。在冒名处分中，即使受让人在交易过程中可能是善意的，但因不存在信赖保护的事实基础，不能适用善意取得。

二是认定善意应综合各交易因素。除适用一般人的客观判断标准外，处分人和受让人之间的关系、交易原因、时间及场所、交易对价等都应作为认定善意的考虑因素。设立不动产抵押权在金融机构债权人和借款人之间极为普遍，金融机构对于签订和办理抵押贷款合同有较为严格的流程要求，如《中华人民共和国商业银行法》规定了商业银行就抵押物的权属和价值等应进行严格审查，若其怠于履行或瑕疵履行审核义务，则应认定为存在重大过失、不符合善意要件要求。在分配举证责任时，按照“谁主张，谁举证”的原则，由主张受让人存在恶意的一方承担举证责任。但在受让人存在应尽未尽调查审核义务情形时，则举证责任由受让人负担。本案中，南京银行已举证证明其履行了审慎审核义务，马甲、马乙未举证证明南京银行存在恶意，应当承担举证不能的不利后果。

三是认定善意以办理不动产抵押登记为判断时点。在申请办理抵押登记之后，受让人知悉处分人为无权处分的，不影响其善意取得不动产抵押权。本案中，虽然抵押权设立所依据的房屋所有权证被依法撤销，但南京银行在办理抵押登记之时对于登记权利人马乙非真实权利人的事实并不知悉，符合善意要件要求，应受到法律保护。

编写人：北京市昌平区人民法院　朱晋华

30

房屋不动产权证被撤销，已设立的抵押登记行为的效力认定及司法审查标准

——赵某诉某市规划和自然资源委员会房屋抵押登记案

【案件基本信息】

1. 裁判书字号

北京市第二中级人民法院（2019）京02行终865号行政判决书

2. 案由：房屋抵押登记纠纷

3. 当事人

原告（上诉人）：赵某

被告（被上诉人）：某市规划和自然资源委员会（以下简称市规自委）

第三人：某典当行、刘某

【基本案情】

市规自委于2015年4月17日向赵某颁发×京房权证房字第137725号《房屋所有权证》，将301号房屋所有权人登记为赵某。2016年12月13日，北京市国立公证处作出（2016）京国立内证20949号公证书，该公证书公证事项为房产继承权，公证301号房屋由申请继承人刘某继承。2017年1月17日，刘某向市规自委申请办理301号房屋转移登记，1月18日，市规自委向刘某颁发（2017）0013078号不动产权证，刘某于次日领取了该不动产权证。

2017年5月11日，刘某以301号房屋作为抵押与某典当行签订《房（地）产

最高额典当借款合同》《房（地）产最高额抵押合同》并进行了公证。5月16日，双方在市规自委办理了抵押权设立登记，填写了《北京市不动产登记申请审批表》，提交了《房（地）产最高额典当借款合同》《房（地）产最高额抵押合同》授权委托书、身份证复印件、营业执照副本复印件等材料，市规自委工作人员对刘某及某典当行代理人进行了询问。5月19日，市规自委颁发了（2017）0020203号不动产登记证明。

因刘某提供虚假证明材料骗取公证书，2017年6月1日，北京市国立公证处作出撤销继承权公证书的决定。针对（2017）0013078号不动产权证，赵某不服，遂以市规自委为被告向法院提起行政诉讼，要求撤销（2017）0013078号不动产权证，2017年10月30日，法院作出（2017）京0111行初246号行政判决书，判决撤销（2017）0013078号不动产权证，该判决书现已生效。针对涉案301号房屋的抵押登记，赵某亦不服，诉至法院要求撤销。

另，因抵押合同纠纷，赵某以刘某、某典当行为被告向法院另案提起民事诉讼，法院作出（2018）京0111民初18309号民事裁定书，裁定驳回赵某的起诉，该裁定现已生效。

根据抵押合同中仲裁条款的约定，某典当行向中国国际经济贸易仲裁委员会申请仲裁，2018年7月26日，仲裁机关作出（2018）中国贸仲京裁字第0860号裁决书，认定某典当行善意取得涉案房产的抵押权。

【案件焦点】

1. 涉案房屋的产权登记被撤销后，基于所有权而取得的抵押权的效力如何认定，涉诉的抵押登记是否合法有效；2. 某典当行对涉案房屋抵押权是否构成善意取得。

【法院裁判要旨】

北京市房山区人民法院经审理认为：依据《中华人民共和国物权法》第一百零六条以及《房屋登记办法》第八十一条之规定，抵押权系设立在所有权之外受法律保护的他物权，抵押权因被担保债权的成立而成立，亦因被担保债权的消灭而消灭，故301号房屋所有权证被撤销的法律效果并不当然及于该抵押权的效力，其效力认定的核心要件在于某典当行是否属于善意、有偿取得该抵押权。虽然301号房屋的权属证书被（2017）京 0111 行初 246 号行政判决书予以撤销，但是该判决书中亦有认定，市规自委在审查申请材料的完备性方面，并无不当，也尽到了查验、询问等行政登记中合理审慎的审查职责，只是由于被诉房屋所有权转移登记行为的合法性基础存在缺失，依法应当予以撤销。则，涉案房屋的权属证书未被依法撤销之前，其作为抵押登记的要件之一并对外具有法律效力，涉诉的抵押登记系基于对该房屋登记公信力的信赖基础而作出的。某典当行与刘某签订了典当借款合同及抵押合同，并对上述合同进行了公证，且合同签订后，某典当行已向刘某放款，（2018）中国贸仲京裁字第 0860 号裁决书亦作出认定，即某典当行善意取得了对 301 号房屋的抵押权。庭审中，本院还对某典当行对抵押物的客观情况及真实性是否尽到了必要的注意义务进行了审查，综上，可认定某典当行在办理涉案 301 号房屋的抵押登记时构成善意。依据《中华人民共和国物权法》第十一条、第十二条及《房屋登记办法》第四十三条之规定，某典当行在申请对 301 号房屋进行抵押权设立登记时，提交了应当提交的材料，房屋登记机关在收到完备的申请材料的基础上，对相关材料进行查验后予以受理，并就相关事项对某典当行、刘某进行了询问，市规自委在职责范围内尽到了审慎审查的义务，并不存在重大过失。综上，涉诉抵押登记符合法律规定，某典当行善意取得的抵押权应当受到法律保护，赵某要求撤销 301 号房屋抵押登记的主张缺乏事实和法律依据。

北京市房山区人民法院依照《中华人民共和国行政诉讼法》第六十九条规定，判决如下：

驳回赵某的诉讼请求。

赵某不服一审判决，提起上诉。北京市第二中级人民法院经审理认为：根据《中华人民共和国物权法》第一百零六条之规定，当事人善意取得其他物权的，与善意取得所有权具有同样的法律后果。《房屋登记办法》第八十一条规定："司法机关、行政机关、仲裁委员会发生法律效力的文件证明当事人以隐瞒真实情况、提交虚假材料等非法手段获取房屋登记的，房屋登记机构可以撤销原房屋登记，收回房屋权属证书、登记证明或者公告作废，但房屋权利为他人善意取得的除外。"故 301 号房屋所有权证被撤销的法律效果并不必然导致被诉房屋抵押登记被撤销，被诉房屋抵押登记的效力认定关键在于某典当行是否善意、有偿取得抵押权。

某典当行与刘某签订了典当借款合同及抵押合同，且合同签订后，某典当行已向刘某放款，同时（2018）中国贸仲京裁字第0860号裁决书亦认定某典当行善意取得了对301号房屋的抵押权。某典当行对抵押物的客观情况及真实性尽到了必要的注意义务，综上，可认定某典当行在办理涉案301号房屋的抵押登记时构成对抵押权的善意取得。办理涉案房屋抵押登记过程中，市规自委已尽到了审慎审查的义务，该抵押登记符合法律规定。因某典当行善意取得的抵押权应当受到法律保护，故赵某要求撤销301号房屋抵押登记的主张缺乏事实和法律依据，不予支持。

北京市第二中级人民法院依照《中华人民共和国行政诉讼法》第八十九条第一款第一项规定，判决如下：

驳回上诉，维持一审判决。

【法官后语】

该案系民事和行政相结合的典型案例，被诉的行政行为系房屋抵押登记行为。因登记产权人提供虚假证明材料而骗取的继承权公证书被公证机关撤销后，房屋登记机关作出的案涉房屋的不动产权证亦已被法院判决撤销，那么，据此设立的房屋抵押登记行为的合法性问题成为本案的争议焦点及审理难点。

1. 抵押登记行为的司法审查标准

《中华人民共和国民法典》第二百一十一条、第二百一十二条以及《房屋登记办法》第四十三条的规定主要蕴含两层意思：一是申请人所提供的申请登记材料应具有真实性、有效性、合法性；二是登记机构对该申请材料负有审查义务。在审理时，因无明文具体规定，对登记机构的审查义务，存在三种观点：第一种观点认为，仅作“形式审查”，即只需要申请人提交法律规定的材料，只要材料齐全、完备，符合法定形式，即可设立抵押登记；第二种观点认为，须作“实质审查”，即登记机构需对申请材料的真实性、合法性等作全面审查；第三种观点认为，“形式+审慎”审查相结合，即登记机构既要对申请材料的完备性进行形式审查，又要在其职责范围内尽到审慎审查义务。

笔者认为，第一种审查方式，优点在于依照明文规定对要求提交的材料进行审查，行政效率大幅提高，但弊端在于降低了对行政机关依法行政的要求，单纯对材料完备性的审查方式，容易造成审查流于形式，可能会影响行政行为的效力。第二种审查方式，优点在于行政机关不但对申请材料的齐全、完备性进行审查，还将先行对申请材料的真实性、合法性进行审查，增强行政行为的公信力，但弊端在于加重了登记机构的行政执法负担，对行政机关过于严苛。第三种结合的审查方式，既体现了登记机构在设立抵押登记时有法可依，又敦促其依法审慎执法，故采取第三种审查方式为妥。在该案审理中，法院对市规自委作出的抵押登记行为进行全面审查，对其受理、询问等过程是否存在重大过失进行综合考量，并最终作出司法审查认定。

2. 房屋不动产权证书与抵押登记行为之间的关系

房屋所有权证书或者房地产权证书系抵押权登记设立时的申请材料之一，其合法性问题是否必然影响抵押登记行为的效力，主要存在两种观点。第一种观点认为，合法有效的房屋权属证书是办理抵押权登记行为的基础条件，若房屋的权属证书被依法撤销，则据此设立的抵押登记行为的重要基础条件便不存在，那么，抵押登记行为便应一并予以撤销。第二种观点认为，房屋权属证书在未被依法撤销前，可基于其信赖利益基础认定其具有合法性，那么，在符合形式要件要求及合理审慎审查后，据此设立的抵押登记行为，亦应认定其合法性；若权属证书被依法撤销，该法律效果不当然及于抵押权的效力，则据此设立的抵押登记行为并不必然受到影响。

笔者认为，第一种观点，充分诠释了抵押权的性质，其作为他物权，应以抵押人对抵押物享有处分权为基础。据此，二者关系简明，基础条件被撤销势必直接影响其后续行为。第二种观点，既肯定了抵押登记行为在设立时系基于房屋权属证明材料，并以其作为基础条件之一，又综合考虑到实践中可能出现的其他因素，即抵押登记时存在抵押人享有处分权的外观，故权属证书的效力并不必然否定抵押登记行为的效力。本案判决采用了第二种观点，既考虑到基于信赖保护利益所衍生的公众认知，又肯定了业已作出权属证书行政行为的效力，即肯定其具有公定力、确定力、拘束力和执行力，进而讨论基于权属证明材料作出的抵押登记行为的效力。

3. 善意取得能否阻却抵押登记行为效力的认定

根据《房屋登记办法》第八十一条以及《中华人民共和国民法典》第三百一十一条第一款规定，善意取得可作为房屋登记的阻却事由，同时也可适用于他物权。抵押权作为他物权，亦可适用善意取得制度。

本案中，关于善意取得的认定，虽然仲裁裁决明确认定某典当行善意取得了案涉房屋的抵押权，但在审理时，仍存在不同的观点。第一种观点认为，生效的仲裁裁决书内容可以直接作为该案认定善意取得的依据，据此，因善意取得的抵押权在被依法登记后，该抵押登记证书应被认定为合法；第二种观点认为，某典当行还需要提供其进行过相应调查的证据予以佐证其善意取得。

根据现行法律规定，善意取得的构成要件主要包括三个方面：一是受让时善意，二是合理价格转让，三是登记或者交付。结合该案的抵押登记行为，某典当行在与刘某签订典当借款合同及抵押合同后对合同予以公证，并提供证据佐证其曾赴现场进行查勘及对抵押房屋的客观情况及真实性进行审查，综合考量后最终认定其构成善意取得。需要注意的是，尽管合理价格转让系善意取得的法定要件之一，但鉴于典当借款合同的特殊性，其既不实际支付合理价格，亦无法界定合理价格。笔者认为，抵押权人虽未支付合理价格，但其发放了贷款，已经履行了借款合同的义务，实质上是付出了取得他物权的对价，故可界定为支付合理价格之范畴。据此，抵押权登记的善意取得，可不以实际支付合理价格为必要要件，而直接从是否实际履行合同义务的角度进行认定。

综上，该案的审理思路及最终判决方式，既有利于统一对抵押登记行为的合法性审查标准，又明确了房屋权属登记行为效力不当然及于基于其设立的抵押登记行为的效力，还表明了一种态度，即善意取得对于抵押权等他物权登记行为在效力认定时颇具影响甚至可能是阻却事由。该案审理时，虽有不同审理思路与观点的碰撞，但法院作为居中裁判者，既充分考虑到成文法的明文规定，又综合考量了信赖利益、市场交易公平公正等法律精神，并将其有机结合、贯彻到司法审判实践中，具有一定的参考意义。

编写人：北京市房山区人民法院　李静

31

仅凭权属转移至抵押人名下的转移登记被撤销不足以导致不动产抵押登记被撤销

——包某诉某市规划和自然资源委员会不动产抵押登记案

【案件基本信息】

1. 裁判书字号

北京市第三中级人民法院（2019）京03行终890号行政判决书

2. 案由：不动产抵押登记纠纷

3. 当事人

原告：包某

被告：某市规划和自然资源委员会（以下简称某市规自委）

第三人：王某、袁某

【基本案情】

包某与王某系母子关系，涉案房屋原登记的房屋所有权人为包某。2017年4月21日，王某向某市规自委申请办理涉案房屋所有权转移登记，要求将房屋所有权登记至其名下，并提交了《房屋所有权转移登记申请书》《房屋所有权证》《公证书》等材料。其中《公证书》中载明，“包某因病死亡，其遗产由王某继承”。某市规自委经审核将涉案房屋转移登记至王某名下并向其颁发《不动产权证书》。后王某于4月24日与袁某共同向某市规自委申请办理涉案房屋抵押权设立登记并共同前往某市规自委办理登记手续。二人向某市规自委提交了王某为房屋所有权人的《不动产权证书》、二人订立的《主债权及不动产抵押合同（不动产登记专用）》、二人身份证信息、王某出具的委托袁某领取他项权利证书的委托书等登记材料。某市规自委收取上述材料并于当日受理申请，填写受理通知书、对二人进行询问并制作询问笔录，采集二人现场照片，经审核准予申请，并颁发被诉《不动产登记证明》。7月4日，王某、袁某二人再次向某市规自委申请办理涉案房屋抵押权设立登记并共同办理登记手续。某市规自委经审核后准予登记并核发了《不动产登记证明》。

包某得知房屋被转移登记至其子名下后向法院提起撤销之诉，并提交公证处出具的《公证书核实函》，证明王某向某市规自委提交的《公证书》申请人并非王某。案经一、二审，法院认为转移登记行为不具有事实根据，判决撤销了该房屋所有权转移登记行为。后包某以权属转移至王某名下的登记行为违法、已被生效判决撤销为由向法院提起本次诉讼，请求撤销某市规自委于2017年4月24日办理的不动产抵押登记及《不动产登记证明》。

【案件焦点】

权属转移至抵押人名下的转移登记系违法办理且已被生效判决撤销，是否足以导致后续不动产抵押登记被撤销。

【法院裁判要旨】

北京市朝阳区人民法院经审理认为：王某、袁某作为抵押人和抵押权人共同向某市规自委提出涉案房屋的抵押权登记申请，并提交了形式上能够证明王某为涉案房屋所有权人、王某与袁某订立了债权债务合同并约定在涉案房屋上设定抵押权以保证债权实现的申请材料。某市规自委对申请材料进行了必要查验并就登记事项询问了双方申请人，某市规自委已经履行了法定审查义务和程序，在申请人提交材料齐全且形式真实、具备相应证明力的情况下作出的登记行为符合法律、法规及规章的规定。

不动产抵押登记行为的作出应具有合法事实基础，但考虑到不动产登记行为在稳定社会关系、保护交易安全方面的特殊功能，判断不动产登记行为能否撤销应综合事实基础、基础民事法律行为效力等多种因素审慎研判。本案涉及的不动产抵押登记行为是建立在抵押权合法有效设定基础上的，而不动产抵押权是为保证债权的实现，经债权人和债务人约定设定在不动产上的权利，抵押权登记的撤销将直接影响债权人债权实现的可能性。被诉不动产抵押登记作出时，不动产登记机构依据的申请材料均真实、有效。尽管在本案审理中，被诉不动产抵押登记所依据的不动产权属证书已被生效判决撤销，但没有证据证明被诉不动产抵押登记所依据的基础民事法律行为虚假，即第三人袁某与王某之间的债权、债务关系虚假、抵押权设定不真实，双方之间的抵押民事法律行为无效或者可撤销，且袁某作为抵押权人是否构成善意取得亦需要进一步判断。在此情况下，仅凭法院已撤销不动产登记机构就涉案房屋由包某转移登记至王某名下的登记行为这一事实，不足以撤销被诉不动产抵押登记行为。因此，包某的诉讼理由不能成立。

北京市朝阳区人民法院依照《中华人民共和国行政诉讼法》第六十九条规定，判决：

驳回包某诉讼请求。

包某不服一审判决，提起上诉。二审法院同意一审法院裁判意见。依照《中华人民共和国行政诉讼法》第八十九条第一款第一项规定，判决如下：

驳回上诉，维持一审判决。

【法官后语】

本案所涉及的不动产抵押登记是典型的行民交叉问题。虽然规范层面的制度不断完善，但是由于其自身的特殊性、复杂性、多变性，行政、民事纠纷交叉案件仍然是目前行政审判实践中的“硬骨头”。审理的难点在于，此类案件实际涉及基础民事行为的效力问题①，是否对其进行判断、如何进行判断，是保障行政裁判结果正确的关键。

本案中，包某要求撤销被诉不动产抵押登记的理由在于不动产权属转移至抵押人名下的登记行为已被生效判决撤销。然而，被诉不动产抵押登记行为的基础民事行为应为权利人与义务人之间订立的不动产抵押合同。虽然从文义上来说，办理被诉不动产抵押登记也是建立在房屋权属已转移至抵押人名下的基础之上，但此“基础”非彼“基础”，其仅构成不动产抵押登记的事实基础，而非法律基础。换言之，在认定某市规自委作为不动产登记机构已经履行了法定的审查义务和登记程序，申请人提交材料齐全且形式真实、具备相应证明力的前提下，判断被诉不动产抵押登记是否应被撤销的核心在于该不动产抵押合同是否真实、有效以及抵押人无

① 参见朱军巍、武楠：《关于行政、民事纠纷交叉案件审理的调研报告》，载《法律适用》2009年第5期。

权处分情形下抵押权人是否存在善意取得的情形。在本案审理过程中，承办法官向包某释明本案需先行解决民事争议，包某明确表示不就该不动产抵押合同提起民事诉讼。因此，本案现有证据无法证明被诉不动产抵押登记所依据的基础民事法律行为无效或可撤销以及抵押权人是否构成善意取得，仅凭不动产转移登记已被生效判决所撤销这一事实基础，不足以撤销被诉不动产抵押登记。

本案裁判的价值在于明晰了不动产登记行为的性质及其特殊性：其是一种旨在实现而且能够发生民法上重要效果的行政行为，是不动产权利领域私法自治的重要支撑，与其他行政行为相比的特殊性在于，其是“为了实现民法上的目标即不动产物权变动的公示；而当事人申请不动产登记，也正是为了实现设权、对抗或者宣示等民法上的效果”①。因此，不动产登记行为在稳定社会关系、保护交易安全等方面具有不可替代的重要功能，法院在判断此种行为能否撤销时，除需审查事实基础外，还应结合基础民事行为效力等多种因素审慎研判。我国行政诉讼制度已经引入了一并审理民事争议程序，在未来的审判实践中，此类争议会得到更妥善的解决。

需要指出的是，实践中还存在因认为登记程序存在违法之处从而针对登记行为提起诉讼的情形，在此类案件中，如登记机关明显违反登记程序，未尽到必要合理注意义务，可以直接判决撤销被诉不动产登记。此类案件虽然也涉及基础民事行为，但此时该民事行为并不构成行政诉讼的前提问题，无需判断其效力。

编写人：北京市朝阳区人民法院　朱军巍　孙雯

① 参见程啸、尹飞、常鹏翱：《不动产登记暂行条例及其实施细则的理解与适用》，法律出版社2017年版，第35~37页。

32

申请实现担保物权的特别程序案件适用“专属管辖”，在无实质性争议且条件成就时，法院应裁定准许拍卖变卖担保财产

——西藏某公司与邓某申请实现担保物权案

【案件基本信息】

1. 裁判书字号

北京市昌平区人民法院（2020）京0114民特180号民事裁定书

2. 案由：申请实现担保物权

3. 当事人

申请人：西藏某公司

被申请人：邓某

【基本案情】

2016年4月15日，西藏某公司与金百万公司以及包括邓某在内的13名股东签署了《股份认购合同》，约定西藏某公司以3000万元向金百万公司增资入股。同日，各方又签署了《股东协议》，约定了西藏某公司行使回购权的条件及违约责任。5月11日，西藏某公司全额支付增资款成为股东。11月9日，各方又签署了《补充协议》，约定：若西藏某公司到截止日（2017年11月10日）未通过全国中小企业股份转让系统转让其认购股份，则有权要求邓某平价回购，发生争议向中国国际经济贸易仲裁委员会仲裁。为担保以上债权实现，西藏某公司又和邓某签订《主债权和房屋抵押合同》，约定：抵押财产担保债权数额为1.6亿元，抵押房产坐落于昌平区某镇，担保范围为主合同约定的全部贷款本息、股权回购价款、融资服务费用，包括但不限于债务本金、违约金、赔偿金、其他款项、实现债权的费用。主合

同的范围包括《股份认购合同》《股东协议》《补充协议》。合同签订后，双方就该抵押房产办理了抵押登记。截止日后，西藏某公司未转让认购股份，按照约定要求各债务人支付股权回购款3000万元未果，遂于2018年8月23日申请仲裁。2019年7月29日，仲裁委作出裁决书，认定案涉主合同均合法有效，邓某向西藏某公司支付股权回购款3000万元、违约金及实现债权的费用。裁决书送达后，邓某至今仍未付款，本息已累计拖欠超过4000万元。

另，2019年12月25日，湖南省高级人民法院（以下简称湖南高院）曾作出生效民事裁定书，驳回西藏某公司对邓某等各股东的起诉，认为本案应当属于仲裁主管。现西藏某公司提起实现担保物权的申请，请求拍卖、变卖抵押房屋，并将拍卖、变卖所得价款优先偿还西藏某公司对被邓某享有的债权（包括股权回购款3000万元、违约金及实现债权费用）。

【案件焦点】

1. 程序上，在涉及主管与管辖、主合同与从合同、生效裁判文书认定事实、特别程序适用等诸多问题的情况下，如何确定管辖法院；2. 实体上，在被申请人提出异议的情况下，本案是否符合准许拍卖变卖担保财产的情形。

【法院裁判要旨】

北京市昌平区人民法院经审理认为：关于管辖权问题。依据《中华人民共和国民事诉讼法》第一百九十六条规定，申请实现担保物权，由担保物权人以及其他有权请求实现担保物权的人依照物权法等法律，向担保财产所在地或者担保物权登记地基层人民法院提出。现申请人申请实现担保物权的房产位于昌平区，且双方于昌平区不动产登记中心办理房屋抵押登记，故本院作为担保财产所在地及担保物权登记地基层法院，对此案应享有管辖权。对于被申请人所提出的作为《主债权及房屋抵押合同》的主合同的《补充协议》中已经约定了仲裁、故应当按照该主合同的约定确定仲裁主管的各项意见，不予支持，理由如下：实现担保物权纠纷作为特别程序，并不能约定以仲裁方式主管；非讼案件应定性为专属管辖；《最高人民法院关于适用〈中华人民共和国担保法〉若干问题的解释》第一百二十九条第二款“主合同和担保合同选择管辖的法院不一致的，应当根据主合同确定案件管辖”的规定应为主合同和担保合同发生纠纷均属人民法院管辖时，以主合同的约定确定主管法院，并不适用于本案；即便原主合同中约定法院管辖，也无法改变特别程序案件中法定管辖的规定；湖南高院驳回起诉的生效裁定书中指向的是《补充协议》中的争议解决条款，而不是本案特别程序，与本院观点并不冲突。综上，本院应享有管辖权。

关于实体问题。现生效裁决书已确认各协议合法有效，也载明了被担保债权的范围。涉案房屋已设定抵押权，且担保债权数额高于合同约定金额和本案诉请金额，虽存在轮候查封的情况，但依据执行程序拍卖、变卖的法定顺序及抵押权优先的原则，涉案抵押权的实现并不会损害他人的合法权益；加之被申请人认可虽有异议但并不指向仲裁裁决中已经生效的债权部分，应当裁定准许拍卖变卖担保财产。

北京市昌平区人民法院依照《中华人民共和国民事诉讼法》第一百九十七条、《最高人民法院关于适用〈中华人民共和国民事诉讼法〉的解释》第三百七十二条第一项规定，裁定如下：

准予对被申请人邓某名下的位于昌平区某镇的房屋进行拍卖、变卖，用于优先清偿申请人西藏某公司对被申请人邓某享有的债权。

【法官后语】

关于担保物权的实现途径，即债权人是否可以不经诉讼程序而直接向法院申请强制执行的问题，曾经长期困扰着司法实务界和理论界。通过诉讼的方式实现担保物权，程序繁杂且时间较长，不利于保障债权人的利益；以简便的非讼方式实现担保物权的程序保障，是优化营商环境中完善法治保障的必然要求，也是法院多元解纷、高效便捷司法理念在裁判方式上的重要体现。从域外立法例来看，担保物权也主要以简便的非讼方式实现。原《中华人民共和国物权法》第一百九十五条、第二百二十条、第二百三十七条分别对抵押权、质权、留置权的非讼实现方式进行了规定，2012年《中华人民共和国民事诉讼法》修订时对特别程序进行了规定，实现了程序法和实体法的衔接。《中华人民共和国民法典》对原《中华人民共和国物权法》的相关规定予以沿用，代表着立法对于以非讼程序迅捷、经济地解决纠纷，最大化体现担保物权功能的肯定态度，但囿于诸多因素，审判实践中成功应用的案例并不多。笔者在裁判过程中搜索相应案例，未能找到持支持态度的案例，故本案裁判对类案具备一定的参考意义。加之本案缘起于对赌协议，夹层基金合伙企业对目标公司进行了金额巨大的股权投资，约定在一定条件触发时原股东将产生股权回购义务，案涉抵押权系为以上股权回购债权而设定的担保物权，在法律关系审查上具备一定的难度和新颖性。

对于本案的管辖问题，应认准一条主线，就是依据《中华人民共和国民事诉讼法》第一百九十六条之规定，向担保财产所在地或者担保物权登记地基层人民法院提出。需要注意，特别程序案件的性质是非讼案件，所以不能约定以仲裁方式主管，只能由法院管辖；而依据非讼法理，非讼案件的管辖权虽然未在法律条文中明确使用“专属管辖”的用词，但由于非讼管辖的目的在于追求迅速及符合公共利益的结果，且其经常涉及第三人的权益，其管辖应有定性为专属管辖的必要，即不可适用约定管辖及应诉管辖；对于当事人提出的多项异议，裁定书一一进行了回应和解释，原《最高人民法院关于适用〈中华人民共和国担保法〉若干问题的解释》中的“根据主合同确定案件管辖”应为主合同和担保合同发生纠纷均属人民法院管辖时，以主合同的约定确定管辖法院。当主合同约定仲裁排除了法院管辖时，无论双方是否适用非讼程序，适用该条的前提条件都已不能成立；退一步讲，即便主合同约定其他法院管辖，也无法改变特别程序案件中该院的法定管辖；湖南高院基于主合同中有仲裁条款驳回申请人的起诉，与本院审理特别程序案件不存在司法认定冲突的问题。

对于本案的实体问题，依据《最高人民法院关于适用〈中华人民共和国民事诉讼法〉的解释》第三百七十一条第一款、第三百七十二条之规定，人民法院应当就主合同的效力、期限、履行情况，担保物权是否有效设立、担保财产的范围、被担保的债权范围、被担保的债权是否已届清偿期等担保物权实现的条件，以及是否损害他人合法权益等内容进行审查。审查后按照下列情形处理：(1) 当事人对实现担保物权无实质性争议且实现担保物权条件成就的，裁定准许拍卖变卖担保财产；(2) 当事人对实现担保物权有部分实质性争议的，可以就无争议部分作出裁定；(3) 当事人对实现担保物权有实质性争议的，裁定驳回申请，告知向法院起诉。本案未依“一旦被申请人不同意就驳回申请、告知实体起诉”的思路驳回申请，而是结合生效裁判文书和双方陈述，对协议效力、被担保债权范围、抵押登记情况、与查封人之间的利益冲突、双方之间的争议是否属于实现担保物权部分的实质性争议等方面进行了全面审查和论述，最终裁定拍卖、变卖担保财产，体现了制度设计的原意，是审判实践中为数不多的、成功运用特别程序实现担保物权的典型案例之一。细节部分，要注意告知当事人享有15日内提起异议的权利，而申请费按件收取为100元，拍卖变卖时的执行费则按标的收取。

编写人：北京市昌平区人民法院　杨杰

四、共有纠纷

33

征地补偿款对女性家庭成员不予分配的风俗不受法律保护

——何某丹诉何某芳共有案

【案件基本信息】

1. 裁判书字号

广西壮族自治区南丹县人民法院（2019）桂1221民初593号民事判决书

2. 案由：共有纠纷

3. 当事人

原告：何某丹

被告：何某芳

第三人：何某英、何某香

【基本案情】

何某丹、何某芳、何某英、何某香系同胞兄弟姐妹关系，现户口登记在家庭承包户的有何某丹与何某芳。何某英于1985年与同村方某结婚，并将户口迁入方某户；何某香于2001年外嫁到桂平市并将户口迁出。2017年5月，南丹县人民政府征收了何某丹、何某芳所在村屯土地用于“千家瑶寨·万户瑶乡”建设，何某丹、何某芳家庭户被征用土地26.373亩，共获得征地补偿款1258311.11元，征地奖励215572元，共计1473883.11元。何某芳将该补偿款领取后未分配给何某丹、何某英、何某香。何某丹认为其作为家庭成员理应享有分配权益，何某芳应将上述补偿款按照享有分配权益的家庭户成员人数平均分配份额，其本人应分得491294.37元。何某芳以何某丹已经外嫁且按当地风俗女性家庭成员不能分割家庭财产为由予以拒绝。

【案件焦点】

1. 何人享有征地补偿款分配资格；2. 少数民族地区风俗是否受法律约束。

【法院裁判要旨】

广西壮族自治区南丹县人民法院经审理认为：根据《中华人民共和国农村土地承包法》第五条“农村集体经济组织成员有权依法承包由本集体经济组织发包的农村土地”、第十六条“家庭承包的承包方是本集体经济组织的农户”及第十七条第四项承包方享有“承包地被依法征收、征用、占用的，有权依法获得相应的补偿”的规定，何某丹虽然不在村内居住生活，但是其户口一直未迁出，且根据2018年10月南丹县人民政府发放的《农村土地承包经营权证》，何某丹一直是何某芳家庭户成员，应享有土地承包权，该户的承包土地被依法征收后，何某丹作为家庭成员依法享有分割征地补偿款资格，对共同共有的征地补偿款应按等分原则得到分配，故何某丹要求分割征地补偿款的主张，事实清楚，证据充分。何某芳辩称根据该村风俗习惯，何某丹不享有分配权，但是任何风俗习惯不能与法律规定相冲突，不能以损害他人合法权益为代价。对好的风俗习惯应该发扬，但是对损害他人合法权益的风俗习惯应该予以摒弃。因涉案补偿款中包含青苗补助费，且自从当事人父亲去世后，何某芳、何某英一直在该村生活，但何某丹一直未在该村生活和劳作过，故青苗补助费应归何某芳所有。何某英不要求分割，故不再审理。何某香主张分割，但其婚后将户口迁入桂平市，其实际生产生活已不在该村，已不是该村村集体成员，何某芳户户口登记簿及《农村土地承包经营权证》也未登记有其名字，故不予支持。除青苗补助费由何某芳个人所有外，剩余的1455137.96元应与何某丹平均分割，现何某丹主张其应分得491294.37元未超出其应分份额，故予以支持。

广西壮族自治区南丹县人民法院依照《中华人民共和国农村土地承包法》第五条、第十五条，《最高人民法院关于贯彻执行〈中华人民共和国民法通则〉若干问题的意见（试行）》第九十条，《中华人民共和国土地管理法实施条例》第二十六条规定，作出如下判决：

何某芳在本判决生效之日起十日内支付征地补偿款491294.37元给何某丹。

【法官后语】

《中华人民共和国民法典》第十条规定，处理民事纠纷，应当依照法律；法律没有规范的，可以适用习惯，但是不得违背公序良俗。本条规定了习惯是民法法源，在法律没有明文规定时，可以适用习惯处理民事纠纷，但是在民事裁判中适用习惯要满足以下条件：(1) 该请求权必须是法律所未规定者，需要民事习惯予以补充；(2) 该习惯具有通用性，被多数人所相信，并且在一定时期内就同一事项反复为同一的适用；(3) 该习惯不违反平等、公平、诚实信用和公序良俗等民法基本原则。因此，在审理涉少数民族地区的案件时，应当严格按照法律规定进行裁决，在没有法律明确规定的情况下，可以适用当地习惯作为依据或者参考，但是该习惯不能与法律相冲突，不能违背公序良俗。

我国各少数民族都有属于自己的民族特点和风俗习惯，它们受到国家的尊重和法律的保护，除宪法和民族区域自治法中有关尊重少数民族风俗习惯的条文外，国家和各地还颁布了不少专门的法律、法规、文件和文告，对尊重少数民族风俗习惯进行具体规定。但是，少数民族的风俗习惯是伴随着其赖以生存的客观物质条件和主观精神条件的变化，通过自身的传承和变异的矛盾运动不断发展的，其有值得发扬的优秀部分，也有应当摒弃的落后部分。我们在尊重少数民族风俗习惯的同时，应当有所判断、有所取舍，任何风俗习惯都不能与法律规定相冲突，更不能以损害他人合法权益为代价。

国家充分尊重少数民族风俗习惯并给与了少数民族高度的自治自由，但由于历史原因和生活习惯影响，部分少数民族的妇女地位低下、毫无话语权，妇女利益被忽视、剥夺似乎成为理所当然的事情。本案中，何某芳认为其作为家中唯一男丁，按照本民族历来的风俗习惯，其对家中的所有财产享有权利，故拒绝将征地补偿款分配给作为共同家庭成员且享有分配资格的胞妹何某丹。而《中华人民共和国妇女权益保障法》明确规定了妇女在政治的、经济的、文化的、社会的和家庭的生活等各方面享有同男子平等的权利，《中华人民共和国农村土地承包法》亦规定了妇女对土地享有同男子平等的分配权。在风俗习惯违反男女平等基本原则的情况下，该风俗习惯不受法律保护，不能成为民事法律的渊源，对于相关纠纷应严格按照法律规定处理。所以，何某丹对其所在家庭户的承包土地享有收益权，故其可以根据法律规定获得征地补偿款，何某芳应当按法律规定将征地补偿款分配给何某丹。

习惯是法律的重要渊源和社会基础，而法律来源于社会又服务于社会，其具有统一性、规范性和抽象性，且对所有群体具有约束性，所以，当风俗和法律有冲突时，应以法律为准，与法律基本原则相冲突的内容要受到法律约束。社会矛盾纠纷复杂多变，我们既要严格依照法律办事，又要重视各民族的风俗习惯和风土人情，努力做到法律效果和社会效果相统一。

编写人：广西壮族自治区南丹县人民法院　龙蓉蓉

34

承租人对自己加盖房屋的拆迁补偿款享有合法权益

——王某、肖某诉郭甲等共有案

【案件基本信息】

1. 裁判书字号

河南省驻马店市中级人民法院（2019）豫17民终936号民事判决书

2. 案由：共有纠纷

3. 当事人

原告（被上诉人）：王某、肖某

被告（上诉人）：郭甲、郭乙、郭某

【基本案情】

2011年，郭甲、郭乙将其兄弟二人共有的房屋租赁给王某、肖某夫妇使用。2015年，郭甲委托其父郭某（出租方，甲方）与肖某（承租方，乙方）签订房屋租赁合同，约定“第一条：西院墙以东，北院墙以南，主体房屋西山墙以西空地出租给乙方使用。每年出租费5000元。第二条：甲方将位于驿城区近楼台村的两层小楼住宅（一层全部包括院子的空地，二层西边两房与靠楼梯一房）出租给乙方使用。每年出租费用为30000元。第三条：甲方应提供身份证，乙方应提供身份证，双方验证后复印对方身份证备存。所有复印件仅供本次租赁使用。第四条：该房租从2015年8月1日起至2020年7月31日止。租赁期满，乙方有优先租赁权”。同年8月，王某、肖某在其租赁的土地上加建房屋6间，上下两层，每层3间，建筑面积约为200平方米，支出建房费、装修费等费用约17万元。2017年，王某、肖某租赁的房屋因政府对棚户区改造纳入拆迁范围。2018年6月1日，因房屋面临拆迁，王某、肖某搬出租赁房屋。同年10月13日，郭甲与驻马店市驿城区东风街道办事处签订房屋征收补偿协议，被征收人为郭甲、郭乙，房屋补偿标准为3344元/平方米，面积980.78平方米，共计3279728.32元。肖某、王某要求房屋拆迁补偿款中的50万元归其所有。

【案件焦点】

承租人对加盖房屋的拆迁补偿款是否享有合法权益，即是否应当参与加建房屋的拆迁补偿款分配。

【法院裁判要旨】

河南省驻马店市驿城区人民法院经审理认为：本案系王某、肖某租赁郭甲、郭乙的房屋并出资加建、装修后，租赁期内第三人对租赁物进行拆迁，双方对拆迁补偿款的分配产生分歧而引发的诉讼。争议焦点为王某、肖某是否应得到加建房屋的补偿款。首先，《中华人民共和国合同法》第二百三十一条规定：“因不可归责于承租人的事由，致使租赁物部分或者全部毁损、灭失的，承租人可以要求减少租金或者不支付租金；因租赁物部分或者全部损毁、灭失，致使不能实现合同目的的，承租人可以解除合同。”本案中，租赁物因拆迁已全部灭失，王某、肖某因此无法实现合同目的，其依法享有合同解除权，且合同已实际终止，故认定双方之间的房屋租赁合同已经解除。其次，在租赁合同履行期间，王某、肖某出资在租赁土地上加建房屋，获得了郭甲等人的许可，形成了租赁土地上的添附物，双方对房屋加建部分的收益并未作出明确约定。房屋拆迁时，王某、肖某加建部分同时被拆除，郭甲、郭乙因此获得了相应的房屋补偿。根据《最高人民法院关于审理城镇房屋租赁合同纠纷案件具体应用法律若干问题的解释》第十一条第四项“因不可归责于双方的事由导致合同解除的，剩余租赁期内的装饰装修残值损失，由双方按照公平原则分担”的规定，现王某、肖某主张其加建房屋的补偿款，予以支持，但相关金额应根据补偿协议书中确定的补偿标准进行分担，核定为：3344元/平方米×200平方米÷2＝334400元。因该补偿款由郭甲、郭乙领取，故应由郭甲、郭乙予以返还。

河南省驻马店市驿城区人民法院依照《中华人民共和国合同法》第九十七条、第二百三十一条，《最高人民法院关于审理城镇房屋租赁合同纠纷案件具体应用法律若干问题的解释》第十一条第四项和《中华人民共和国民事诉讼法》第六十四条规定，作出如下判决：

一、郭甲、郭乙于本判决生效后十日内返还王某、肖某房屋补偿款334400元；

二、驳回王某、肖某的其他诉讼请求。

郭甲、郭乙不服一审判决，提起上诉。河南省驻马店市中级人民法院经审理认为：涉案房屋系王某、肖某在郭甲、郭乙同意的情况下所建，该部分的房屋拆迁补偿款正是基于王某、肖某的建房行为而产生，如果仅让郭甲、郭乙享有该部分房屋的房屋拆迁补偿款，对王某、肖某而言明显不公，故一审判决类推适用《最高人民法院关于审理城镇房屋租赁合同纠纷案件具体应用法律若干问题的解释》第十一条第四项的规定，将该部分的房屋拆迁补偿款在王某、肖某和郭甲、郭乙之间进行平均分配，并无不当。

河南省驻马店市中级人民法院依照《中华人民共和国民事诉讼法》第一百七十条第一款第一项规定，作出如下判决：

驳回上诉，维持原判。

【法官后语】

添附，作为取得所有权的基本方法之一，是指不同所有权人的物被结合、混合在一起成为一个新物，或者利用别人之物加工成为新物的事实。通常情况下，添附发生后，要恢复各物的原状，在事实上已不可能，或者在经济上是不合理的，有必要使添附物归一方所有或各方共有，以解决双方的权属争议。《中华人民共和国民法典》第三百二十二条对添附制度进行了规定。添附包括加工、附合、混合，关于添附物的所有权归属，该条规定：“因加工、附合、混合而产生的物的归属，有约定的，按照约定；没有约定或者约定不明确的，依照法律规定；法律没有规定的，按照充分发挥物的效用以及保护无过错当事人的原则确定……”本案便是一起因承租人在承租期间经出租人同意实施附合行为而引发的纠纷。

关于租赁期间承租人在出租人的土地上加盖房屋的权属问题。根据《中华人民共和国民法典》第七百一十五条第一款规定，承租人经出租人同意，可以对租赁物进行改善或者增设他物。承租人在出租人的土地上加盖房屋，属于添附中不动产与不动产的附合，承租人的房屋和出租人的土地密切结合在一起而成为一种新物，各权利人的物虽可识别，但非经拆毁不能恢复原来的状态。根据我国法律规定，城市中心的土地为国有土地，国有土地上的房屋要取得房屋所有权证书，必须三证齐全，即土地使用证、土地规划许可证、城市建筑规划许可证。承租人在没有取得上述许可的情况下，在出租人宅基地上加盖的房屋多为违章建筑。如该建筑建设在出租人的宅基证范围之内，此类房屋并非绝对的违章建筑，而是权利瑕疵房屋。也就是说作为拆迁标的物的房屋在实体权利上有欠缺或者取得权利的相关手续有欠缺。对于该权利瑕疵房屋，承租人和出租人一般约定房屋归出租人所有，但是承租人具有在一定期限内的使用权。实践中往往存在未有约定或约定不明的情况，根据《中华人民共和国民法典》第三百二十二条规定，房屋归属应当依照法律规定处理。由于房屋建设应以取得“三证”为前提，一般应认定房屋归出租人所有，出租人对承租人给予适当补偿。

关于因附和形成的权利瑕疵房屋的拆迁补偿问题。在出租人同意的情况下，承租人为加盖权利瑕疵房屋付出了相应的财力和物力，对房屋进行了建设。由于政策性拆迁等事由的出现，在双方约定的使用期限内就引起拆迁补偿问题。出租人作为宅基地的使用权人，在拆迁补偿过程中出租人成为获得拆迁补偿款项的主体，且由于承租人的建房行为使出租人能够获得添附房屋对应的拆迁补偿。对承租期间添附房屋被拆迁产生的赔偿款归属问题，法律未有明确规定，法院在审理本案时，主要基于公平原则进行了处理。公平原则作为民法的基本原则之一，是民事活动的基础，为民事活动提供了本源性、综合性、指导性的价值标准。公平原则的表现之一便是当事人的利益应均衡、合理分配。本案中，承租人经出租人同意在租赁的土地上加建房屋，支出费用约 17 万元，出租人因此取得涉案房屋的拆迁赔偿款，单纯让出租人获取拆迁补偿款明显不符合民法的公平原则。事实上，公平本身也是添附制度价值的应有之义，《中华人民共和国民法典》第三百二十二条关于“保护无过错当事人”的规定便是公平原则的重要体现。

综上，承租人在出租人同意的情况下加盖房屋，其对应的拆迁补偿款项不能简单地归拆迁补偿的主体所有，应当综合考虑双方对加盖房屋的投入、双方约定及租赁合同履行情况，在出租人和承租人之间适当分配。就本案而言，争议部分房屋拆迁补偿款是基于王某、肖某的添附行为而产生，王某、肖某要求对加盖房屋的拆迁补偿款享有合法权益的主张，理应得到支持。

编写人：河南省驻马店市中级人民法院　王振

35

房屋产权协议约定是否当然发生物权效力

——石甲等诉严某共有案

【案件基本信息】

1. 裁判书字号

北京市西城区人民法院（2019）京0102民初20703号民事判决书

2. 案由：共有纠纷

3. 当事人

原告：石甲、熊某、石乙

被告：严某

【基本案情】

石甲与熊某系夫妻。石乙系石甲与熊某之女。严某和石乙系夫妻。

石乙与严某结婚、离婚多次，分别为：2008年10月21日结婚，2013年7月1日离婚；2013年12月13日结婚，2014年10月8日离婚；2015年5月9日结婚，同年8月12日离婚；2015年10月21日结婚至今。

严某与石乙离婚期间，于2014年10月17日贷款180余万元，购买了总价款300余万元的位于北京市西城区太平里的涉案房屋（以下简称涉案房屋），该房屋的产权登记在严某名下。

石甲、熊某、石乙以就涉案房屋与严某于2014年10月22日书面约定，石甲与熊某共同拥有涉案房屋二分之一产权，石乙与严某各占涉案房屋四分之一产权为由，请求法院确认石甲、熊某、石乙拥有约定的产权份额。严某认可双方有此产权约定，但表示约定是有条件的，因石甲、熊某、石乙未给付钱款，不同意其诉讼请求。

【案件焦点】

房屋产权协议约定能否当然产生物权效力。

【法院裁判要旨】

北京市西城区人民法院经审理认为：合法的民事权益受法律保护。不动产物权的设立、变更、转让和消灭，经依法登记，发生效力；未经登记，不发生效力，但法律另有规定的除外。

不动产权利证书为物权凭证。物权法定的原则是处理不动产物权争议的基本原则。物权与债权系不同的概念。石甲、熊某、石乙、严某对涉案房屋产权份额的约定，可视为合同，但不是物权凭证。合同的各方当事人应当自觉履行合同。合同的当事人不履行约定，当事人之间产生纠纷时，属于债权纠纷。由于本案双方当事人未依据约定办理涉案房屋的产权过户登记手续，目前，涉案房屋的产权登记在严某名下，根据物权法定原则，认定严某为涉案房屋的权利人。

需要说明的是，严某与石甲、熊某、石乙如果均自愿履行对涉案房屋的约定，当事人可到不动产登记部门办理涉案房屋的产权过户登记手续。如果被告拒绝履行约定，属于违约，石甲、熊某、石乙可以主张严某承担相应的违约责任。石甲、熊某、石乙对涉案房屋的出资，可通过债权债务纠纷予以解决。综上所述，对石甲、熊某、石乙的诉讼请求，不予支持。

北京市西城区人民法院依照《中华人民共和国民法通则》第五条、《中华人民共和国物权法》第九条规定，判决如下：

驳回石甲、熊某、石乙的诉讼请求。

【法官后语】

《中华人民共和国民法典》第二百零九条第一款规定，不动产物权的设立、变更、转让和消灭，经依法登记，发生效力；未经登记，不发生效力，但法律另有规定的除外。该条规定表明，原则上不动产登记是不动产物权的法定公示方式，是不动产物权设立、变更、转让和消灭的生效要件，也是不动产物权依法获得承认和保护的依据。

关于不动产物权登记对不动产物权变动的效力，域外基本有两种立法体例：登记生效主义、登记对抗主义。所谓登记生效主义，即由登记决定不动产物权的设立、移转、变更和消灭的法律行为能否生效，该体例为德国、我国台湾地区所采纳。具体而言，即不动产物权的各种变动不仅需要当事人的法律行为，而且需要登记，法律行为和登记的双重法律事实共同决定不动产物权变动的效力。所谓登记对抗主义，即不动产物权的设立、变更、移转、消灭的生效，仅仅依当事人的法律行为便足以决定，与登记与否无关，但出于交易安全的考虑，法律通常规定，不经登记的不动产物权不得对抗第三人。该体例为日本所采纳。我国民法学界一般认为，不论是在法理上，还是在实践效果上，登记生效主义较登记对抗主义更为合理，因此，《中华人民共和国民法典》采用了以登记生效主义为一般原则的立法体例。

司法实践中，当事人订立合法有效的房屋买卖合同后，只有依法办理了房屋所有权的转让登记，才会发生房屋所有权变动的法律后果；不经登记，法律并不认为发生了房屋所有权的变动。在不动产物权登记的这个核心效力要件基础上，还可以派生出不动产物权登记推定真实的效力，除有相反证据即《最高人民法院关于适用〈中华人民共和国民法典〉物权编的解释（一）》第二条规定的“当事人有证据证明不动产登记簿的记载与真实权利状态不符、其为该不动产物权的真实权利人”外，法律认为记载于不动产登记簿的人即该不动产的权利人。这是不动产物权公示原则的必然要求，是不动产物权交易安全和公正的需要。

实践中，夫妻共同所有的不动产往往登记在一方名下，应属于《最高人民法院关于适用〈中华人民共和国民法典〉物权编的解释（一）》第二条规定的情形，此时应认定夫妻双方为房屋真实的共同权利人。就本案而言，涉案房屋登记的产权人系严某，且严某购买涉案房屋时，和石乙不存在婚姻关系，不符合“夫妻共同所有的不动产登记在一方名下”这种登记权利人与真实权利人不一致的情形，亦不存在借名买房等其他能够证明石甲、熊某、石乙是真实权利人的事由。他们之间关于涉案房屋产权份额的约定，系其真实意思表示，不违反法律法规的强制性规定，该协议有效。但因双方并未按照房屋产权协议约定到房管部门办理产权过户登记手续，故不能产生房屋所有权由严某个人所有变更为四人按份共有的法律后果，石甲、熊某、石乙对严某不享有涉案房产份额分割的物权请求权，仅享有依据房屋产权协议约定请求严某履行物权变动手续的债权请求权。本案虽驳回了石甲、熊某、石乙的诉讼请求，但并不排除石甲、熊某、石乙通过合同纠纷获得相应救济的权利。

编写人：北京市西城区人民法院　石博

36

分割未明确赔偿项目数额的死亡赔偿款的考量因素

——季某某、汤某某诉杨甲等共有物分割案

【案件基本信息】

1. 裁判书字号

安徽省芜湖市鸠江区人民法院（2019）皖0207民初4107号民事判决书

2. 案由：共有物分割纠纷

3. 当事人

原告：季某某、汤某某

被告：杨甲、季甲、季乙

第三人：杨乙

【基本案情】

死者季某生前与杨甲系夫妻关系，其长女季甲，生于1996年7月21日，其次女季乙，生于2001年12月6日，现就读于某学校，其母亲汤某某，生于1951年9月14日，其父亲季某某，生于1949年7月17日。汤某某、季某某共育有死者季某等四子女。

2018年11月9日，季某在为案外人汪某提供劳务过程中意外死亡。11月16日，季某某、汤某某、杨甲、季甲、季乙共同委托杨乙与汪某达成赔偿协议，协议约定：1. 汪某一次性赔偿死者季某近亲属死亡赔偿金、精神损害抚慰金、丧葬费、被扶养人赡养及抚养费等合计660000元；2. 汪某在事发后已经支付死者近亲属20000元，汪某再支付死者近亲属640000元，款项全部汇入杨乙的银行账户。协议签订后，汪某按协议约定将款项汇入杨乙账户。2018年11月23日，杨甲通过银行转账86500元赔偿款给季某某。杨乙分别于2019年1月28日、7月15日通过银行转账汇给杨甲640000元、20000元，现660000元赔偿款由杨甲持有。季某某、汤某某因与杨乙、季甲、季乙分割赔偿款发生争议，遂诉至法院。

【案件焦点】

1. 季甲与季乙是否为适格主体，是否应与杨甲承担连带责任；2. 未明确各项赔偿项目数额的死亡赔偿款应如何进行分割；3. 杨乙应否承担责任。

【法院裁判要旨】

安徽省芜湖市鸠江区人民法院经审理认为：季某在提供劳务过程中死亡，季某某、汤某某、杨甲、季甲、季乙作为死者季某的近亲属均为赔偿权利人，因此案涉赔偿款660000元应属季某某、汤某某、杨甲、季甲、季乙的共有财产，现季某某、汤某某要求分割赔偿款，符合法律规定，依法应予以支持。季甲、季乙辩称其并非适格主体。本案系因分割赔偿款引发的纠纷，季甲、季乙作为死者女儿，对赔偿款亦享有权利，由于分割赔偿款必然会涉及二人的利益，故季某某、汤某某将其二人列为被告符合法律规定，对季甲、季乙的抗辩意见不予采纳。

关于赔偿款的分割，由于案外人汪某与本案当事人达成的协议中仅概括说明了赔偿项目（死亡赔偿金、精神抚慰金、丧葬费、被扶养人赡养及抚养费等），并未明确所赔偿的每个项目的具体数额，故法院将参照人身损害赔偿的规定计算丧葬费、被扶养人生活费，并将上述费用在总赔偿款中予以扣除，对赔偿款剩余部分（死亡赔偿金、精神抚慰金），将根据当事人与死者共同生活的紧密程度及经济依赖度等因素适当分割。

对于丧葬费，杨甲辩称其为死者季某操办丧事共花费10万多元，其提供的证据不足以证明其主张，考虑到丧葬费系必然支出的费用，故法院依照法律规定确认死者季某丧葬费为 32575 元（按 2017 年安徽省平均工资标准 65150 元计算），由于季某的丧事主要由杨甲操办，故该笔费用应作为杨甲支出，归杨甲所有；对于季某某、汤某某及季乙的被扶养人生活费，季某某、汤某某、季乙在事故发生时分别为 69 周岁、67 周岁、16 周岁，由于死者季某生前系农村居民，故上述三被扶养人生活费应按照 2017 年安徽省农村居民人均消费性支出 11106 元计算，综上，法院确认季某某被扶养人生活费 30541.5 元（11106 元/年 ×11 年 ×1/4）、汤某某被扶养人生活费 36094.5 元（11106 元/年 ×13 年 ×1/4）、季乙被扶养人生活费 11106 元（11106 元/年 ×2 年 ×1/2），上述费用具有人身专属性，应归各被扶养人所有。

对于赔偿款剩余部分 549683 元（660000 元 －11106 元 －30541.5 元 －36094.5 元 －32575 元），应定性为赔付给季某某、汤某某、杨甲、季甲、季乙的死亡赔偿金、精神损害抚慰金，由法院根据当事人与死者共同生活的紧密程度及对死者经济依赖度等因素适当分割。鉴于杨甲系与死者季某生前共同生活之妻，季甲、季乙系与死者季某生前共同生活之女，三人的家庭生活来源主要依赖于死者季某的收入，三人与死者季某生前生活联系紧密度、经济依赖度显然高于季某某、汤某某，尤其是季乙，现就读于某学校，尚不能以自己的劳动收入作为主要生活来源，与死者季某生前的生活紧密程度及经济依赖度最高，故法院酌定季乙分得赔偿款剩余部分的 30%，杨甲分得 20%，季甲分得 20%，即杨甲、季甲、季乙共分得剩余赔偿款 384778.1 元（549683 元 ×70%）。季某某、汤某某系死者季某父母，与死者生前未共同生活，尚有三子女可尽赡养义务，因此季某某、汤某某与死者季某生前生活联系紧密度、经济依赖度显然低于杨甲、季甲、季乙，法院酌定季某某、汤某某各分得赔偿款剩余部分的 15%，即季某某、汤某某应共同分得剩余赔偿款 164904.9 元（549683 元 ×30%）。

综上，由于杨甲已向季某某支付 86500 元，故季某某、汤某某实际应分得赔偿金分割款 145040.9 元（30541.5 元 +36094.5 元 +164904.9 元 －86500 元）。

关于杨甲、季甲、季乙是否应承担连带责任的问题。杨甲、季甲、季乙三人之间并未对赔偿款进行实际分割，该赔偿款仅由杨甲持有，故杨甲、季甲、季乙作为赔偿款的共有人应承担连带给付责任。

关于第三人杨乙是否应承担责任的问题。杨乙仅系赔偿款的代收人，并非赔偿款的权利人，其收到赔偿款后，将赔偿款交付权利人之一的杨甲并无不当，故季某某、汤某某要求杨乙承担连带给付责任，于法无据。

安徽省芜湖市鸠江区人民法院依照《中华人民共和国民法通则》第七十八条第一款、第二款，《最高人民法院关于审理人身损害赔偿案件适用法律若干问题的解释》第二十七条、第二十八条，《最高人民法院关于适用〈中华人民共和国民事诉讼法〉的解释》第九十条规定，判决如下：

一、杨甲、季甲、季乙于本判决生效之日起十日内连带给付季某某、汤某某赔偿金分割款145040.9元；

二、驳回季某某、汤某某的其他诉讼请求。

【法官后语】

实践中，在直接受害人因侵权行为或者其他致害原因而死亡的情形下，其近亲属作为间接受害人享有独立的损害赔偿请求权，就其办理丧葬事宜支出的费用以及因受害人死亡导致的收入损失等财产损害和精神损害，有权作为赔偿权利人请求损害赔偿。因为死亡赔偿款各个组成部分在功能和性质上各异，近亲属之间进行分割时，应根据各赔偿项目的功能和性质差异确定分割原则和方法。

1. 死亡赔偿金、精神损害抚慰金

死亡赔偿金的功能在于填补受害人近亲属因受害人死亡导致的生活资源的减少、丧失，是对受害人近亲属收入损失的赔偿；精神损害抚慰金是因受害人死亡使其近亲属遭受精神损害而给予的精神损害抚慰费用，其功能在于以金钱弥补受害人近亲属所遭受的精神痛苦，对受害者近亲属予以抚慰。基于上述赔偿项目所获款项应由受害人近亲属共同取得，按照受害人近亲属与受害人生前共同生活的紧密程度及经济依赖度进行分割，与受害人生前共同生活以及经济上主要依赖受害人的近亲属在分割时应予以适当多分。

2. 被扶养人生活费

被扶养人生活费的功能在于填补受害人生前扶养的人扶养来源的丧失，从而保障受害人生前扶养的未成年人和丧失劳动能力又无其他生活来源的成年近亲属的合法权益。由于被扶养人生活费具有人身专属性，因此在分割赔偿款时，该笔费用应归受害人生前扶养的近亲属所有。

3. 丧葬费

丧葬费是受害人近亲属对死亡受害人进行安葬所实际支出的各项费用，其功能在于填补受害人近亲属料理安葬受害人后事所支出的费用损失。因丧葬费系必然支出的费用，故该费用在分割时应归实际支出丧葬费用的近亲属所有。

具体到本案，其特殊性在于季某某等人在与侵权人汪某私下达成赔偿协议时，仅将赔偿款简单概括为死亡赔偿金、精神损害抚慰金、丧葬费、扶养费等项目，并未对赔偿款下各赔偿项目的数额进行明确。故在季某某等人之间为分割赔偿款发生争议的情况下，应根据各赔偿项目功能上的不同，先将实际支出及具有人身专属性的赔偿项目款项进行扣除，再按照近亲属与死者生前共同生活紧密程度和经济依赖程度，对应由各近亲属共同取得的赔偿项目款项进行分割。具体如下：

丧葬费是为死者处理后事所实际支出的各项费用，考虑到死者季某的丧事主要由杨甲操办，故该笔费用应作为杨甲的支出，优先从死亡赔偿款中予以扣除，归杨甲所有。被扶养人生活费具有人身专属性质，应归死者季某生前扶养的人季某某、汤某某、季乙所有。

在具体数额的确定方面，因季某某等人与汪某的协议未明确丧葬费、被扶养人生活费具体数额，故可按照《最高人民法院关于审理人身损害赔偿案件适用法律若干问题的解释》规定的相关赔偿标准及年限，对上述赔偿项目的具体数额依次进行认定，在优先满足前一次序的赔偿项目后，再从死亡赔偿款余额中确定后一次序赔偿项目的数额。即在依次扣除丧葬费及被扶养人生活费后，对于剩余的赔偿款定性为死亡赔偿金、精神损害抚慰金（即“两金”）。“两金”系死者近亲属共同取得的财产，应根据死者近亲属与死者生前共同生活的紧密程度及对死者的经济依赖度等因素进行分割。考虑到杨甲、季甲、季乙与死者生前共同生活，其家庭生活来源主要依赖于死者，三人与死者生前共同生活的紧密度、经济依赖度高于季某某、汤某某，因此在分割“两金”时，应对杨甲、季甲、季乙予以多分。

编写人：安徽省芜湖市鸠江区人民法院　闫尚昆

37

遗嘱中抚恤金的分配排除子女继承权的效力

——郑乙诉胡某共有物分割案

【案件基本信息】

1. 裁判书字号

湖北省宜昌市中级人民法院（2019）鄂05民终1588号民事判决书

2. 案由：共有物分割纠纷

3. 当事人

原告（被上诉人）：郑乙

被告（上诉人）：胡某

【基本案情】

郑甲与毕某育有一子郑乙。1991年12月18日，郑甲与胡某登记结婚，婚后未生育子女。2017年5月11日，郑甲书写《遗嘱》一份交胡某持有，《遗嘱》对抚恤金的安排载明："我百年后，抚恤金全部由我的妻子胡某领取，除还清部分债务外，余下的部分全部归我的妻子胡某所有，其他人无权过问。"2017年9月30日，郑甲因病去世。11月7日，郑甲所属单位向胡某发放丧葬费5000元、抚恤金152168元，合计157168元。上述费用由胡某领取。郑乙与胡某就如何分配抚恤金未达成一致意见，故郑乙诉至法院，请求判令胡某将抚恤金的二分之一即76084元支付给郑乙。

1982年进行人口普查时，郑甲登记的近亲属是郑乙、毕某。郑甲生病治疗期间，郑乙与其分开居住，胡某给予了较多的生活照顾。

【案件焦点】

1. 郑甲所立《遗嘱》表示抚恤金由胡某所有是否有效；2. 如何保障对郑乙进

行较多照顾义务的胡某的权利。

【法院裁判要旨】

湖北省宜昌市西陵区人民法院经审理认为：一次性抚恤金是因死者死亡给死者生前供养的近亲属造成生活困难，由死者生前所在单位给予的慰问金和生活补助费，领取一次性抚恤金是死者近亲属的民事权利。因抚恤金不属于《中华人民共和国继承法》第三条规定的遗产的范围，故郑甲生前对抚恤金进行分配的《遗嘱》系无权处分行为，依法不具有法律效力。抚恤金属于死者近亲属的共有财产，郑乙请求分割抚恤金，符合法律规定。鉴于郑乙在郑甲去世前已与郑甲分开居住，胡某在郑甲生病治疗期间履行了较多的照顾义务，且胡某已年老需要更多生活照顾，故分配抚恤金时可考虑对胡某适当多分，酌定郑乙分得 60867.2 元（152168 ×40%），胡某分得 91300.8 元（152168 ×60%）。

湖北省宜昌市西陵区人民法院依照《中华人民共和国物权法》第九十九条、《中华人民共和国民事诉讼法》第六十四条第一款规定，作出如下判决：

一、胡某向郑乙给付抚恤金 60867.2 元；

二、驳回郑乙的其他诉讼请求。

胡某不服一审判决，提出上诉。湖北省宜昌市中级人民法院经审理认为：本案的争议焦点是郑乙能否参与郑甲一次性死亡抚恤金的分配。一次性死亡抚恤金，是因职工死亡给职工生前供养的近亲属造成生活困难，由职工生前所在单位给予的慰问金和生活补助费，具有对死亡职工的亲属进行经济补偿和精神安慰的性质。本案的一次性死亡抚恤金不属于法律规定的遗产范围，郑甲关于死亡抚恤金进行分配的遗嘱不具有法律效力，胡某作为郑甲的妻子，郑乙作为郑甲的儿子，均符合分配一次性死亡抚恤金的条件。一审判决考虑胡某在郑甲生病期间履行了较多的照顾义务，并综合胡某的年龄、身体情况、生活状况等因素，酌情分配其一次性死亡抚恤金的 60%、郑乙享有 40% 并无不当。

湖北省宜昌市中级人民法院依照《中华人民共和国民事诉讼法》第一百七十条第一款第一项规定，作出如下判决：

驳回上诉，维持原判。

【法官后语】

1. 死者生前关于抚恤金的处分不具有法律效力

《中华人民共和国民法典》第一千一百二十二条规定："遗产是自然人死亡时遗留的个人合法财产。依照法律规定或者根据其性质不得继承的遗产，不得继承。"该条款对于遗产采用概括式的规定，明确规定遗产包括所有个人合法财产，同时对遗产范围以排除的方式进行限定，即依据法律规定和权利性质不能继承的财产，不得继承。死亡抚恤金是死者生前所在单位依照法律规定给予死者近亲属的具有抚慰和经济补偿性质的费用。因死亡抚恤金给付的对象为死者近亲属，而非死者生前的收入，不是死者的生前财产，故不属于遗产的范围，亦不能由死者生前予以分配。

《中华人民共和国民法典》第一千一百三十三条第一款规定："自然人可以依照本法规定立遗嘱处分个人财产，并可以指定遗嘱执行人。"此条款从立法上确认了遗嘱自由，体现了对个人合法财产的保护，但遗嘱自由并不是绝对的，遗嘱只能处分遗嘱人有权处分的财产，即遗产。因死亡抚恤金不属于遗产，而且是按照职工死亡时其家属的具体人员核算、给付，死者生前对其死亡后其家属将要取得的死亡抚恤金以遗嘱的形式进行处分，不具有法律效力，遗嘱中排除部分亲属参与分配其死亡抚恤金的意思表示无效，不影响相应亲属对其死亡抚恤金的请求权。本案中，郑甲所立"遗嘱"表示其身后的死亡抚恤金由胡某一人所有，但是因郑甲之子郑乙也是涉案抚恤金的发放对象，故郑甲排除郑乙取得抚恤金的权利是无效的，郑乙对郑甲的死亡抚恤金享有请求权。

2. 抚恤金分配的基本规则和具体考量因素

死亡抚恤金作为死者所在单位给予死者近亲属和受其生前扶养人的生活补助费和精神抚慰，是死者近亲属的共有财产。当事人就死亡抚恤金分配产生的纠纷，属于共有物分割纠纷。

死亡抚恤金的抚慰、补偿属性，决定了其分配不仅具有财产属性，还涉及亲情伦理的考量。鉴于法律层面对死亡抚恤金的分配没有具体规定，实践中一般参照法定继承制度关于遗产分割的原则进行处理。原则上，死亡抚恤金应按照均等分割的方式，在有权获得死亡抚恤金的死者近亲属间平均分配。但实践中，死者近亲属与死者之间的亲情关系、生活紧密程度、个人生活来源等不同，为了最大化地实现死亡抚恤金的功能，在具体确定分配数额时，对于与死者亲情更近、与死者生前生活紧密程度更高、生活有特殊困难或缺乏劳动能力的，应当多分；反之则应当少分。在个案中，还需要对以上要素进行综合考量，选择最妥当的分配方案。本案中，从亲情上考虑，郑乙作为儿子比胡某更亲近于郑甲；但在郑甲临终前，郑乙未与其共同生活，而胡某作为妻子与郑甲共同生活二十余年并履行了照顾郑甲的义务，与郑甲在情感和经济生活上的紧密程度、依赖程度更高，且年长于郑乙，更需要抚恤金作为丧偶后的生活保障。故法院裁判胡某分得较大比例的抚恤金。

编写人：湖北省宜昌市西陵区人民法院　孙瑞

38

以“房地二元”划分权利人以确定宅基地房屋拆迁利益归属

——邹某诉韩甲、韩乙共有物分割案

【案件基本信息】

1. 裁判书字号

北京市第二中级人民法院（2019）京02民终7345号民事判决书

2. 案由：共有物分割纠纷

3. 当事人

原告（被上诉人）：邹某

被告（上诉人）：韩甲

被告：韩乙

【基本案情】

邹某与韩甲原为夫妻关系，双方于2003年12月25日登记结婚，2013年经法院判决离婚。韩甲与韩乙系姐弟关系，二人户籍均在北京市房山区长阳镇×村A号（以下简称×村A号）。×村A号宅院原系祖宅，宅院内房屋于2010年左右进行了翻建。

2017年11月30日，韩甲与韩乙分别作为被拆迁人（乙方）与某公司（甲方）

签订《长阳镇06、07街区棚户区改造和环境整治项目集体土地住宅房屋拆迁补偿与定向安置协议》（以下简称协议）。两份协议均载明乙方被拆迁房屋位于×村A号，该宅基地为1982年12月31日前划定。某公司与韩乙的协议载明，宅基地面积464.17平方米，建筑面积410.47平方米；与韩甲的协议载明，宅基地面积200平方米，建筑面积160.92平方米。某公司向韩乙支付拆迁补偿款共计1966238.8元，其中房屋重置成新价435665元、装修及附属物补偿款751132元；向韩甲支付拆迁补偿款1054715.8元，其中房屋重置成新价275812元、装修及附属物补偿款145667元。

邹某在2013年的离婚诉讼中要求分割×村A号院内房屋，韩甲称房屋系韩乙出资所建，不同意分割。法院认为，×村A号院内房屋可能涉及他人利益，所以未进行分割。

2018年，邹某向法院起诉要求分割×村A号宅院拆迁补偿款的三分之一即536092元，其主张×村A号宅院内房屋系其与韩甲翻建，韩乙亦有出资。

【案件焦点】

1. 翻建房屋行为是否引起房屋所有权主体的变更；2. 拆迁利益归属及分割原则。

【法院裁判要旨】

北京市房山区人民法院经审理认为：某公司与韩甲签订的协议可证实×村A号宅院内房屋为韩乙、韩甲按份共有。房屋翻建时间为2010年，即邹某与韩甲婚姻关系存续期间，故应认定×村A号宅院内韩甲名下的被拆迁房屋系邹某与韩甲的夫妻共同财产。现该房屋已拆迁，其对应的财产利益已转化为房屋拆迁补偿，且邹某与韩甲已离婚，故邹某要求分割拆迁补偿款的请求，于法有据，予以支持。鉴于房屋已拆迁，2013年邹某与韩甲离婚时房屋装修及附属物的状态已无法明确，故对邹某应获得的拆迁补偿款份额参考拆迁协议中拆迁补偿价格评估结果酌情确定，韩甲给付邹某拆迁补偿款180000元。

关于邹某要求分割韩乙拆迁补偿款的诉讼请求，邹某虽称其出资参与建房，但未提交证据证明其与韩乙已约定就所建房屋形成共有关系，亦未证明双方就拆迁补偿问题达成协议，故对该诉讼请求不予支持。

北京市房山区人民法院依照《中华人民共和国物权法》第九十五条、第九十九条,《最高人民法院关于适用〈中华人民共和国民事诉讼法〉的解释》第九十条规定,判决如下:

一、韩甲于本判决生效之日起七日内给付邹某拆迁补偿款180000元;

二、驳回邹某的其他诉讼请求。

韩甲持原审答辩意见提起上诉。北京市第二中级人民法院经审理同意一审法院裁判意见,依照《中华人民共和国民事诉讼法》第一百七十条第一款第一项规定,判决如下:

驳回上诉,维持原判。

【法官后语】

农村宅基地房屋拆迁补偿中最主要的补偿内容为地上物补偿及宅基地补偿,而地上物补偿主要为房屋拆迁补偿。为确定拆迁利益的归属,应首先明确房屋所有权人及宅基地使用权人。

1. 农村宅基地房屋中的共有

农村宅基地房屋多为夫妻或者家庭出资建设,由家庭成员共同居住使用,因而多为夫妻或家庭共同共有。农村房屋重建、翻建亦比较常见,该房屋建设行为为事实行为,能够引起物权的设立或者消灭,房屋所有权人亦可能发生变化。

在该案中,A号院内房屋原为韩甲及韩乙父母建设,在其父母去世后由二人依法继承。邹某和韩甲婚后,与韩乙共同对A号院内房屋进行翻建。《中华人民共和国民法典》第二百三十一条规定,因合法建造、拆除房屋等事实行为设立或者消灭物权的,自事实行为成就时发生效力。据此,韩甲和韩乙在房屋翻建完成时即取得所有权。邹某参与房屋翻建,是否亦取得房屋所有权?若邹某对所建房屋享有所有权,其与韩甲、韩乙之间存在何种共有形式?

共同共有和按份共有是共有的两种主要形式。按份共有只涉及财产关系,而共同共有是人身关系和财产关系的混合体,共同共有基于共同关系而发生。以夫妻共同财产为例,只有夫妻关系存在,才会产生夫妻共同财产,夫妻关系一旦终止,夫妻共同财产就面临清算与分割。

房屋翻建行为发生在邹某和韩甲婚姻关系存续期间,根据婚后财产推定共有原则，韩甲所翻建的房屋应为邹某及韩甲的夫妻共同财产，在共有形式上为共同共有。在韩乙翻建房屋的过程中，即使邹某有出资行为，亦不当然与韩乙形成共有关系。首先，邹某与韩乙之间不存在特定的人身关系，故双方不能形成共同共有关系；其次，邹某未提交证据证明双方就所建房屋的所有权进行约定，所以他与韩乙之间亦不能形成按份共有关系，邹某的出资仅为债权行为。

2. 宅基地使用权人的认定

宅基地使用权主体仅限于以户为单位的农村集体经济组织成员，每户农民都可依法享有一次无偿取得宅基地使用权的权利。

在农村宅基地使用权的取得方面，法律允许因继承房屋时发生的农村宅基地使用权的一并转让，以及本村村民之间住房出卖和出租时发生的农村宅基地使用权的一并转让。非本村村民、城镇居民、法人及其他组织，无法通过转让、赠与、出租等方式获得农村宅基地使用权 。

该案中，韩甲和韩乙以继承方式取得×村A号宅基地使用权，成为宅基地使用权人。邹某虽为×村A号院内部分房屋的所有权人，但其不是×村集体经济组织成员，故而也不是宅基地使用权人。因此邹某无权主张宅基地补偿款。

在房屋拆迁安置补偿案件中，分割拆迁利益、确定被拆人资格、给付拆迁款及安置房屋都是比较常见的诉争问题。在分割拆迁利益时，需根据“房地二元”原则确定房屋所有权人和土地使用权人。房屋的物权会因事实行为或法律行为发生变动，确定拆迁利益归属首先要追溯物权变动的全过程，区分不同的共有形态。根据“地随房走”原则，在房屋所有权或使用权流转过程中，宅基地使用权随房屋一并流转。但因宅基地的特殊定位，其流转主体、流转范围均受严格限制。超出流转范围的法律行为无效，利益相对方不能取得宅基地使用权，亦不享有宅基地拆迁补偿。

编写人：北京市房山区人民法院　瞿叶娟

五、相邻关系纠纷

39

妨碍日常通行需以通行必要性和唯一性为判断标准

——陈某等诉江口镇政府、江口居委会相邻关系案

【案件基本信息】

1. 裁判书字号

福建省莆田市涵江区人民法院（2019）闽0303民初64号民事判决书

2. 案由：相邻关系纠纷

3. 当事人

原告：陈某、李甲、李乙

被告：江口镇政府、江口居委会

【基本案情】

2016年8月，江口镇政府出于防洪避灾需要，将陈某、李甲、李乙等人位于江口镇江滨南街（桥头门）的房屋北面（原公共厕所处附近）原由手工操作的排洪闸门改建成电动式操作的防汛机房。该机房长3.17米、宽2.92米、高2.44米，江口镇政府随后委托江口居委会管理。经现场勘查，该机房南面外墙墙体与公共通道入口处的北面外墙墙体之间约为3.15米，随后进入道路逐步变宽至4.6米不等。陈某、李甲、李乙以该防汛机房占用部分原公共通道、妨碍其日常生活通行为由与江口镇政府、江口居委会交涉未果，遂提起诉讼。

【案件焦点】

防汛机房是否妨碍了陈某、李甲、李乙的日常通行。

【法院裁判要旨】

福建省莆田市涵江区人民法院经审理认为：不动产的相邻各方，应当按照有利生产、方便生活、团结互助、公平合理的精神、正确处理相邻关系。陈某、李甲、李乙居住的房屋南边北面（生效法律文书已确认）均有道路可供通行。防汛机房南面外墙与陈某、李甲、李乙房屋北面外墙之间公共通道的最窄距离足以满足日常通行需要，同时该公共通道也非陈某、李甲、李乙日常出入必要的、唯一的通道。防汛机房的建成未达到侵犯相邻方通行权利、妨碍日常通行的程度，且陈某、李甲、李乙提供的3份集体土地使用权证、买卖房屋契约、防汛机房建成前后道路状态照片组、(2019) 闽03民终237号民事判决书等证据不足以证明陈某、李甲、李乙房屋北面外墙前的原公共通道入口原状为4.6米，对陈某、李甲、李乙的相应主张不予支持。另外，该防汛机房的改建可以提高防汛效率，属于社会公共利益，在无其他可替代的防范自然灾害设施情况下，拆除该防汛机房自南面向北面的部分墙体将影响该设备防洪避灾功能的发挥，不利于保护当地居民的生命和财产安全。

福建省莆田市涵江区人民法院依照《中华人民共和国物权法》第八十四条、《中华人民共和国民事诉讼法》第六十四条第一款及《最高人民法院关于适用〈中华人民共和国民事诉讼法〉的解释》第九十条规定，判决如下：

驳回陈某、李甲、李乙的诉讼请求。

【法官后语】

在构建和谐社会的大背景下，处理相邻关系应当遵循兼顾利益、方便生产生活、公平合理的原则，依据法律规定充分发挥司法能动性，结合案件实际、社会背景、民间习惯，运用法律和自由裁量权调解相邻不动产权利人彼此间的矛盾，使他们有权从邻方得到必要的便利，并防止来自邻方的危险和危害；同时，对各自所有权的行使也应有所节制，不能损害邻方的合法权益。《中华人民共和国民法典》物权编中关于相邻关系的立法实际上是斟酌相邻各方的利益和公共秩序后，对行使不动产所有权和使用权的限制或延伸确立了规则，即物权权利的对世性亦有边界，权利人各方在行使权利时需对自身权利加以节制，以满足相邻方行使权利的必要需求。

不动产权利人的日常通行是所有权权能圆满行使的组成部分，日常通行纠纷也是典型的相邻关系纠纷之一。在审查是否妨碍相邻权利人日常通行时，可以遵循的审理思路是：(1) 审查不动产权利人和相邻人的物权权利来源是否正当合法，如所有权人的建筑物或构筑物是否获得规划、建设许可，他物权人包括《中华人民共和国民法典》新设的居住权人的权利基础是否有依据。(2) 事实上是否构成妨碍，可以从相邻权利人的日常通行习惯、是否有其他可供通行的路径、日常的通行工具等来判断。如果相邻权利人日常通行道路具有唯一性或者选择其他通行路径要付出较高的成本，如重新选择甚至是开辟一条路径导致的时间、金钱的额外付出，则从方便生产生活的角度上看，足以认定妨碍日常通行。(3) 责任承担的选择引入法律效果和社会效果等价值判断。即便认定建筑设施妨碍了日常通行，也并非一定要采取拆除建筑物来排除妨碍的责任承担方式。首先，要进行损益比较，如果所争议的引起通行妨碍的是建筑设施，要考虑建筑设施的用途，如本案争议建筑的功能是用于防洪防汛，拆除该建筑后将严重损害社会公共利益；其次，在认定妨碍通行后，要进行损失衡量，如果拆除建筑设施费用高、损失大，保护日常通行权利的价值位阶低，则可以保留建筑设施并由妨碍人以赔偿或补偿来代替排除妨碍，亦可采用开辟其他通行路径的方式保障相邻方合理的正常通行，争取促成当事人和解。

就本案而言，陈某、李甲、李乙主张被妨碍通行的道路实际系村里公共道路，道路所占用土地亦属于村集体财产，日常都是选择该道路进行通行，但实际上三人还有其他可供通行的道路。防汛机房虽占用了部分道路，但不影响该三人在这条道路上的正常通行，该三人亦能选择其他通行路径。考虑到防汛机房又具有公益性用途，拆除防汛机房将影响防汛功能发挥，从保护社会公益的角度看，亦不宜拆除。

实践中还要注意涉及日常通行的排除物权妨碍纠纷和《中华人民共和国民法典》第二百九十一条规定的通行权的区分。从民事案由的角度看，妨害他人既有的、正常的通行利益的争议为排除妨害纠纷，相邻双方因通行权产生的争议为相邻通行纠纷。《中华人民共和国民法典》第二百九十一条规定，“不动产权利人对相邻权利人因通行等必须利用其土地的，应当提供必要的便利”，为相邻人通过他人土地通行提供了请求权基础。其与妨碍通行纠纷的主要区别在于：(1) 妨害通行是侵害他人既有权益的不法行为，其请求权基础是不动产权利人所享有的物权，客体并非不动产本身，而是毗邻各方在行使通行权利时发生的权利义务关系；而相邻通行权则是根据法律规定可能产生的权利义务关系，实质上是相邻不动产的权利人行使其权利的一种延伸，也是对相邻另一方行使权利的一种限制。(2) 妨害通行的行为造成了他人正常、合法通行权益受损害的法律后果，是他人不能容忍的，相邻通行权虽然也会使相邻权利人的财产权利受到限制，但这种限制是必要的、合理的，也是相邻方应当提供的。(3) 妨害通行的行为人应承担民事责任，而通行权人仅对给相邻方造成的实际损害给予赔偿。(4) 妨害通行的行为人不局限于不动产的相邻方，而相邻通行权人必须是一方在相邻他方的土地上通行，受相邻的局限。

总之，在相邻通行纠纷案件中，无论是妨碍通行纠纷还是相邻方主张通行权的纠纷，都应坚持以唯一通道、使用必要标准为首要原则来判断行使权利的合法性、妥当性，只有在相邻方不通过他方不动产就不能通行或难以通行，或者行为人实施的行为并未导致权利人丧失唯一或必要的通行条件时，相邻一方的通行权或者相邻一方、其他人实施的行为才能得到支持。

编写人：福建省莆田市涵江区人民法院　潘建青

40

妨害他人精神安宁的房屋装修布局应予排除

——陈某诉杨某等排除妨害案

【案件基本信息】

1. 裁判书字号

重庆市万州区人民法院（2019）渝 0101 民初 10491 号民事判决书

2. 案由：排除妨害纠纷

3. 当事人

原告：陈某

被告：杨某、彭某、唐某

【基本案情】

2018 年 12 月 20 日，杨某、彭某与唐某签订合同，将二人所有的某小区 903 室房屋转让给唐某，约定房款分期支付，双方于 2019 年 12 月 31 日前办理过户手续。次日，杨某到物业公司办理装修手续，签订《装修管理服务协议》《装饰装修管理责任书》等文件，领取装修施工许可证后交给唐某。其中，《装饰装修管理责任书》载明不得擅自改变房屋用途，装修许可证中载明禁止厨、卫互换。后唐某在装修过程中对原设计的厨房和卫生间进行了改动，将厨房一部分改建成卫生间，剩余部分与毗邻的生活阳台改建成卧室；将原卫生间与毗邻的过道改建成厨房。楼下 803 室业主陈某发现 903 室将卫生间设置在自家厨房上方的装修行为后，多次要求唐某将卫生间改回原户型图设计的位置而未果。物业公司曾于 2019 年 4 月下达整改通知，该房屋装修尚未经物业公司验收，也尚未入住。唐某支付了部分房款，尚未与出卖人杨某、彭某办理过户登记，目前房屋由三人共管。

【案件焦点】

房屋装修行为是否构成对相邻业主的妨害，如何确定责任主体。

【法院裁判要旨】

重庆市万州区人民法院经审理认为：不动产的相邻权利人应当按照有利生产、方便生活、团结互助、公平合理的原则，正确处理相邻关系。一方在行使权利时不得损害另一方的合法权利。唐某购买某小区 903 室房屋后进行装修，应当按照相关法律规定及装修约定依法、依约进行。住房和城乡建设部公布的《住宅设计规范》（GB 50096－2011）第 5.4.4 条规定："卫生间不应直接布置在下层住户的卧室、起居室（厅）、厨房和餐厅的上层。"《住宅室内装饰装修管理办法》第五条规定："住宅室内装饰装修活动，禁止下列行为……（二）将没有防水要求的房间或者阳台改为卫生间、厨房间……"唐某在明知装饰装修禁止厨、卫互换的前提下，仍然将原厨房的部分面积改建成卫生间，其行为本身系违规行为。且将卫生间设置于他人厨房上方，其行为也有悖于社会普遍善良风俗，已超出相邻权利人之间的必要、合理容忍度。同时，厨房、过道与卫生间在设计、施工过程中对防水、给排水、检修设施的要求有明显差异，唐某的改建行为使房屋在以后的使用过程中发生渗水等影响楼下相邻业主正常使用物业的风险大大增加。依照《中华人民共和国物权法》第三十五条“妨害物权或者可能妨害物权的，权利人可以请求排除妨害或者消除危险”之规定，唐某作为房屋买受人和装修行为实施者，应当承担排除妨害的责任。杨某、彭某作为903室房屋的权利人，尽管已将该房屋交付买受人唐某，但自认目前与唐某共同管理903室房屋，在尚未办理该房屋产权过户登记前提下，杨某、彭某应当承担排除妨害的责任。唐某的装修行为虽然对陈某造成或者可能造成一定妨害，但不足以导致陈某的物业整体不能使用，且该房屋尚未有人入住，故对陈某要求杨某、彭某、唐某支付自己外出租房居住的租金6000元的诉讼请求，不予支持。陈某主张律师费5000元无法律依据，且在举证期限内未提交证据证明，故不予支持。

重庆市万州区人民法院依照《中华人民共和国物权法》第三十五条、第八十四条，《中华人民共和国民事诉讼法》第六十四条，《最高人民法院关于适用〈中华人民共和国民事诉讼法〉的解释》第九十条规定，判决如下：

一、杨某、彭某、唐某于本判决生效后十五日内共同拆除万州区某小区903室房屋中由厨房和过道改建成的卫生间；

二、驳回陈某的其他诉讼请求。

【法官后语】

自人以群居，便有相邻关系之处理。随着城市化进程的加快，人们的社会生活越来越集中和紧密，房屋装修引起的相邻纠纷日渐频繁。实践中，不少人认为只要不影响建筑安全，做好防水等措施以免影响他人，就可以自由改造装修房屋。本案争议就在于将自家厨房改造成卫生间，是否对楼下业主构成妨害；如是，则承担民事责任的主体如何认定。

1. 以违背公序良俗的方式装修房屋构成权利之滥用

对房屋享有所有权的业主，完全有权在法定范围内行使其所有权的各项权能，对房屋进行装修改造即行使所有权的具体表现之一。所有权虽然是一种完全的支配权，但早在古代就有国家承认对所有权的限制，如优士丁尼法典就基于相邻关系对所有权加以限制，基于公共利益的需要对所有权加以限制，基于保护宗教利益的需要而对所有权加以限制，基于人道主义与道德事宜而对所有权加以限制。[①]《中华

① 周枏：《罗马法原论》（下），商务印书馆1994年版，第301页。

人民共和国民法典》第一百三十一条规定，民事主体行使权利时，应当履行法律规定的和当事人约定的义务；第一百三十二条规定，民事主体不得滥用民事权利损害国家利益、社会公共利益或者他人合法权益。因此，权利人行使权利时应遵法守约，在不妨害国家、社会利益或者他人合法利益的前提下，追求个人利益。

具体到本案中的房屋装修行为，将原本设计的厨房装修为卫生间，将自家卫生间置于楼下邻居的厨房正上方，虽然下层邻居并未受到来自楼上的物质性实体侵害，但是卫生间与厨房分别发挥处置污秽排泄物和制作美味食物的功能，这两种房间的相对位置以及使用过程，容易给楼下邻居以不雅或者不健康的联想，使其遭受生理上的不适和心理上的不快，实质上构成“精神安宁的侵害”。鉴于住宅及其环境的安宁和吉祥是我国普遍存在的文化心理，是与中华民族历史传统相联结的特有价值观念和价值取向，故被告厨卫互换的装修行为违反了公序良俗，构成权利之滥用。

2. 超出法定范围的装修行为具备了妨害的违法性

认定是否构成妨害，以德国法为代表的大陆法系持违法性标准，以英国法为代表的英美法系持不合理标准。我国民法学界受德国法影响，一般认为以违法性作为妨害的判断标准，如王泽鉴教授认为：“妨害须属违法，所有人始得请求排除。所有人有忍受义务者，无妨害除去请求权。”司法实践中亦遵从违法性的判断标准，妨害人的行为违法的应承担排除妨害责任，当存在法律规定或者约定的容忍义务时，则排除妨害的违法性。

《中华人民共和国民法典》第一百三十一条规定：“民事主体行使权利时，应当履行法律规定的和当事人约定的义务。”本案中，唐某的行为违反了行政法规关于住宅室内装饰装修禁止将没有防水要求的房间或者阳台改为卫生间、厨房间的规定，但是违法不一定导致妨害，是否构成妨害，还需具体考量行为的状态、所损害利益的类型、利益受损的程度以及避免损害的可行性措施等。唐某对房屋装修的结果造成了侵害邻居精神安宁的人格利益之现实妨害状态，甚至会造成邻居房屋价值的减损，同时，由于功能不同的房间在设计和施工过程中对于排水、防水、检修等方面存在不同的标准和差异，存在渗水等继续损害邻居房屋的风险。因此，原告有权依照法律关于相邻关系之规定，诉请唐某拆除卫生间以排除妨害。

3. 行为妨害人和状态妨害人均可为排除妨害的相对人

妨害一般来源于人的行为。行为妨害人就是通过行为造成妨害状态的人。状态妨害人是指妨害状态虽然与其行为无关，但是其有责任排除这种妨害的人。本案中，唐某与杨某、彭某签订房屋买卖协议后，在未办理过户手续的情况下，杨某、彭某事实上履行了房屋交付义务，那么在交付后、过户前，杨某、彭某作为所有人，唐某作为占有使用人，其三人对房屋有共同管理的义务，事实上房屋也处于三人共管的状态。在此期间唐某进行了装修，因此，唐某作为实施装修行为的人，构成行为妨害人，同时，其作为占有人和管理人对造成妨害的房屋具有事实上的支配力，亦属于状态妨害人。杨某、彭某作为所有权人和共同管理人，属于状态妨害人。在此情形下，数妨害人各负除去其妨害的义务，原告陈某可以对唐某或者杨某、彭某请求排除妨害，或者请求其三人排除妨害。

编写人：重庆市万州区人民法院　侯俊芳　梅念章

41

既有多层住宅增设电梯纠纷中相邻关系容忍义务的认定

——王某等诉郭某等排除妨害案

【案件基本信息】

1. 裁判书字号

上海市第二中级人民法院（2019）沪 02 民终 11741 号民事判决书

2. 案由：排除妨害纠纷

3. 当事人

原告（被上诉人）：王某等七人

被告（上诉人）：郭某等五人

第三人：宇环电梯工程公司

【基本案情】

王某等七人与郭某等五人均系某小区 7 号楼的业主。2017 年 11 月 27 日，7 号楼全体业主书面签名申请对本幢楼安装电梯，居委会及业委会在该申请表上盖章确认。在经过对电梯安装征询过程及统计结果公示、7号楼承担电梯安装及运营费用的业主达成加装电梯的初步方案、住宅修缮中心就7号楼增设电梯立项公示等程序后，业委会未收到任何书面意见或建议，住房保障局下发了关于将该楼列入2018年既有多层住宅增设电梯实施计划的通知。随后业委会、宇环电梯工程公司和7号楼需承担电梯安装费用的业主签订了加装电梯改造工程协议，王某等七人按约支付了第一笔工程款。宇环电梯工程公司在对电梯加装事宜进行地质条件勘测施工过程中，受到居住在一楼的郭某等五人阻挠，导致工程中途停止。

王某等七人认为，增设电梯程序合法合规。郭某等五人无故阻挠，致原告方经济损失，应停止妨碍并赔偿损失。

【案件焦点】

1. 既有多层住宅增设电梯施工给低层业主带来生活的不便利，是否构成不法侵害；2. 王某等七人不是实际施工人，是否有权主张排除妨害。

【法院裁判要旨】

上海市嘉定区人民法院经审理认为：相邻关系是两个以上相互毗邻的不动产所有人或占有使用人在行使不动产的占有、使用、收益和处分时，相互之间应当给予便利或接受限制而发生的权利义务关系。不动产的相邻各方，应当按照有利生产、方便生活、团结互助、公平合理的原则，正确处理相邻关系。给相邻方造成妨碍或者损失的，应当停止侵害、排除妨碍。为既有多层住宅增设电梯，系政府为适应社会经济发展和满足人口老龄化需求而推行的一项实事工程。电梯安装或许会给底楼住户的采光造成一定影响，但本着方便生活、团结互助的原则，底楼住户应当给予其他业主安装电梯的便利并接受一定的限制。且郭某等五人作为底楼业主代表最初亦在电梯安装申请表上签字，表明其对7号楼加装电梯事宜亦是同意的，现其反悔并实施阻挠，亦违反了诚实信用原则。虽然电梯安装是宇环电梯工程公司实施的，但王某等七人是3楼至6楼房屋的产权人，宇环电梯工程公司是根据王某等七人的委托而施工的，故王某等七人有权从相邻纠纷的角度出发，要求郭某等五人排除妨碍。郭某等五人认为王某等七人主体不适格的答辩意见不予采信。至于经济损失，虽然王某等七人已按约支付了宇环电梯工程公司第一期电梯加装费用，但该公司在勘测时即已遭到郭某等五人的阻挠，并未正式进入施工，且该笔费用亦是日后继续安装电梯所必须产生的，现施工延期或许有损失存在，但尚不确定，故对于王某等七人要求郭某等五人赔偿经济损失185000元的请求，不予支持。因诉讼具有专业性，故王某等七人聘请律师具有一定合理性，且王某等七人已提供聘请合同及律师代理费发票，证明其已产生了该部分损失，酌情支持律师代理费3500元。

上海市嘉定区人民法院依照《中华人民共和国民法通则》第四条、第八十三条规定，判决如下：

一、郭某等五人应立即停止对宇环电梯工程公司施工的妨碍，使宇环电梯工程公司能继续实施电梯改造工程；

二、郭某等五人应于本判决生效之日起十日内支付王某等七人律师代理费3500元；

三、驳回王某等七人其余的诉讼请求。

郭某等五人不服一审判决，提起上诉。二审法院经审理同意一审法院裁判意见。

【法官后语】

在高速发展和急剧转型的社会背景下，建筑物呈现“密集化”“立体化”的特点。当老龄化社会与城镇化中国相遇，“悬空老人”对电梯的需求日益突出，伴随为既有多层住宅加装电梯的工作在各省市相继试点开展，增设电梯纠纷成为相邻关系纠纷中的一个新类型。

本案是不动产相邻关系中排除加装电梯施工妨碍案。案涉电梯加装项目尚未正式启动，历时已近四年，诉讼经历一审、二审等阶段，当事人之间的矛盾久远难消，增加了法院解决纠纷的艰巨性和复杂性。厘清该类新型“相邻关系”的特点，确定权利来源，有利于准确把握此类相邻关系容忍义务的尺度。

1. 区分所有权建筑物中相邻关系的特点

普遍观点认为，相邻关系实质为所有权的限制或延伸，其核心内容之一是容忍义务，权利人在利用自己的不动产时不得对邻人造成过分的干扰，而相邻方也对不超过一定限度的干扰负有容忍义务。司法实践中，容忍义务限度的把握往往需要对时期、地域、事件的不同加以区别。本案相邻关系涉及区分所有建筑物，具有其独特性：

(1) 空间领域广杂。城镇住房商品化改革以来，主要的住房方式有三类：独门独院式的房屋、留有政策印记的老公房、带电梯的高层建筑。其中大部分老公房与高层建筑均属于区分所有权的建筑物，使其中的相邻关系更加复杂：同一栋建筑物的上下楼层之间形成上下的相邻关系、同一楼层共用一堵墙壁的左右两户之间形成左右的相邻关系，两栋独立的建筑之间也存在相邻关系。不同领域涉及不同的权利主体、不同的使用目的，所负担的容忍义务也需区别对待。

(2) 权源多样。基于相邻权是所有权的限制和延伸的观点，加之我国目前采用"三元论"(《中华人民共和国民法典》第二百七十一条) 认为，建筑物区分所有权是专有权、共有权、共同管理权（有理论称成员权）三者的复合权利，因此在建筑物专有部分、部分所有人共有部分、全体所有权人利益共同体部分发生的相邻关系(如为自己房屋改变管道电路，导致相邻房屋结构受损；非法占用楼道共有部分，影响相邻方通行、采光、生活环境；在小区内私搭晾衣架，影响小区环境等）权利源不同，相邻方应负的容忍义务也相应要有所区别。

2. 本案所涉"相邻关系"具有非典型性

(1) 区别于传统相邻关系。传统的相邻关系要求一方必须为另一方提供便利，是维护正常生活和生产的最低需要。其不是独立的民事权利，为防范权利滥用，法律对该类关系作出了直接且明确的规定，主要有排水和流水使用、管线铺设、必要通行、相邻通风、相邻损害防免、采光和相邻不可量物侵害等，并明确了有利生产、方便生活、团结互助、公平合理等几大衡量原则。

显然，为既有多层住宅增设电梯，必然会产生传统相邻关系的法律后果，如通行、采光、噪声等。但囿于各地经济发展程度不一，对电梯"最低需要"标准不一，现有法律对该类情形无法作出统一强制性规定，各试点地区亦均采用鼓励、帮扶等政策。因而此类案件属于非典型相邻关系纠纷，是否可以直接适用传统相邻权的规定应个案分析。

(2) 区别于地役权。《中华人民共和国民法典》规定了地役权制度。地役权是一项独立的物权，根据需役地权利人与供役地权利人自愿达成的协议而产生，使地役权人通过利用他人的不动产而使自己的不动产获得更大的效益。

本案所涉相邻关系，与地役权相比较，两者共同点在于均需通过约定的方式，利用他人不动产，提高不动产效益。区别在于：其一，增设电梯的"供役地"属全体业主共有的部分，而非某一私人专属部位。这个“他人”的所有权有别于传统意义的排他所有权（反而更具传统相邻关系中提供方便地的特征），受建筑物区分所有权的法律规范。其二，提高的不动产效益并非针对某一“需役地”，而是全体业主共有部分的效益提升（如生活便利）。其三，为既有多层住宅增设电梯没有特定供役地权利人，故而为无偿（各地政策亦如此规定），而地役权多为有偿。

综上，为既有多层住宅增设电梯不是法定相邻关系类型，涉及上下之间立体的相邻人，其影响及于同一栋楼上下多户的通行便利、生活环境等方面，涵盖底楼共有部分的合理利用、同一栋楼对本栋楼的共同管理权。该相邻关系的产生源于整栋楼住户表示“一致认可”“共同申请”等必要前提，而非法律直接规定，之后才涉及法定相邻关系中“必要通行”“不可量物侵害”等规则的衡量适用，兼具了地役权意定和相邻关系提供必要便利的特征，其容忍义务的限度也因此有所不同。审判中或可考虑综合两类法律制度的立法目的，从法的社会作用着手，结合个案事实，综合适用。

3. 回归法的社会作用，把握容忍义务尺度

随着全民法律意识不断提高，视野、光照、噪声等新类型相邻纠纷不断涌现，区分所有权的建筑物中相邻纠纷也呈逐年上升态势，加之不同地区、不同民俗、不同政策导致的相邻关系自身可能存在难以协调一致的矛盾，成文立法的法律规则实难穷尽相邻纠纷的所有形式。《中华人民共和国民法典》已经针对建筑物区分所有权、传统相邻关系问题作了比较系统的规定，但并未涉及本案类似的情形。本案法官通过自身经验，参考相关指导性文件进行判断，回归法的社会作用，为“既有多层住宅增设电梯”容忍义务的限度寻找标尺。

（1）法的社会作用具有时代性。法通过其规范作用（作为手段）而实现其社会作用（作为目的），从告知、指引、评价、预测、教育、强制六个维度规范人们的行为和社会关系，促进文明。不同时期，法社会作用的价值指向存在顺位差异，社会主义核心价值观是我国现阶段社会建设的思想保证和前进动力，司法审判应充分发挥管理创新、价值引领的作用，在法律适用中体现、弘扬社会主义核心价值观。

（2）对“意定”的容忍义务适用诚实信用原则，符合“诚信”社会的基本要求。社会的发达程度与公民的诚信度是一个良性循环系统，对“诚信”的要求已经

从市场经济领域普遍到社会生活的方方面面。从个人私权利角度，公民应诚实、善意地行使权利，履行义务，自觉约束自身；从司法审判公权力角度，诚实信用原则要求立法者实现当事人利益与社会利益平衡，法官根据公平正义进行创造性的司法活动，保持社会稳定与和谐的发展。①

根据《中华人民共和国民法典》第二百七十八条第一款第七项、第二款规定，改建、重建建筑物及其附属设施，在满足“双三分之二”业主参与表决的前提下，应当经参与表决专有部分面积四分之三以上的业主且参与表决人数四分之三以上的业主同意。可见，为既有多层住宅增设电梯需获得“双过半”业主的同意，是建筑物区分所有权人行使对共有部分的共同管理权的表现，应当遵循民事法律活动“自愿”“公平”“诚信”等基本原则，没有法定事由，不得随意变更、撤销已作出的意思表示。本案中，涉案楼栋全体业主一致同意增设电梯，底楼业主也在申请表上签名确认，基此，相关业主与第三方签订合同并支付了部分工程款。后被告方以“申请”不等同于“同意”，“一个人签名”不等于“全家同意”等进行文字诡辩，明显有违诚信原则，损害了其他业主的信赖利益。而法院作为司法审判机关，在个案裁判时，考量当事人利益的同时也要平衡社会利益。老式多层住宅增设电梯，是惠民利民的实事工程，司法应当大力支持，被告一方“出尔反尔”的不诚信行为有违善良风俗，损害公共利益，应当被遏制。

（3）对“法定”容忍义务适用传统相邻关系规则，有益于创建“友善互助”的社会主义新型人际关系。本案的诉辩争点“通行便利”“噪声干扰”“建筑垃圾”等其实均属于传统相邻纠纷类型。在建筑物区分所有关系中，业主自治②使全体业主因此享有管理权也承担了被管理的义务，而所有管理行为的根本均应回归到“维护和增进全体业主的共同利益”这一出发点上，此与《中华人民共和国民法典》第二百八十八条规定的相邻关系基本原则不谋而合，两者有相同的法益，因此本案适用一般的相邻关系规则合理、合情也合乎相邻关系的立法本意。

当绝对所有权与相邻关系容忍义务相冲突时，利益衡量成为焦点与难点，在考量受损利益时，可以结合考虑受损的是财产利益、人身健康，还是生活上或营业的

---

① 徐国栋：《民法基本原则解释——成文法局限性之克服》，中国政法大学出版社2002年版，第79页。

② 高圣平：《论业主自治的边界》，载《法学论坛》2009年第6期。

不便等。受损利益的性质不同，容忍义务的限度要求也不相同。本案的综合考量如下：

在“被害人容忍义务及其程度”方面，底楼业主因施工必然会遇到一段时间的交通不便、噪声干扰等问题，但该损害具有暂时性、可控性，尚属于一般人常理认知范围内可容忍的生活不便利。根据政策文件规定，如果认为该建设工程后期施工方案存在安全隐患等，业主仍可再次提出异议，这也是对底楼业主合法权益的基本保障。

在“妨害者行为目的及可豁免度”方面，楼上业主希望通过增设电梯营造高效便捷的居住环境，使老人在习惯的生活环境下出入自由，为既有多层住宅加装电梯是最佳选择。因施工过程中对底楼业主造成的“损害”也在法律允许范围内，因此具备了合理性与合法性。

在“社会利益需要保护和增加的价值”方面，老龄化是现代社会不得不正视的一个问题，“悬空老人”难以下楼，出行的不便影响了生活质量，衍生出医疗困难、健康状况愈下的恶性循环，有的老人因此被迫选择住进养老机构。“每个法官在参考自己的经验时，都必须意识到这种时刻，在推进共同之善的目的指导下，一个创造性活动会产生某个规则，而就在这个自由行使意志之际决定了这一规则的形式和发展趋势。”① 邻里互助、尊老爱幼一直是我国的传统美德，优秀的立法与司法均应助力于传承并发扬这些善良风俗，通过法的教育作用，将社会主义核心价值观引入人心，达到法律与道德的高度统一。

本案并不复杂的事实引来众多关注，究其原因还是事件背后的价值导向涉及普通百姓的民生问题。“老吾老以及人之老”，适老化改造是社会经济发展的要求，体现了社会主义人文关怀精神。让“悬空老人”早日落地，提高人民的幸福感，是全社会的共同责任。相邻关系中的“各所有人如仅注重自己之权利，而不顾他人利益之需求时，必将导致相互利害之冲突，不仅使不动产均不能物尽其用，更有害于社会利益、国民经济”②。司法审判需要在两利相权取其重中平衡公平价值与效益价值，最终实现法的社会作用。

编写人：上海市嘉定区人民法院　陈淏昱

---

① ［美］本杰明·卡多佐：《司法过程的性质》，苏力译，商务印书馆2000年版，第104页。
② 谢在全：《民法物权论·下册》，中国政法大学出版社1999年版，第171页。

42

楼下搭建廊架对相邻权人居住安全产生危险的应当拆除以消除安全隐患

——范某诉姜某、某物业公司相邻关系案

【案件基本信息】

1. 裁判书字号

辽宁省丹东市中级人民法院（2020）辽06民终250号民事判决书

2. 案由：相邻关系纠纷

3. 当事人

原告（上诉人）：范某

被告（被上诉人）：姜某、某物业公司

【基本案情】

范某居住于某小区2单元205号，与居住于同一单元105号的姜某系楼上楼下邻居，该小区物业管理由某物业公司负责。2017年9月15日，姜某未征得范某同意在自家一楼院内搭建一木质结构廊架，该廊架从一楼窗上沿到二楼窗台下沿距离108厘米，一楼窗上沿距廊架上沿44厘米，廊架上沿到二楼窗台下沿间距64厘米，二楼窗即范某主卧窗。范某要求某物业公司处理。姜某曾向某物业公司出具书面保证，其申请在自家花园内搭建葡萄架纯属个人行为，由此产生的邻里之间与物业的纠纷，由其本人全权负责协调解决。某物业公司认为姜某搭建的木质廊架确实对范某安全有影响，也违反了上述保证。2018年10月20日，某物业公司向姜某下达了限期拆除通知，但姜某一直未予拆除。范某为此曾起诉姜某，后又撤诉，但双方始终协商未果。范某为此再次提起本案诉讼。

【案件焦点】

姜某搭建木质廊架是否属侵权行为，是否影响到范某安全。

【法院裁判要旨】

辽宁省丹东市元宝区人民法院经审理认为：作为不动产的相邻权利人，应当按照有利生产、方便生活、团结互助、公平合理的原则，正确处理相邻关系。给相邻方造成妨碍的，应当停止侵害，排除妨碍。范某和姜某两家系邻居关系，姜某搭建木质廊架并未征得范某的同意，且其所搭建的廊架上沿到二楼范某主卧窗下沿间距仅有64厘米，距离较近，易使不法分子有机可乘，对范某人身、财产安全构成一定威胁，对此，某物业公司也认为姜某搭建的该木质廊架对范某安全有影响，并向姜某下达限期拆除通知，可见姜某搭建的该木质廊架给范某居住安全带来隐患已是共识。根据相关法律规定，权利人对于可能妨害其物权的，可请求排除妨害或者消除危险。现范某为此诉请，事实清楚，理由正当，依法有据，予以支持。

辽宁省丹东市元宝区人民法院依照《中华人民共和国民法通则》第八十三条、第一百三十四条第一款第一、二、五项，《中华人民共和国物权法》第三十五条、第七十一条、第八十四条、第九十一条，《中华人民共和国民事诉讼法》第一百四十二条规定，作出如下判决：

姜某于本判决生效之日起三十日内拆除搭建至范某窗外的木质廊架，消除安全隐患。

姜某不服一审判决，提起上诉。辽宁省丹东市中级人民法院经审理认为：《中华人民共和国物权法》第九十一条规定，不动产权利人挖掘土地、建造建筑物、铺设管线以及安装设备等，不得危及相邻不动产的安全。姜某在其房屋前搭建木质廊架时未征得楼上业主即范某的同意，该廊架延伸至范某主卧室窗下，间距不足一米，对范某的人身、财产构成一定的安全隐患。某物业公司作为物业管理方也给姜某下达了限期拆除的通知。因此，姜某提出不会造成安全隐患的上诉意见，不予采纳。虽然范某没有实际入住涉案房屋，但并不妨碍其作为相邻权利人行使权利，故姜某主张范某不享有本案的诉讼主体资格的观点，于法无据，不予支持。综上，姜某的上诉请求不能成立，应予驳回；一审判决认定事实清楚，适用法律正确，应予维持。

辽宁省丹东市中级人民法院依照《中华人民共和国民事诉讼法》第一百七十

条第一款第一项规定，作出如下判决：

驳回上诉，维持原判。

【法官后语】

相邻关系是指不动产的相邻各方因行使所有权或者使用权而发生的权利义务关系。相邻关系实质上是相邻不动产的权利人行使其权利的一种延伸和限制。实践中，应注意区分侵权行为和相邻关系的法律适用。前者主要受《中华人民共和国民法典》侵权责任编调整，后者主要受同法物权编调整。其根本原因在于二者的法律关系性质不同：(1) 侵权行为是侵害他人财产利益、人身利益和精神利益的不法行为，具有违法性；相邻关系是根据法律规定而产生的权利义务关系，具有适法性。(2) 侵权行为在客观上造成了他人合法权益损害的法律后果，这种后果是不能容忍的，具有一定程度的社会危害性；相邻关系虽然也会使相邻权利人受到某种限制，但这种限制是必要的、合理的。(3) 侵权行为是行为人基于过错而实施的行为，行为人主观上有无过错是判断其行为是否构成侵权并承担民事责任的重要因素；相邻关系中的相邻权利人行使权利时主观上并无过错。(4) 侵权行为的行为人均应承担民事责任；相邻关系中的权利人对于轻微妨害则有容忍义务，只有造成实际损害或潜在危险才承担民事责任。

《中华人民共和国民法典》第二百八十八条规定："不动产的相邻权利人应当按照有利生产、方便生活、团结互助、公平合理的原则，正确处理相邻关系。"该条文明确了处理相邻关系的基本原则。同时，该法第二百九十五条规定，不动产权利人挖掘土地、建造建筑物、铺设管线以及安装设备等，不得危及相邻不动产的安全。具体到本案，关键是如何认定姜某搭建木质廊架是否对范某房屋的安全构成现实的危险。因二人系同一单元上下层邻居关系，姜某虽是在自己的院落内搭建廊架，但该廊架为不法人员进入楼上范某房屋提供了方便条件。因相邻权的基本价值就是保障权利人对不动产的正常利用以及不动产功能的正常发挥，而姜某搭建的廊架给相邻权利人范某的居住安全造成潜在的危险，使范某不能安心地居住于自己的房屋，故应认定姜某搭建的廊架给范某的安全生活造成了妨碍，依法应当拆除，消除安全隐患。要注意的是，这种潜在危险的认定应以大多数人的正常认识作为认定标准，并不以危险带来的损害后果现实发生为标准，只要相邻一方的行为或其管理的物构成危险存在的原因，即使未发生损害后果，也不妨碍相邻权人行使消除危险、排除妨碍的请求权。

现实生活中，多层住宅的一楼住户为了自身院落的美观、实用，在自己院落搭建建筑物、构筑物已是普遍现象。这种做法虽有其合理性，但一方面，会被不法人员利用，为其进入上层住宅提供便利条件，侵犯上层住户的相邻权益；另一方面，此类搭建行为往往未获得行政许可，可能成为违章建筑或构筑物，存在受到行政处罚的风险。因此，底层住户行使自己院落的使用权时，不得对上层住宅安全构成妨碍，应以保障上层住户住宅安全为行使己方不动产使用权的边界，以维护文明和谐的邻里关系。

编写人：辽宁省丹东市元宝区人民法院　于军宁　宋晶

43

鉴定不能情形下因果关系的认定

——王某诉阎某相邻关系案

【案件基本信息】

1. 裁判书字号

辽宁省沈阳市和平区人民法院（2019）辽0102民初19764号民事判决书

2. 案由：相邻关系纠纷

3. 当事人

原告：王某

被告：阎某

【基本案情】

王某系沈阳市和平区某房屋的房主，阎某系其楼上的邻居。因王某家餐厅、厨房、卫生间、北卧室自2016年开始在雨季出现棚顶、墙面漏水的情况，其与阎某产生纠纷。

经法院查勘，王某家中受损情况如下：餐厅棚顶、墙面大白严重起皮脱落；厨房吊顶有水渍痕迹；卫生间吊顶有水渍痕迹，卫生间门因水浸泡无法关闭；北卧室棚顶、墙面大白严重起皮脱落。前述漏水位置上方为阎某家北露台，该露台北侧、西侧和南侧三面砌有砖槽，高度和宽度约50厘米，内填有土、碎石、杂物等；露台其余位置铺有瓷砖，其上摆放有多个花盆。露台原公共灯台位置已被水泥封上。王某家中客厅西南侧顶棚位置有水浸泡、大白脱落情况，南卧室南侧墙面有大白开裂情况。

关于漏水原因，王某主张为阎某家北露台防水问题。阎某不予认可，并主张为楼体年久失修、露台公共灯台漏水所致。

根据王某的申请，经法院摇号确定沈阳建大工程检测咨询有限公司为鉴定机构，该鉴定公司于2019年11月20日出具《司法鉴定委托退还通知书》，载明：通过现场勘察，我方无法查找出阎某房屋向王某房屋漏水的漏点，导致我方后续鉴定工作无法进行。决定终止该司法技术鉴定项目，退还委托。

【案件焦点】

在漏水原因鉴定不能的情况下能否以原告无证据证明漏水系被告造成而驳回原告的诉讼请求。

【法院裁判要旨】

辽宁省沈阳市和平区人民法院经审理认为：王某、阎某系楼下楼上的相邻关系，应当按照有利生产、方便生活、团结互助、公平合理的原则，正确处理相邻关系。王某家中出现漏水情况已无争议，本案争议焦点在于漏水是否为阎某家露台防水问题所致。

其一，从阎某主张的漏水原因来看，其主张楼体年久失修导致屋顶腐蚀破损，并且其家中亦有漏水情况，但从现场查勘来看，阎某家的漏水均发生在南面，而王某家中南面并无漏水情况，如果确如阎某所称系楼体自身原因所致，则王某家中不可能仅有北面漏水而无南面漏水，且王某家中漏水的部位并非均在靠近楼体外墙面的位置，亦有楼体内部位置。因此，对阎某所主张的前述漏水原因不予采信。关于阎某主张的露台公共灯台亦为漏水的原因，经现场勘察，公共灯台位置已被水泥封住，且公共灯台仅在露台北侧有几处，均位于楼体边缘，王某家中餐厅、卫生间等漏水的部位均与楼体边缘相差甚远，如果系因灯台位置漏水所致，明显与常理不符，对阎某主张该漏水原因亦不予采信。其二，从阎某露台使用情况来看，其三面砌有砖槽，部分有土填充，用于种植植物，砖槽是直接砌在露台上的，土与防水层直接接触，下面并未垫有其他材料，而植物生长过程中的肥料、农药及根系均有可能对露台本身的防水层造成侵蚀破坏。其三，从王某家中漏水的整体位置来看，均集中于北面，而其所对应的阎某家中相同位置就是北露台，根据日常生活经验，水必然是从楼上流下来的，阎某否认系北露台漏水，但并未提供充分证据证明存在其他原因亦可以造成王某家漏水的现状，在阎某未举证排除自身责任的情况下，本院认定本案漏水原因系阎某家北露台防水所致。由此，阎某应对其露台防水予以修复，已达到不漏水为标准，同时，对因露台防水问题所致王某家中损失予以赔偿。

关于王某家中损失数额问题，损失范围集中于墙面及顶棚大白修复、卫生间及厨房吊顶修复、卫生间门更换。结合受损面积及折旧程度，酌定由阎某赔偿4000元以弥补王某家产生的损失。

辽宁省沈阳市和平区人民法院依照《中华人民共和国物权法》第三十七条、第八十四条，《中华人民共和国侵权责任法》第六条第一款、第十九条，《中华人民共和国民事诉讼法》第六十四条第一款、第六十五条第一款，《最高人民法院关于适用〈中华人民共和国民事诉讼法〉的解释》第九十条规定，判决如下：

一、本判决生效之日起三十日内，阎某对北露台防水进行修复，以达到不漏水为标准，如遇冬季，修复日期顺延至次年4月1日前；

二、阎某于本判决生效之日起十日内赔偿王某因漏水所致经济损失4000元；

三、驳回王某的其他诉讼请求。

【法官后语】

本案处理重点在于在漏水原因鉴定不能的情况下如何认定因果关系。侵权责任中的因果关系，是指损害原因与结果之间的相互联系，是侵权责任的构成要件之一。相邻侵权责任的认定，首先必须明确相邻义务人的行为与妨害结果之间是否存在因果关系，之后才能就责任的承担主体、损失范围等加以认定。因此，因果关系的认定是相邻关系案件审理的关键。实践中，审理相邻关系案件比较棘手的恰恰是因果关系的判定，因为鉴定机构对于此类鉴定申请可能会选择退鉴。此时，在双方当事人所提证据相互矛盾、争议事实难以认定的情况下，法官应如何作出判断？

《最高人民法院关于民事诉讼证据的若干规定》第八十五条明确了民事诉讼中的高度盖然性证明标准。所谓高度盖然性证明标准，是将盖然性占优势的认识手段运用于民事审判中，在证据对待证事实的证明无法达到确实充分的情况下，如果一方当事人提出的证据已经证明该事实发生具有高度的盖然性，人民法院即可以对该事实予以确认。案件进入诉讼程序后，当事人主张的事实已无法再现，法官认定案件事实的过程就是一个不断被持有优势证据的一方当事人说服的过程，在对互相排斥的证据进行判断时，持有优势证据的一方就更能够说服法官，其主张的事实也更能够得到认定。但是，适用高度盖然性证明标准时应注意：其一，适用的前提应是对事实审查出现了真伪不明的情况。法官对原告所主张的事实无非产生三种心态，即事实存在、事实不存在、事实是否存在存疑，在出现第三种心态时法官已无法形成心证，此时即应引入高度盖然性证明标准。其二，优势证据已达到合理相信，劣势证据达到合理怀疑。在双方的举证已经穷尽，逻辑上却无法得出唯一结论的情况下，一方的证据证明标准达到能使法官合理相信的程度，足以相信待证事实存在极有可能，而另一方的待证事实足以让法官产生怀疑，甚至认为不存在，即应采纳优势证据一方的主张。其三，对优势证据的确信要符合经验法则。法官对优势证据的确信需要引入经验法则，优势证据待证的事实要符合“众所周知的事实”和“根据已知事实和日常生活经验法则推定出的另一事实”。

具体到本案中，法院通过实地勘察，围绕被告主张的漏水原因、被告露台的实际使用情况和原告房屋漏水的情况这三点予以分析，得出被告主张的各项漏水原因均难以成立的结论，故予以逐一反驳。同时依据一定的逻辑推理和日常生活经验得出漏水确系被告露台防水层被破坏所致，故判决由被告对露台防水予以修复。

另外，原告需对被告的行为与其房屋漏水是否具有因果关系承担举证责任。本案通过高度盖然性标准认定确为被告露台防水所致原告家漏水，如因鉴定不能无法确定因果关系，经适用高度盖然性标准亦无法确定被告的行为是原告房屋漏水的原因，此时，应认为无法确定被告的行为与原告房屋漏水存在因果关系，原告就此应承担举证不能的不利后果。

值得注意的是，本案判决第一项涉及的责任承担方式要兼顾执行的问题，以免造成执行困难或执行后仍不能解决纠纷的情况。本案中，一方面仅靠经济补偿并不能从根本上杜绝漏水，另一方面对露台防水予以修复也是比较经济且可行的责任承担方式，故判决虽然对被告的修复行为规定了时限要求，但是考虑到案件有上诉可能，判决最终生效时间不定，如遇冬季无法施工，判决针对此种情况明确了修复日期可顺延至次年的4月1日。

编写人：辽宁省沈阳市和平区人民法院　刘凤

44

绿色原则在处理相邻关系中的适用

——丁甲诉丁乙财产损害赔偿案

【案件基本信息】

1. 裁判书字号

江苏省徐州市中级人民法院（2018）苏03民终2745号民事判决书

2. 案由：财产损害赔偿纠纷

3. 当事人

原告（上诉人）：丁甲

被告（被上诉人）：丁乙

【基本案情】

丁甲与丁乙耕种的土地位于徐州市铜山区黄集镇前陈楼村村庄南约10米南北道路及排水沟两侧，其中丁甲耕种的土地2.60亩位于南北道路的西侧，丁乙耕种的土地1.80亩位于南北道路的东侧。道路宽约5米，排水沟宽约2米。2001年春，丁甲在其耕种土地的西地边栽植一行杨树，丁乙在其耕种土地长8.50米的东地边栽植了一行杨树计34棵，现树高约20米。2017年年初，丁甲将其栽种的杨树砍伐。丁甲要求丁乙砍伐杨树无果，诉至法院，请求丁乙赔偿其责任田的农作物损失3000元。

【案件焦点】

丁乙拒不砍伐其田间地头林木的行为是否构成侵权。

【法院裁判要旨】

江苏省徐州市铜山区人民法院经审理认为：一般侵权责任的构成要件包括行为、过错、损害事实和因果关系。丁甲诉请丁乙赔偿损失 3000 元，需符合一般侵权责任的构成要件。在田间地头栽植农田防护林，对于改善农田小气候，促进农业生产能起到有益的作用。农田防护林有可能会对农田内的农作物生长带来日照与采光方面的局部影响，但与有益的作用相互比较，后者显然是主要的。双方均于 2001 年春在田间地头植树，其植树行为并不违反相关法律规定，不宜认定为过错行为。丁甲在 2017 年年初砍伐掉其田间地头的林木后，主张丁乙拒不砍伐所植林木的不作为行为已构成侵权，需首先证明丁乙植树的行为是一种能够造成相关损害的危险行为。根据上述分析，植树行为并不违反相关法律规定，丁甲出示的证明、照片、麦穗样品及毛豆样品也不足以证明植树行为是一种能够造成相关损害的危险行为进而对该行为作出法律上的否定性评价；在这种情况下，丁乙拒不砍伐所植林木并不存在过错。另外，丁甲出示的证明、照片、麦穗样品及毛豆样品也不足以证明丁乙植树行为造成了丁甲损失及损失的数额，据此对丁甲的主张不予采信。

江苏省徐州市铜山区人民法院依照《中华人民共和国侵权责任法》第二条、第六条、第十九条，《中华人民共和国民事诉讼法》第六十四条第一款规定，判决如下：

驳回丁甲的诉讼请求。

丁甲不服一审判决，提出上诉。江苏省徐州市中级人民法院经审理同意一审法院裁判意见，依照《中华人民共和国民事诉讼法》第一百七十条第一款第一项规定，判决如下：

驳回上诉，维持原判。

【法官后语】

本案审理中有两种观点：一种观点认为，土地经营权人对其所承包的土地按照土地用途享有占有、使用、收益的权利，有权维护土地上的农作物生长不受侵害，丁甲主张的侵权事由成立，应当酌情认定损失数额，支持丁甲的合理诉求。另一种观点认为，侵权责任的承担需要具备侵权行为、损害结果、因果关系、过错四个要件，丁乙在其承包经营的土地上种植树木，是在政策允许的情况下，对自己土地经营权的合法行使，虽与丁甲的权利发生冲突，但栽植树木有利于生态环境保护，不宜认定为过错行为，应驳回丁甲的诉讼请求。本案判决采纳了第二种观点，理由如下：

1. 本案中存在双方合法权益的冲突

土地经营权是修正后的《中华人民共和国农村土地承包法》的重要内容，是法律为农村土地集约经营、农业产业要素聚集和农民收入持续稳定增长提供的制度保障，是基于民间实践和政策指引而设立的新型权利，《中华人民共和国民法典》将土地经营权设置于物权编用益物权分编，在土地承包经营权一章进行了定义：土地经营权人有权在合同期限内占有农村土地，自主开展农业生产经营并取得收益。从文意上理解，对土地的自主经营包括对农作物的种类选择、种植农作物的区位以及保障农作物增产保质等经营措施。本案中，丁甲在其经营的耕地上种植农作物，要求保障其农作物生长应有的充足日照，是土地经营权人合法行使和保障权益的必要内容。同时，在政策允许的范围内，在田地间种植树木的行为并不违法，丁甲和丁乙在各自承包经营的田地间种植树木，对丁乙而言，其在自己经营的耕地上种植树木也是合法行使其权利。因树木的种植区域以及树木生长，局部农田必然会因树木树冠的遮挡而受到影响，双方的耕地相邻，导致双方行使合法权益的空间有所重叠，造成了本案的冲突。

2. 从侵权责任法的角度不宜认定丁乙的行为构成侵权

侵权责任是被侵权人要求侵权人承担的民事责任，其主要目的在于保护被侵权人的合法权益，填补被侵权人的损失，可以要求他人停止侵害、排除妨碍、消除危险、赔偿损失。一般而言，请求承担侵权责任，需要满足行为人实施了侵权行为、有损害结果的发生、侵权行为与损害结果之间有因果关系以及行为人有过错四个构成要件。首先，侵权行为是法律对行为人侵害他人合法权益的否定性评价，而丁乙在其承包田地中种树是在当地政策允许范围内行使的合法土地经营行为，并不违反相关法律规定，不具备侵权行为的“非法性”要求。其次，丁乙拒绝砍伐树木的消极行为是基于其合法种植行为，从主观上，没有侵害丁甲权益的过错，丁乙种植的树木和丁甲种植的树木分布在道路两旁，在丁甲砍掉树木后，丁乙没有砍伐树木的消极不作为，不能过于苛责其注意义务，不宜认定其存在过失。再者，丁甲提供的证据无法证明其因丁乙拒伐树木的行为遭受的具体损失。

3. 公共利益应当纳入民事活动的利益衡量中

利益衡量是解决权利冲突的方法之一，通过衡量双方利益大小，借以协调双方的权利冲突。本案双方耕地相邻，权利冲突发生在相邻耕地之间。相邻双方坚持自己的权利，必然影响双方耕地的正常使用。《中华人民共和国民法典》对相邻关系的指导原则是有利生产、方便生活、团结互助、公平合理，双方彼此应当对对方合理使用权利时造成的不利影响予以容忍，以利于生产发展，实现双方利益的最大化。同时，《中华人民共和国民法典》确立了绿色原则，要求民事主体进行民事活动，应当有利于节约资源，保护生态环境。在所有权社会化的时代，对合法权利的行使进行合理限制，保障社会公共利益，不仅是处理人与社会关系的一条重要原则，同时也是处理人与自然关系的重要原则。对同属于私权的权益冲突，司法裁判应当按照绿色原则的指引，优先保护有助于实现环境生态公益一方的利益。农田林网密布，对改善生态环境，避免极端气候对农业生产的影响，具有不可取代的作用，《中华人民共和国森林法》强调了植树造林、保护森林，是公民应尽的义务。国家鼓励公民通过植树造林、抚育管护、认建认养等方式参与造林绿化。虽然一些地区调整了基本农田的保护政策，基本农田地头已不允许栽植树木，但这并不是说在非基本农田间种植树木没有保护生态环境的价值。本案中，丁乙栽植树木的地点并非基本农田，也不是零星栽植的树木，是在符合政策情况下成规模栽植于一般农田地头的林木，具备保护局部农田，减轻自然灾害，改善乡村景观和农作物生长条件等防护林功能，本案对丁甲土地经营权给予适当的限制，有利于局部农田生态环境的改善，符合社会公共利益的期许。

综上，生效判决认定丁乙并不存在侵权过错，是根据案情作出的妥当选择。当然，既言之利益衡量，本案的结论只具有相对的意义。

编写人：江苏省徐州市铜山区人民法院　汪志敏　彭懿

45

“越界”加装电梯如何公平处理

——蔡某志等诉园林公司排除妨碍案

【案件基本信息】

1. 裁判书字号

广东省广州市中级人民法院（2019）粤01民终22022号民事判决书

2. 案由：排除妨碍纠纷

3. 当事人

原告（上诉人）：蔡某志、陈某林、邱某凯、石某玲、潘某森、陈某芳

被告（上诉人）：园林公司

【基本案情】

2013年9月5日，广州市规划局向广州市越秀区水荫路×号小区之五（以下简称×号小区）相应房屋业主蔡某志、陈某林、邱某凯、石某玲、潘某森、陈某芳等人发出加装电梯的《建设工程规划许可证》，同年12月26日，该旧楼加装电梯工程在所在街道办事处进行了开工备案，准备动工，但相邻方园林公司因认为×号小区的业主拟加装电梯所用地块属其红线范围内，故不同意该电梯工程进一步施工。为此×号小区的业主向法院起诉要求：禁止园林公司实施任何阻止×号小区住宅楼加装电梯的侵害行为，并配合加装电梯的施工，留出施工通道及从一楼正常使用电梯的通道。

经法院现场勘验，查明×号小区首层为商铺，二楼以上为住宅，二楼以上住户现通过与水荫路70号大院相邻的一条楼梯及连廊出入。2019年4月24日，广州市规划和自然资源局越秀区分局向法院复函，内容为：×号小区拟建电梯间工程位于园林公司用地红线范围内。按照《广州市既有住宅增设电梯试行办法》，×号小区业主所持《建设工程规划许可证》合法有效。

【案件焦点】

“越界”加装电梯是否应予支持。

【法院裁判要旨】

广东省广州市越秀区人民法院经审理认为：《中华人民共和国物权法》第八十八条规定，不动产权利人因建造、修缮建筑物以及铺设电线、电缆、水管、暖气和燃气管线等必须利用相邻土地、建筑物的，该土地、建筑物的权利人应当提供必要的便利。虽然拟建电梯间的位置位于园林公司的用地红线范围内，但根据上述法律规定，园林公司仍应为该电梯间的扩建工程提供必要的便利。因此，×号小区的业主要求园林公司停止阻止其加装电梯的侵害行为以及排除妨害、为其加装电梯留出施工通道的诉讼请求合法，予以支持。至于电梯间占用园林公司用地而造成的损失，园林公司可另循途径依法主张权利。此外，不动产权利人因用水、排水、通行、铺设管线等利用相邻不动产的，应当尽量避免对相邻的不动产权利人造成损害；造成损害的，应当给予赔偿。×号小区的业主应当充分考虑电梯间扩建工程完成后的出入通行问题，在使用中尽量避免对相邻的不动产权利人造成损害。×号小区的业主在拟扩建电梯间的位置已经占用了园林公司用地的情况下，再要求园林公司留出使用电梯的通道，显然加重了园林公司的义务。因此，×号小区的业主要求园林公司留出从一楼使用电梯的通道的诉讼请求，不予支持。×号小区的业主可参考同地段其他大楼加装电梯的模式，通过现有的楼梯，从二楼开始使用电梯。

广东省广州市越秀区人民法院依照《中华人民共和国民事诉讼法》第一百一十九条，《中华人民共和国物权法》第八十七条、第八十八条、第九十二条规定，判决：

一、自本判决发生法律效力之日，园林公司停止阻止×号小区住宅楼加装电梯的侵害行为；

二、自本判决发生法律效力之日，园林公司配合×号小区住宅楼加装电梯的施工，留出必要的施工通道；

三、驳回蔡某志、陈某林、邱某凯、石某玲、潘某森、陈某芳的其他诉讼请求。

一审宣判后，双方均不服并提起上诉。广东省广州市中级人民法院经审理认为：一审法院根据蔡某志、陈某林、邱某凯、石某玲、潘某森、陈某芳的诉讼请求的内容，确定本案案由为排除妨碍纠纷，并根据双方当事人的物业相邻的事实及诉讼请求中包含通行权的内容，适用规范相邻关系的法律审理本案诉讼，并无不当。

蔡某志、陈某林、邱某凯、石某玲、潘某森、陈某芳提出本案诉讼不存在相邻关系事实的上诉主张，以及园林公司提出本案诉讼系地役权纠纷的上诉主张，均与本案诉讼请求及事实不符，不予采纳。

×号小区住宅楼房加装电梯的施工，需要利用相邻的园林公司所开发物业的土地，依照《中华人民共和国物权法》第八十八条关于不动产权利人因建造建筑物必须利用相邻土地的，该土地的权利人应当提供必要的便利的规定，园林公司应当提供必要的便利。根据广州市规划和自然资源局越秀区分局给一审法院的复函内容，蔡某志、陈某林、邱某凯、石某玲、潘某森、陈某芳取得的涉案楼房加装电梯工程的《建设工程规划许可证》合法有效，且在取得后的一年内办理了小型建设工程开工备案，故该《建设工程规划许可证》继续有效。园林公司认为该《建设工程规划许可证》已失效的上诉理由不能成立。园林公司在一审答辩意见及二审上诉意见中均表达了其不同意及其有权制止蔡某志、陈某林、邱某凯、石某玲、潘某森、陈某芳加装电梯施工行为的意思表示，结合蔡某志、陈某林、邱某凯、石某玲、潘某森、陈某芳在一审诉讼中为证明园林公司阻止加装电梯施工而提供的证据，能够证明园林公司存在阻止涉案楼房加装电梯的侵害行为的事实。因此，园林公司否认其实施阻止涉案楼房加装电梯行为的上诉主张不能成立。蔡某志、陈某林、邱某凯、石某玲、潘某森、陈某芳提出园林公司采用暴力方式阻止加装电梯的上诉主张，证据不足，不予采信。综上所述，一审法院作出园林公司停止阻止涉案楼房加装电梯的侵害行为及配合涉案楼房加装电梯的施工，留出必要的施工通道的判决正确，予以维持。如园林公司因对涉案楼房加装电梯工程的施工提供必要的便利而造成损失的，可另循法律途径主张权利，故一审法院就此向园林公司作出法律释明并无不当，园林公司认为一审法院的法律释明属于适用法律错误的上诉理由不能成立。

涉案楼房加装电梯工程完成后的通行，并非必须继续占用园林公司所开发物业的土地，且园林公司也不同意涉案楼房业主占用该土地作为使用加装电梯的通道，故一审法院对蔡某志、陈某林、邱某凯、石某玲、潘某森、陈某芳要求园林公司留出从一楼使用电梯的通道的诉讼请求不予支持，事实及法律依据充分。蔡某志、陈某林、邱某凯、石某玲、潘某森、陈某芳对此提出的上诉不能成立。

至于双方当事人上诉理由中涉及的各自物业的土地使用权争议问题，依照《中华人民共和国土地管理法》第十四条关于当事人对土地使用权争议协商不成的，由人民政府处理的规定，不属于人民法院民事诉讼审理范围，故不予审理。

综上所述，蔡某志、陈某林、邱某凯、石某玲、潘某森、陈某芳和园林公司的上诉请求均不能成立，均应予驳回；一审判决认定事实清楚，适用法律正确，应予维持。

广东省广州市中级人民法院依照《中华人民共和国民事诉讼法》第一百七十条第一款第一项规定，判决如下：

驳回上诉，维持原判。

【法官后语】

因旧楼业主拟加装电梯基坑必须以利用相邻不动产权利人的土地为条件，本案从“方便生活、团结互助、公平合理”相邻关系处理原则出发，判令旧楼业主在相邻不动产权利人建设用地上加装电梯，满足旧楼业主上下楼方便通行的需求，使得原本用于绿地的地块利用实现社会效益最大化，对于今后类似案件处理有一定的启示作用。

1. 审慎审查当事人方便生活诉求，寻求相邻关系处理之道

本案中，因旧楼业主拟加装电梯基坑必须以利用相邻不动产权利人的土地为条件，否则无法实现加装电梯、方便通行的美好生活愿景。《中华人民共和国民法典》第二百九十一条规定，不动产权利人对相邻权利人因通行等必须利用其土地的，应当提供必要的便利；第二百九十二条规定，不动产权利人因建造、修缮建筑物以及铺设电线、电缆、水管、暖气和燃气管线等必须利用相邻土地、建筑物的，该土地、建筑物的权利人应当提供必要的便利。对于能否把加装的电梯纳入通行权的范畴，实践中存在不同观点。有观点认为上述规定的通行权，是指因权利人所属土地与公共道路无适宜通路，致使土地不能正常使用时，土地所有人或使用人通过周围他人土地以达公路的权利，而旧楼业主已有方便通行的楼梯，不存在通行不能，故相邻不动产权利人没有义务忍受旧楼业主要求加装电梯而占用己方土地的行为。对此，笔者认为，基于我国人口老龄化的现状，爬楼梯上下高楼对于年迈老人无异于“蜀道”，借助电梯上下楼也成为老年人出入通行的必需。没有电梯帮助，老年人很难顺利出行。从功能同一性角度分析，加装电梯对于解决居住于高层的高龄业主（住户）上下楼出行不便的需求，与设立通行权解决不动产权人通过相邻不动产到达公路的通行需求相类似。因此，应将旧楼业主加装电梯纳入相邻通行权范围，判

令不动产权利人基于通行方便需要，可使用相邻不动产权利人的土地建设加装电梯的基坑，符合人们追求美好方便生活的意愿和需求。

2. 合理平衡双方当事人利益，坚持损害最小化原则

旧楼业主拟加装电梯基坑须以利用不动产权利人的土地为条件，故旧楼业主加装电梯的行为势必会造成不动产权利人利益受损。《中华人民共和国民法典》第二百九十六条规定，不动产权利人因用水、排水、通行、铺设管线等利用相邻不动产的，应当尽量避免对相邻的不动产权利人造成损害。该规定表明，旧楼业主因加装电梯对不动产权利人造成损害应以最小化为原则，不能超过必要限度，这也是平衡毗邻方利益及双方权利义务对等的体现。本案中，旧楼业主拟要求不动产权利人在其用地范围内留出供旧楼业主使用电梯进出通道，在双方没有达成约定且旧楼业主可通过原有的二楼平台搭乘电梯的情况下，旧楼业主的诉求显然已经超出“必须利用相邻土地”的必要性范畴，加重了相邻不动产权利人的负担，不符合公平合理原则和损害最小化原则，故不能基于相邻权获得支持。值得注意的是，尽管相邻不动产权利人有忍受旧楼业主加装电梯的义务，但对于旧楼业主因加装电梯的行为造成不动产权利人损害的，根据《中华人民共和国民法典》侵权责任编的规定，旧楼业主应根据损害大小给予赔偿。

3. 加强邻里团结互助，坚持社会效益最大化原则

随着城市人口老龄化的发展以及政府出于改善民生考虑，旧城改造加装电梯的速度正在不断加快，电梯的整体建设需要进行大量的拆建活动，而拆建过程牵涉各方利益，加之人们法律意识的不断提高，当合法利益得不到保障的时候，诉至法院就成了最后的选择。由于各种原因，此类案件目前诉至法院的并不多，但从受案情况看仍然呈逐年上升趋势，因此有必要引起相关部门重视。本案中，双方因加装电梯已经争执多年，涉案地块之所以迟迟未能加建电梯实质系因为双方对于赔偿问题未能谈拢，考虑到旧楼业主拟加装电梯基坑属绿地范围对不动产用地规划影响较小，在旧楼业主拟加装电梯已取得行政部门许可并核发《建设工程规划许可证》情形下，法院支持旧楼业主加装电梯的诉求有助于物尽其用，化解邻里矛盾，实现定分止争，满足社会效益最大化原则，实现社会效果和法律效果统一，形成良好示范效应。

编写人：广东省广州市中级人民法院　林旭群

广东省广州市越秀区人民法院　黄丽蓉

六、业主撤销权纠纷

46

业主撤销权行使错误导致除斥期间经过的效力认定

——王某等诉和贵馨城小区业主大会业主撤销权案

【案件基本信息】

1. 裁判书字号

四川省成都市中级人民法院（2019）川01民终16088号民事判决书

2. 案由：业主撤销权纠纷

3. 当事人

原告（上诉人）：王某等十人

被告（被上诉人）：和贵馨城小区业主大会

【基本案情】

王某等十人均系和贵馨城小区业主。物业公司和贵馨城管理处向和贵馨城业委会提交《申请书》，向广大业主提出调价申请。和贵馨城业委会通过征求业主意见，召开业主大会，由业主进行投票后，于2016年10月31日，对物业费上调0.3元/平方米/月的内容进行表决公示。2016年12月5日，和贵馨城业委会发布《上调公示》，告知小区物业费于2017年1月1日起按1.8元/平方米/月执行。

2017年7月14日，王某等十人以和贵馨城业委会为被告向法院提起诉讼，要求：1. 撤销和贵馨城业委会作出的上调物业服务费的决定；2. 判决和贵馨城业委会与物业公司签订的上调物业服务费的《补充协议》无效。案经一、二审审理，成都市中级人民法院于2018年8月7日作出（2018）川01民终8467号民事判决书，以上调物业费的决定系由和贵馨城小区业主大会作出，如业主认为该决定侵犯其合法权益或违反法定程序，应当以和贵馨城小区业主大会为被告要求撤销，该案被告主体不适格，判决驳回王某等十人的诉讼请求。

2018年9月13日，王某等十人以和贵馨城小区业主大会为被告重新提起诉讼，请求依法撤销和贵馨城业主大会于2016年12月5日作出的关于上调物业服务费的决定。

【案件焦点】

1. 业主撤销权的行使时间如何确定；2. 业主因主观原因导致起诉对象错误，致使提起业主撤销权之诉的一年除斥期间经过，行使撤销权的实体权利是否消灭。

【法院裁判要旨】

四川省成都市双流区人民法院经审理认为：根据《中华人民共和国物权法》第七十八条第二款"业主大会或者业主委员会作出的决定侵害业主合法权益的，受侵害的业主可以请求人民法院予以撤销"及《最高人民法院关于审理建筑物区分所有权纠纷案件具体应用法律若干问题的解释》第十二条"业主以业主大会或者业主委员会作出的决定侵害其合法权益或者违反了法律规定的程序为由，依据物权法第七十八条第二款的规定请求人民法院撤销该决定的，应当在知道或者应当知道业主大会或者业主委员会作出决定之日起一年内行使"之规定，王某等十人有权就和贵馨城小区业主大会所作出的侵害其合法权益的决定行使撤销权。行使权利的时间应为2016年12月5日知晓物业服务费上调的决定时起算，王某等十人于2018年9月13日提起本案诉讼，已超过一年的撤销权行使期间。

此外，业主撤销权的行使期间属于除斥期间，不发生中止、中断或者延长的法律效力，期间徒过，撤销权当然、确定、绝对地消灭。虽然王某等十人已于2017年7月14日向本院提起过诉讼，但将起诉对象错误地认定为和贵馨城业委会，导致其向适格的被告所提出的诉讼请求超过法定的行使期间，其应当自行承担由此造成的法律后果。因此，该诉讼并不影响撤销权行使的起算时间为2016年12月5日的计算。

四川省成都市双流区人民法院依照《中华人民共和国物权法》第七十八条第

二款、《最高人民法院关于审理建筑物区分所有权纠纷案件具体应用法律若干问题的解释》第十二条规定，作出如下判决：

驳回王某等十人的诉讼请求。

王某等十人不服一审判决，提起上诉。二审法院同意一审法院裁判意见。

【法官后语】

近年来，随着小区物业管理服务普及，业主维权意识觉醒，业主撤销权案件数量呈上升态势。实践中，业主自治的表决程序需要组织众多业主进行投票，工作流程烦琐，不规范现象尤其是程序方面的不规范现象时有发生，而实体问题则涉及业主共有部分和专有部分的利益交织，经常导致权利冲突，一旦涉诉即牵涉群体性利益，故审理此类案件存在难度。

业主撤销权之诉规定于《中华人民共和国民法典》第二百八十条第二款，其主张能否成立的关键在于相关决议是否违反法律规定程序或者侵害业主实体权益。撤销权在性质上属于形成权。所谓形成权，是指权利人仅依其单方之意思表示即可使法律关系发生、变更或者消灭的权利。虽然有学者认为，根据《最高人民法院关于审理建筑物区分所有权纠纷案件适用法律若干问题的解释》第十二条的规定，业主行使撤销权需要"请求人民法院撤销"，好像赋予了其请求权的含义。但其实这是形成权行使方式的不同，其可以分为非经诉讼途径行使的形成权和需经诉讼途径行使的形成权，业主撤销权恰恰属于后者。但这并不从实质上改变其形成权的性质，因为一旦支持业主撤销权的前提条件成就，便会发生决议被撤销的当然后果，而这并不需要决议的作出方（业主大会或是业主委员会）作出一定行为。

既然撤销权属于形成权，那么其行使理应受到除斥期间的限制。为了消弭形成权带给当事人利益的不确定影响，督促权利人尽快决定是否行使权利以期稳定当事人之间的关系，法律针对形成权特别设置了除斥期间制度。所谓除斥期间，是指法律直接规定或者当事人依法约定的某些形成权的预定存续期间，因该期间经过，该权利当然消灭。除斥期间与诉讼时效不同，不发生中止、中断或者延长的法律效力，期间经过，权利当然、确定、绝对地消灭。就撤销权而言，除斥期间经过，权利人即丧失依其单方之意思表示引起法律关系变动的权利。具体到业主撤销权纠纷中，撤销权除斥期间应自"知道或者应当知道业主大会或者业主委员会作出决定之日”起算，经过一年撤销权即消灭。

从法律和司法解释条文来看，涉及业主撤销权行使的直接规定并不多，本案的核心即对《最高人民法院关于审理建筑物区分所有权纠纷案件适用法律若干问题的解释》第十二条的适用理解。本案的特殊性在于，王某等十人因为自身主观认识错误，在前一个诉讼中错误选择起诉对象，使得再次起诉时已经经过了一年的除斥期间，王某等十人认为除斥期间的起算时间应当以前一个诉讼送达和贵馨城业委会之日起算，但这并不符合对《最高人民法院关于审理建筑物区分所有权纠纷案件适用法律若干问题的解释》第十二条文义的理解，故一、二审法院均认为，为维护法律行为的稳定性，因起诉对象错误而导致除斥期间经过的不利后果，应由王某等十人承担。故依法驳回王某等十人的起诉。本案可以从法律适用的角度进一步加深对《最高人民法院关于审理建筑物区分所有权纠纷案件适用法律若干问题的解释》第十二条的理解，同时也具有示范效应。

编写人：四川省成都市双流区人民法院　黎莎

47

业主大会表决结果统计失误
对业主委员会诉讼资格认定的影响

——某商住区A栋业委会诉聚融公司、润禾公司物权保护案

【案件基本信息】

1. 裁判书字号

福建省泉州市洛江区人民法院（2019）闽0504民初2166号民事判决书

2. 案由：物权保护纠纷

3. 当事人

原告：某商住区A栋业委会（以下简称业委会）

被告：聚融公司、润禾公司

【基本案情】

某商住区A栋由1、2、3、5号四幢楼组成，总建筑面积为39855.24平方米。该小区的开发商为五金商城公司与聚融公司。2017年10月8日，聚融公司（甲方）将××小区1、2、3、5号楼连接处（即屋顶花园）出租给润禾公司（乙方）设置商业广告，租赁期限为2017年10月8日至2018年10月8日，年租金4.5万元，双方在合同中约定：合约期满后，本合同即行终止；如乙方需继续租用，应提前30日告知，经甲方同意后，双方重新签订续租合约，费用另计。事后，润禾公司支付聚融公司租金4.5万元，在承租的外墙处搭设广告牌。合同到期后，双方没有续签租赁合同，也未拆除上述广告牌。

2019年8月3~10日，某商住区A栋召开业主大会，就授权业委会提起本案诉讼事宜等进行表决，表决结果载明：同意票数242票，同意业主专有部分建筑物面积20619.42平方米。

【案件焦点】

1. 设置广告牌争议部分的物权归属；2. 业委会作为诉讼主体是否适格；3. 本案的物权损失如何计算。

【法院裁判要旨】

福建省泉州市洛江区人民法院经审理认为：根据《最高人民法院关于审理建筑物区分所有权纠纷案件具体应用法律若干问题的解释》第三条第一款第一项规定，因涉案广告牌设置于××小区1、2、3、5号楼连接处的外墙上，故其所处位置应属于建筑物的共有部分。虽然业委会提供的表决结果所显示的个别数据在统计标准上有偏差，但其与业主大会召开通知、表决登记表等证据结合，可证实业委会就提起本案诉讼经过业主大会的集体表决，且表决结果符合《中华人民共和国物权法》第七十六条第二款规定，故应认定业委会具备原告诉讼主体资格。

聚融公司、润禾公司未经允许擅自搭建涉案广告牌，业委会作为权利人有权请求排除妨害和赔偿，但其提供的证据不足以证明该侵害行为造成其损失9万元的主张，鉴于润禾公司仅承租涉案外墙一年用于设置广告牌以及聚融公司仅向润禾公司收取租金4.5万元的事实，对聚融公司应赔偿业委会的损失确定为4.5万元。

福建省泉州市洛江区人民法院依照《中华人民共和国物权法》第七十六条第二款等规定，作出如下判决：

一、聚融公司、润禾公司应于本判决生效后十日内拆除设置于××小区1、2、3、5号楼连接处外墙上的广告牌；

二、聚融公司应于本判决生效后十日内将向润禾公司收取的租金4.5万元交给业委会，并支付自2019年9月20日起至实际付款之日止按同期全国银行间同业拆借中心公布的贷款市场报价利率计算的利息；

三、驳回业委会的其他诉讼请求。

【法官后语】

《中华人民共和国民法典》对业主委员会起诉是否经过有效业主大会决定的判断标准以及建设单位、其他行为人等侵占业主共有部分所造成损失如何承担责任的裁判规则都作了重大修改，下面结合民法典对这些问题的法律适用进行分析。

1. 区分所有建筑物及其结构物权归属的认定

聚融公司以涉案广告牌乃设置在建筑物外墙的铁架上，非直接搭建于该外墙，该铁架的所有权和使用权不属于业委会为由提出抗辩，主张对涉案广告牌所依附外墙上的构件拥有使用权，并提供五金商城公司与业主签订的《商品房买卖合同》及相关《补充协议》加以证明。对此，法院认为聚融公司的辩解不能成立，理由主要有：(1) 用来设置广告牌所需的铁架乃依附于××小区1、2、3、5号楼连接处的外墙，并非独立物，其权利归属于所依附外墙的权利人。如何判断外墙的权属，应根据《中华人民共和国民法典》《最高人民法院关于审理建筑物区分所有权纠纷案件适用法律若干问题的解释》等规定进行甄别，而非开发商与业主的约定。《最高人民法院关于审理建筑物区分所有权纠纷案件适用法律若干问题的解释》第三条第一款第一项明确规定建筑物的“基础、承重结构、外墙、屋顶等基本结构部分”应认定为民法典第二编第六章所称的共有部分，依此，涉案建筑物外墙的所有权属于该建筑物的全体业主，而非某栋楼的业主专有，更非开发商所有。(2) 虽然五金商城公司与诸多单个业主在签订《商品房买卖合同》时对开发商保留外墙面构件的所有权和使用权进行了约定，但因涉案广告牌所依附的外墙属于××小区全体业主所有，单个业主无权对该共有部分进行处分，故上述约定违反法律规定，属于无效条款。

2. 业委会作为诉讼主体是否适格

实务中，比较一致的认识是业主委员会在以自己的名义提起诉讼前应履行一定的手续，即相关职责为业主大会所赋予。也就是说，业主委员会就特定事项提起诉讼之前，该事项应先经业主大会授权或讨论决定。根据原《中华人民共和国物权法》第七十六条规定，决定重大事项，应当经专有部分占建筑物总面积2/3以上的业主且占总人数2/3以上的业主同意，一般事项的决定经专有部分占建筑物总面积过半数的业主且占总人数过半数的业主同意（俗称“双过半”）即可。然而，《中华人民共和国民法典》第二百七十八条规定：“下列事项由业主共同决定：……（九）有关共有和共同管理权利的其他重大事项。业主共同决定事项，应当由专有部分面积占比三分之二以上的业主且人数占比三分之二以上的业主参与表决。决定前款第六项至第八项规定的事项，应当经参与表决专有部分面积四分之三以上的业主且参与表决人数四分之三以上的业主同意。决定前款其他事项，应当经参与表决专有部分面积过半数的业主且参与表决人数过半数的业主同意。”通过对比不难发现，该条文对原《中华人民共和国物权法》第七十六条作了以下修改：

一是新增业主共同决定事项有效表决的前提要件，即应有“双三分之二”的业主参与；二是将由业主共同决定的事项由原规定的七项增加为九项，包括新增“改变共有部分的用途或者利用共有部分从事经营活动”这一重要事项；三是降低了决策难度，体现为：（1）对重要事项的表决由原来实行的“双三分之二”以上表决同意，降低为经参与表决专有部分面积四分之三以上的业主且参与表决人数四分之三以上的业主（即仅需“双”$2/3\times3/4=1/2$）同意即可；（2）对其他表决事项由原来实行的双“二分之一”以上表决同意，降低为经参与表决专有部分面积过半数的业主且参与表决人数过半数的业主（即仅需“双”$2/3\times1/2=1/3$）同意即可。

本案中，某一买受人拥有3处房产，业委会根据单纯意义上表示赞成的“户数”对其进行统计，总的同意票数为242票，根据《最高人民法院关于审理建筑物区分所有权纠纷案件适用法律若干问题的解释》第九条规定对该业主按一人而非三人校正后，实际表示赞成的业主变为240票，照此计算，表决同意的业主占总人数的比例为52%，这些业主所代表的专有部分面积（20619.42平方米）占建筑物总面积（39855.24平方米）的比例超过50%，符合“双过半”要求，故应认定业委会诉讼主体适格。

3. 本案的物权损失如何计算

业委会主张的外墙遭不法处分两年损失9万元，看似成立，实则不然。究其原因在于：首先，案涉小区业主长期以来并未通过业委会将涉案外墙用于经营获利，租金损失不是正常情况下业委会能够得到的可期待利益。以期待利益为标准确定本案的物权损失，缺乏适用基础和条件。其次，学界通说认为，不当得利返还的标的，为受益人取得的利益，而非受损人的损失。业委会所遭受财产损失的性质，对聚融公司来说，属于不当得利。以聚融公司的租金收益确定业委会的实际损失，契合不当得利理论和赔偿须与损害相匹配原则。最后，试想一下，若涉案租赁合同不是润禾公司与聚融公司签订，而是由润禾公司直接与业委会订立，那么合同在除当事人外的其他内容不变的情况下，相应情形为业委会在一年的租赁期限内只能收到租金4.5万元，期限届满后，租赁双方合同关系即行终止。业委会无权向润禾公司索要次年的租金。可见，若是允许业委会向聚融公司索取9万元，将违背禁止得利原则。至于合约期满后涉案广告没有被拆除的问题，属于排除妨害、恢复原状请求内容，与赔偿损失并无必然关联。

《中华人民共和国民法典》第二百八十二条规定："建设单位、物业服务企业或者其他管理人等利用业主的共有部分产生的收入，在扣除合理成本之后，属于业主共有。"从民法典的角度来衡量，一审法院对涉案物权损失的确认和处理，合乎该新增条文的立法旨趣。随着民法典的施行，新规定势必为判断建设单位、物业服务企业或者其他管理人等如何返还侵占、利用业主共有部分产生的收入问题提供更为直接的法律依据。

编写人：福建省泉州市洛江区人民法院　林前枢

48

业主大会诉讼主体资格的认定

——李某诉星星广场小区首届业主大会业主撤销权案

【案件基本信息】

1. 裁判书字号

广东省佛山市中级人民法院（2020）粤06民终6560号民事裁定书

2. 案由：业主撤销权纠纷

3. 当事人

原告：李某

被告：星星广场小区首届业主大会

【基本案情】

李某是星星广场小区十一座A房的业主。2019年7月17日，星星广场小区首届业主大会筹备组公示了《星星广场小区业主大会唱票、统计会议纪要》，确认小区首届业主大会表决通过星星广场小区《业主大会议事规则》《管理规约》和选举产生首届业主委员会委员的决议。李某认为该次业主大会召集程序、决议程序违反法律规定，票数统计错误，且表决票的收集、发放违反了公开、公平、公正原则，作出的决议侵害了李某的共同决策权，因此起诉要求撤销星星广场小区首届业主大会表决通过《业主大会议事规则》《管理规约》的决议，并撤销小区首届业主大会选举产生业主委员会委员的决议。

经一审法院发函调查，佛山市禅城区住房城乡建设和水利局出具《复函》载明：星星广场项目包含三个《建设用地规划许可证》，用地项目名称为星星广场项目、星星广场项目（四期）、星星广场项目（六期），部分业主对上述项目物业管理区域划定有争议，该局正依法开展意见征询工作，同时明确其暂未办理业主委员会备案。至2020年5月14日，该局复函表示相关意见尚未收集完毕，星星广场项目的物业管理区域尚未确定。

【案件焦点】

业主大会是否具备诉讼主体资格。

【法院裁判要旨】

广东省佛山市禅城区人民法院经审理认为：首先，根据《物业管理条例》第九条规定，一个物业管理区域成立一个业主大会。关于星星广场项目的物业管理区域问题，因部分业主有争议，故有待佛山市禅城区住房城乡建设和水利局依法开展意见征询工作后方可确定，本案被告星星广场小区首届业主大会最终是否有效成立尚未确定。

其次，根据《中华人民共和国民事诉讼法》第四十八条规定，公民、法人和其他组织可以作为民事诉讼的当事人。星星广场小区首届业主大会显然不属于公民、法人的范畴，又根据《最高人民法院关于适用〈中华人民共和国民事诉讼法〉的解释》第五十二条关于其他组织的规定可知，其他组织是指合法成立、有一定的组织机构和财产，但又不具备法人资格的组织。本案被告目前尚未合法成立，无组织机构和财产，显然亦不符合民事诉讼法所规定的其他组织范畴。

广东省佛山市禅城区人民法院依据《中华人民共和国民事诉讼法》第四十八条、第一百一十九条、第一百五十四条第一款第三项，《最高人民法院关于适用〈中华人民共和国民事诉讼法〉的解释》第五十二条规定，裁定如下：

驳回李某的起诉。

李某不服一审裁定，提起上诉。广东省佛山市中级人民法院经审理认为：民事案件起诉的必备条件之一即被告为明确的、无争议的公民、法人或者其他组织。一审法院为查明星星广场小区首届业主大会主体资格问题，先后两次向佛山市禅城区住房城乡建设和水利局发出调查函，该局的两次复函显示，星星广场小区首届业主大会截至目前尚未合法成立，亦无组织机构和财产，不符合民事诉讼法第四十八条关于“其他组织”之规定，故一审法院据此驳回李某的起诉，符合法律规定，予以维持。

广东省佛山市中级人民法院依照《中华人民共和国民事诉讼法》第一百七十条第一款第一项、第一百七十一条规定，裁定如下：

驳回上诉，维持原裁定。

【法官后语】

我国目前关于业主大会的法律规定主要有《中华人民共和国民法典》《物业管理条例》，其他规范性文件主要有《业主大会和业主委员会指导规则》以及各地方依据实际情况制定的物业管理条例等。《中华人民共和国民法典》关于业主大会的规定设置在物权编第六章“业主的建筑物区分所有权”，可见，从法源上来说，业主大会是在建筑物区分所有权中的成员权基础上衍生出来的概念。

关于业主大会是否具备诉讼主体地位，争论已久。《中华人民共和国民法典》涉及业主大会诉讼主体资格的规定主要体现在第二百八十条及第二百八十六条。根据第二百八十条第二款的规定，业主大会作出的决定侵害业主合法权益的，受侵害的业主可以请求人民法院予以撤销。该条间接规定业主大会可成为业主撤销权的被告。又根据该法第二百八十六条第二款规定，业主大会和业主委员会，对损害他人合法权益的行为，有权要求行为人停止侵害、赔偿损失等。根据该条规定，业主大会在业主的合法权益受侵害时可以作为原告提起侵权之诉。

然而，根据《中华人民共和国民事诉讼法》第四十八条规定，民事诉讼的当事人仅限于公民、法人和其他组织。业主大会显然不属于公民、法人的范畴，又根据《最高人民法院关于适用〈中华人民共和国民事诉讼法〉的解释》第五十二条关于其他组织的规定可知，《中华人民共和国民事诉讼法》第四十八条规定的其他组织是指合法成立、有一定的组织机构和财产，但又不具备法人资格的组织。我国目前关于业主大会的设定亦不符合其他组织的界定。由此可见，根据民法典的相关规定，业主大会在特定情形下，可以成为诉讼主体。然而，我国目前关于业主大会的设定使得业主大会客观上尚不符合《中华人民共和国民事诉讼法》关于民事诉讼当事人的范畴，由此造成审判中对于业主大会的诉讼主体地位在法律适用方面“骑虎难下”。

该案虽然在一定程度上否定了业主大会作为被告的诉讼主体资格，但驳回起诉的主要原因在于涉案小区的物业管理区域尚未确定，原告起诉的业主大会尚未合法成立。在业主大会已经合法成立的情况下，如果仅根据《中华人民共和国民事诉讼法》关于民事诉讼当事人的相关规定驳回起诉，则无论是法律效果还是社会效果均欠佳。结合审判实践来看，确立业主大会诉讼主体地位有其合法性及必要性。确立业主大会诉讼主体地位，对外有利于维护建筑物区分所有权人的共同利益，对内有利于解决建筑物区分所有人之间的矛盾。特别是在小区业主委员会尚未合法成立的情况下，确定业主大会可以参与诉讼显得尤为重要。

结合目前的法律规定及审判实践，可通过以下两种方式确定业主大会的诉讼主体地位：第一，通过立法赋予业主大会的诉讼主体地位。《中华人民共和国民法典》及《物业管理条例》虽然从法律层面上间接肯定了业主大会的诉讼主体资格，但还是缺乏对业主大会诉讼主体地位的明确法律规定，确定业主大会的诉讼主体地位，应从立法层面作出界定。第二，完善业主大会的设立，使业主大会成为合法成立、有一定的组织机构和财产，但又不具备法人资格的组织。即将业主大会纳入《中华人民共和国民事诉讼法》第四十八条规定的“其他组织”的范畴，解决程序法与实体法的对接问题。

编写人：广东省佛山市禅城区人民法院　肖华

七、其　他

49

居住权性质及冲突规则的司法适用

——包某诉荟宏公司、刘乙物权保护案

【案件基本信息】

1. 裁判书字号

北京市第二中级人民法院（2019）京02民终15115号民事裁定书

2. 案由：物权保护纠纷

3. 当事人

原告（上诉人）：包某

被告（被上诉人）：荟宏公司、刘乙

【基本案情】

1998年11月30日，荟宏公司与包某签订《北京市城市住宅房屋拆迁安置补助协议书》。载明：拆迁人为荟宏公司，被拆迁人为包某，拆迁地址为西城区北太常胡同8号，安置某小区29号楼A号房屋一间（以下简称诉争房屋或涉诉房屋）。包某与荟宏公司均认可协议签订后，包某于同年入住诉争房屋，并交纳供暖费用。包某称其办理入住手续后，房屋一直空置准备留给其姑姑使用，屋内仅有桌椅床铺，其一直未去过涉诉房屋，直至2014年才发现屋内有人居住。因其手中没有任何证据材料，2014年后才开始准备证据。现其提交的安置协议是从房管局复印所得，其手中没有房屋租赁合同。包某向法院起诉，请求法院判令诉争房屋由其居住使用。

另，1999年3月25日，因西城区前泥洼2号房屋拆迁，荟宏公司与被拆迁人刘甲、刘乙签订《北京市城市住宅房屋拆迁安置补助协议书》，约定荟宏公司将诉争房屋安置给刘甲、刘乙。4月30日，刘乙办理诉争房屋的准住证。2000年12月18日，刘乙与北京市蓟城物业管理经营公司签订《公有住宅租赁合同》，约定刘乙租赁诉争房屋。刘乙称其于1999年入住房屋，入住时房屋是空置状态，后其及家人一直居住使用该房屋，到本案诉讼时从未有人找过他们，也从来不知道房屋曾分配给他人。

【案件焦点】

1. 包某与刘乙对诉争房屋权利性质的认定；2. 诉争房屋的权利冲突如何解决。

【法院裁判要旨】

北京市丰台区人民法院经审理认为：第一，包某对涉诉房屋是否享有居住使用权。包某基于西城区北太常胡同8号房屋拆迁与荟宏公司签订房屋拆迁安置补偿协议，该补偿协议合法有效，包某基于该协议享有被安置房屋，其对涉诉房屋曾经享有居住使用权。第二，刘乙对涉诉房屋居住使用权的取得是否合法。刘乙基于西城区前泥洼2号房屋拆迁，与荟宏公司签订房屋拆迁安置补助协议书。刘乙对之前房屋曾经进行过拆迁安置分配给他人的情况完全不知情，不存在与荟宏公司恶意串通损害包某利益的情况，故其与荟宏公司签订的房屋拆迁安置补助协议书合法有效，其基于该协议取得涉诉房屋使用权亦合法有效。第三，涉诉房屋居住使用权归谁所有。现包某与刘乙均基于房屋拆迁被安置到诉争房屋，二人的拆迁安置协议均为合法有效。首先，虽包某安置在先，刘乙安置在后，但被安置的涉诉房屋系租赁房屋，二人享有的均为承租使用权，而非所有权。其次，诉讼过程中，刘乙自2000年起已就涉诉房屋签订租赁合同，且自1999年起刘乙及其一家就一直在涉诉房屋内居住。而包某不能提交任何原始证据，提交的拆迁安置协议系从房管局复印取得，亦无涉诉房屋承租使用的租赁合同，且称自入住手续办完后房屋一直空置，直至2014年其一直都未去过，不知有他人居住使用，上述情况有悖常理。故结合二人房屋使用权的取得及使用情况，刘乙在房屋使用权的取得和使用上没有任何瑕疵，刘乙对该房屋的居住使用权应予保护。对包某起诉要求判令涉诉房屋居住使用权归其所有的诉讼请求，不予支持。

北京市丰台区人民法院依照《中华人民共和国合同法》第五十二条规定，判决如下：

驳回包某的诉讼请求。

包某不服一审判决，提出上诉，后在二审期间申请撤回上诉。二审法院准许包某撤回上诉。

【法官后语】

本案的难点为居住权的性质认定及权利冲突解决规则的适用，该问题在《中华人民共和国民法典》物权编拟定过程中呼声较高。在《中华人民共和国民法典》出台之前，根据物权法定原则，居住权不属于物权，涉居住权纠纷无法直接适用物权法规则裁判，只能依据既有规定及物权法法理并运用类推司法技术保护当事人利益。本案即是将规定与法理相结合解决居住权纠纷的案例，具有典型意义。现分析如下：

1. 诉争房屋的权利性质为居住权

居住权是以居住为目的，对他人的住房及其附属设施所享有的占有使用的用益物权。居住权在法理上属于人役权，最初旨在解决特定的家庭成员的居住困难问题，但随着我国拆迁安置房等侧重占有使用、限制收益处分的财产形态的出现，居住权的功能发生拓展。本案是通过拆迁补偿安置协议设立的居住权，即拆迁人在给予被拆迁人拆迁补偿款的同时，将诉争房屋以低于市场价的价格“出租于”被拆迁人，以保护被拆迁人的居住安置利益。

判决书中对诉争房屋有“租赁房屋”“承租使用权”等租赁权方面的表述，但这只是在设定居住权法律规定的条件下，寻找最为相似的权利并对此描述，并不代表涉案房屋的权利性质为租赁权，更不代表租赁权等同于居住权。与租赁权相比，居住权具有物权属性，表现如下：(1) 居住权人对房屋的支配权益比承租人大，可以自行决定装修、用途等事宜；(2) 居住权人一般会拥有物权凭证，本案中的“准住证”即为此证；(3) 居住权的存续期间较长，甚至可能为居住权人终身设定，而租赁权以20年为限，本案中，刘乙在涉案房屋中居住至今已有22年，仍有居住的权利根据。综上，诉争房屋的权利属性为居住权，非租赁权。

2. 居住权冲突的司法裁量因素

本案中的两份拆迁补偿协议均系当事人的真实意思表示，均为合法有效，包某与刘乙均基于拆迁补偿协议对涉案房屋享有居住权。但居住权是以占有使用为内容的用益物权，由于内容冲突，一物之上不得存在两个以上居住权。在发生现实冲突时，目前没有居住权相关法律规则进行适用，应类推适用与之权利内容相似的租赁权予以裁判，其参考因素如下：

(1) 权利公示情况。有物权化倾向的租赁权相互冲突的法律适用顺序为："(一) 已经合法占有租赁房屋的；(二) 已经办理登记备案手续的；(三) 合同成立在先的"①。本案中，刘乙自1999年起在涉案房屋中居住，对外以占有的方式进行公示，且拥有准住证作为初步的权利凭证，其应优先于包某的"合同成立在先"情形。

(2) 直接占有情况。参考大陆法系国家时效取得制度的基本法理，② 权利人和平、公开、持续、善意占有标的物会强化权利人对物的支配效力。本案中，刘乙已通过上述方式长期占有涉案房屋，包某在此期间内对房屋使用情况毫不知情，有违常理，因此应肯定刘乙对房屋的居住权，包某的利益诉求可根据与荟宏公司的协议另行解决。

3. 总结延伸——类推适用法律的司法技术

本案涉及的居住权并无法律规定，面对该法律漏洞，司法采取了如下解决方式：一是肯定拆迁补偿协议的债权效力，明确了居住权的产生根据；二是依据无名合同参照最为类似的有名合同规则处理的原理，将租赁权的规则类推适用于本案居住权，参考了二者共性的法律规则；三是在租赁权框架下，用物权法原理构建了居住权的特色规则予以适用，从而实现了公正裁判。

编写人：北京市丰台区人民法院　魏亚南　陈志博　田磊

---

① 具体参见《最高人民法院关于审理城镇房屋租赁合同纠纷案件具体应用法律若干问题的解释》第五条。

② 时效取得是指民事主体持续、和平、公开、善意占有标的物达一定期限，即可取得该标的物的所有权。

50

逾期未腾房产生的房屋使用费应通过支付迟延履行金方式救济

——宋某诉李某物权保护案

【案件基本信息】

1. 裁判书字号

北京市第二中级人民法院（2019）京02民终5941号民事判决书

2. 案由：物权保护纠纷

3. 当事人

原告（被上诉人）：宋某

被告（上诉人）：李某

【基本案情】

北京市西城区×号楼×门×号房屋（以下简称涉案房屋）原登记在李某名下，李某与田某系夫妻关系。

2012年7月21日，宋某与李某及我爱我家房地产经纪公司（以下简称我爱我家公司）签订《房屋买卖定金协议》，约定由宋某购买涉案房屋，房屋价款为347.5万元。同日，宋某向李某支付房屋定金4万元。2012年9月20日，宋某支付完毕全部购房款。

2012年9月25日，我爱我家公司工作人员陪同李某、田某办理了涉案房屋的上市手续及网签提交手续。此后，双方约定于10月8日继续办理过户，后李某未予办理，并拒绝出售涉案房屋，要求解除合同，宋某拒绝。2013年1月14日，李某将350万元购房款打回宋某账户。

2013年1月5日，宋某诉至法院请求确认继续履行合同。2016年11月30日，一审法院就该案作出（2015）西民初字第8274号民事判决，内容如下：一、宋某与李某签订的关于涉案房屋的《北京市存量房屋买卖合同》继续履行；二、自本判决生效之日起七日内，宋某将购房款3475000元支付给李某；三、自本判决生效之日起七日内，李某、第三人田某协助宋某办理涉案房屋的产权过户手续；四、自涉案房屋过户至宋某名下后五十日内，李某、第三人田某将上述房屋交付宋某；五、驳回宋某的其他诉讼请求。后宋某、李某均提起上诉，二审法院判决驳回上诉，维持原判。

2017年9月13日，宋某就（2015）西民初字第8274号民事判决申请执行，请求执行该判决中的第四项内容，现该案仍在执行过程中。

宋某认为，李某逾期未腾房，应支付自2017年9月11日起至实际交付房屋之日止的房屋占用使用费，按每月9000元计算，遂诉至法院。

【案件焦点】

未在生效判决确认的腾房期限内腾房所产生的房屋使用费损失可否另行提起诉讼。

【法院裁判要旨】

北京市西城区人民法院经审理认为：李某应腾退涉案房屋但逾期未腾退，应支付房屋使用费。生效法律文书确认，李某应在涉案房屋过户至宋某名下后五十日内，将涉案房屋交付宋某，宋某取得涉案房屋不动产登记证的时间为2017年7月13日，其计算房屋使用费的时间起点为2017年9月11日。关于使用费的具体数额，参照涉案房屋的具体坐落、周围的租房市场价格，结合本案的具体情况，酌定为每月7500元。本案法庭辩论终结的时间为2018年9月13日，宋某诉请李某支付房屋使用费的截止时间应为2018年9月13日，此后的房屋使用费可另行主张。

北京市西城区人民法院依据《中华人民共和国物权法》第三十九条规定，判决如下：

一、自本判决生效之日起十五日内，李某支付宋某涉案房屋2017年9月11日至2018年9月13日的房屋使用费90000元；

二、驳回宋某的其他诉讼请求。

李某不服一审判决，提出上诉。北京市第二中级人民法院经审理认为：根据法律规定，迟延履行金在具有惩罚性的同时，对申请执行人的损失亦具有充分的补偿性，同时减少了当事人的诉累，在生效判决执行程序中，因被执行人未履行生效判决确定的非金钱给付义务，给申请执行人造成的损失，应当在执行程序中通过迟延履行金的方式进行解决。宋某在法院已经对其与李某就涉案房屋发生的争议作出判决，且案件已进入执行程序的情况下，又另行提起本案诉讼，主张因李某未腾退该房屋产生的房屋占用费，违反了一事不再理原则，宋某的起诉应予以驳回。一审判决适用法律错误，处理结果有误，予以纠正。

北京市第二中级人民法院依照《最高人民法院关于适用〈中华人民共和国民事诉讼法〉的解释》第二百四十八条、第五百零七条，《中华人民共和国民事诉讼法》第一百七十条第一款第二项规定，裁定如下：

一、撤销北京市西城区人民法院（2018）京0102民初9368号民事判决；

二、驳回宋某的起诉。

【法官后语】

本案争议的焦点在于人民法院作出腾房判决后，腾房义务人未在判决指定期间履行腾房义务，权利人主张腾房期间的房屋使用费的，人民法院如何处理。

当事人起诉要求对方腾退房屋，往往会同时要求对方支付占用房屋期间的房屋使用费，判决腾退房屋而腾房义务人迟延履行腾房义务，会给权利人造成迟延履行期间的房屋占用损失，一般也体现为房屋使用费。上述两种房屋使用费均是给权利人造成的损失，所不同的是，当事人起诉要求腾房并主张对方支付房屋使用费时，双方就腾房权利义务存在争议，房屋占有人是否需要腾房、房屋占用期间是否需要支付房屋使用费均未确定，换言之，这部分的房屋使用费是在当事人是否违反腾房义务这一事项尚未得到终局裁决的情况下权利人主张的损失，这需要在诉讼程序中经过法院裁决而最终确定。腾房判决生效后，之前处于未决状态的腾房义务经法院裁决成为义务人应当履行的确定义务，义务人迟延履行腾房义务的，其行为对法律的违反具有双重性：既是对生效判决的违反，也是对权利人利益的侵害。

《中华人民共和国民事诉讼法》第二百五十三条规定，被执行人未按判决、裁定和其他法律文书指定的期间履行给付金钱以外的其他义务的，应当支付迟延履行金。即义务人迟延履行判决确定的腾房义务的，应当依法承担迟延履行的责任，体现为迟延履行金。《最高人民法院关于适用〈中华人民共和国民事诉讼法〉的解释》第五百零七条规定："被执行人未按判决、裁定和其他法律文书指定的期间履行非金钱给付义务的，无论是否已给申请执行人造成损失，都应当支付迟延履行金。已经造成损失的，双倍补偿申请执行人已经受到的损失；没有造成损失的，迟延履行金可以由人民法院根据具体案件情况决定。"根据上述规定，迟延履行金具有惩罚义务人和弥补权利人损失的双重功能。义务人迟延履行判决确定的腾房义务的，不是双方争议未定的情形，而是拒绝履行生效判决确定的义务，其行为损害了生效判决的权威，应当课以迟延履行金，而迟延履行金的计算标准，则按照申请执行人受到的损失双倍计算，如果没有损失的，由执行法院根据具体案件情况决定。腾房义务人迟延履行期间造成的房屋使用费损失，即已经包含在迟延履行金的范围内，其属于确定的法律义务，属于执行范畴，应当由执行法院在执行程序中决定法律的适用。

综上，人民法院判决腾房义务人应当腾退房屋，腾房义务人迟延履行腾房义务的，迟延履行期间发生的房屋使用费，其性质为执行程序中的迟延履行金，权利人应当在执行程序中主张。

编写人：北京市西城区人民法院　姜涛　李彦周

51

法院查封期间房屋连续转移登记行为的处理

——王某诉某市规划和自然资源委员会行政登记案

【案件基本信息】

1. 裁判书字号

北京市怀柔区人民法院（2019）京0116行初3号行政判决书

2. 案由：行政登记纠纷

3. 当事人

原告：王某

被告：某市规划和自然资源委员会（以下简称某市规自委）

第三人：陆某、刘某、曹某

【基本案情】

坐落于北京市怀柔区乐园西大街×号院×号楼×单元×号的房屋（以下简称×号房屋）原产权人为陆某。

2015年10月13日，陆某作为甲方，与王某（乙方）签订了借款合同。合同到期后，陆某未按合同约定还款，经王某申请，北京市方正公证处于2016年2月16日作出执行证书。2016年4月25日，王某向法院申请强制执行，法院于同年9月19日作出执行裁定书及协助执行通知书，并送达给北京市怀柔区不动产登记事务中心，对陆某名下的×号房屋予以查封，查封期限三年（2016年9月19日至2019年9月18日）。

2018年3月30日，陆某以其保管不当，房屋所有权证丢失为由，向北京市怀柔区不动产登记事务中心提出遗失补证申请。4月27日，原某市规划和国土资源管理委员会（现某市规自委，以下简称某市规土委）向陆某补发了×2号《不动产权证书》。6月14日，陆某持该《不动产权证书》和刘某共同向北京市怀柔区不动产登记事务中心申请办理陆某名下×号房屋不动产转移登记，权利人由陆某变为刘某，并提交了不动产登记相关材料。次日，刘某补齐材料后，原某市规土委向其颁发了×3号《不动产权证书》。

2018年12月4日，曹某通过北京市易合房地产经纪有限责任公司与刘某就涉案房屋达成房屋买卖协议，并签订了《房屋买卖业务签约文件》及《补充协议》，交付了定金。

2019年1月2日，王某诉至法院，要求撤销原某市规土委将原陆某名下×号房屋转移登记至刘某名下的行政行为。诉讼过程中，刘某和曹某于2019年1月28日签订《北京市存量房屋买卖合同》。同日，双方共同申请办理了涉诉房产的所有权转移登记，权利人由刘某变更为曹某，原某市规土委于当日向曹某颁发了×4号《不动产权证书》。

【案件焦点】

1. 王某是否具有原告主体资格；2. 曹某是否属于善意第三人；3. 被诉转移登记行为是否合法。

【法院裁判要旨】

北京市怀柔区人民法院经审理认为：根据《中华人民共和国行政诉讼法》第二十六条第六款规定，某市规自委具有对本市不动产进行登记的法定职责。

《最高人民法院关于审理房屋登记案件若干问题的规定》第四条第三项规定："房屋登记机构为债务人办理房屋转移登记，债权人不服提起诉讼，符合下列情形之一的，人民法院应当依法受理……（三）人民法院依债权人申请对房屋采取强制执行措施并已通知房屋登记机构的……"本院已于2016年9月19日作出执行裁定书及协助执行通知书，并送达给北京市怀柔区不动产登记事务中心，对原陆某名下的×号房屋予以查封，查封期限三年（2016年9月19日至2019年9月18日）。在房屋查封期间，原某市规土委为陆某办理了房屋转移登记。按照上述规定，王某有权对原某市规土委将房屋转移登记至刘某名下的行为提起行政诉讼。

《房屋登记办法》第二十二条第六项规定："有下列情形之一的，房屋登记机构应当不予登记……（六）房屋被依法查封期间，权利人申请登记的……"陆某、刘某申请房屋转移登记时，涉案房屋处于被依法查封期间，根据上述规定，原某市规土委无权对被查封房屋进行转移登记，故其将涉案房屋产权转移登记至刘某名下的行为应予撤销。但针对涉案房屋，刘某又于2018年12月4日与曹某签订了《房屋买卖业务签约文件》，且双方于2019年1月28日签订《北京市存量房屋买卖合同》，曹某支付了合理的对价，原某市规土委亦为曹某颁发了×4号《不动产权证书》。基于对涉案房屋登记的合理信赖，曹某购买刘某出卖的房屋应视为善意取得。现王某要求撤销原某市规土委将原陆某名下×号房屋转移登记至刘某名下的行政行为，即要求撤销原某市规土委为刘某颁发的×3号《不动产权证书》，因该房屋产权已再次发生转移，其要求撤销上述行为已无实际意义。

北京市怀柔区人民法院依照《最高人民法院关于适用〈中华人民共和国行政诉讼法〉的解释》第七十九条第二款、《最高人民法院关于审理房屋登记案件若干问题的规定》第十一条第三款规定，判决如下：

确认原某市规土委颁发《不动产权证书》给刘某的行政行为违法。

【法官后语】

1. 连续转移登记案件中的原告主体资格

《最高人民法院关于审理房屋登记案件若干问题的规定》第五条规定，同一房屋多次转移登记：(1) 原房屋权利人、原利害关系人对首次转移登记行为提起行政诉讼的，人民法院应当依法受理。(2) 原房屋权利人、原利害关系人对首次转移登记行为及后续转移登记行为一并提起行政诉讼的，人民法院应当依法受理；人民法院判决驳回原告就在先转移登记行为提出的诉讼请求，或者因保护善意第三人确认在先房屋登记行为违法的，应当裁定驳回原告对后续转移登记行为的起诉。(3) 原房屋权利人、原利害关系人未就首次转移登记行为提起行政诉讼，对后续转移登记行为提起行政诉讼的，人民法院不予受理。本案所涉房屋经过二次转移登记，原告是针对房屋首次转移登记行为提起的行政诉讼，根据上述规定法院应当受理，王某具备连续转移登记案件中的原告主体资格。

2. 法院查封期间进行的房屋转移登记行为违法

《房屋登记办法》第二十二条第六项规定，房屋被依法查封期间，权利人申请登记的，房屋登记机构应当不予登记。具体到本案，陆某、刘某申请房屋转移登记时，涉案房屋处于被依法查封期间，根据上述规定，原某市规土委应当不予登记，但原某市规土委进行了房屋转移登记，因此，其进行的房屋转移登记行为属于不正当行使职权，应予以撤销。

另外，协助执行是行政机关必须履行的法定协助义务。房屋登记机构在收到人民法院关于查封房屋的《协助执行通知书》后仍为债务人办理房屋转移登记，其登记行为违法。对于房屋登记机构的此种行为，人民法院可以按照民事诉讼法的相关规定责令其协助履行义务，并可予以罚款。

2. 善意取得的认定及裁判方式的选择

《最高人民法院关于审理房屋登记案件若干问题的规定》第十一条第三款规定，被诉房屋登记行为违法，但判决撤销将给公共利益造成重大损失或者房屋已为第三人善意取得的，判决确认被诉行为违法，不撤销登记行为。判断第三人是否善意取得，应当依据实体法律规范的构成要件进行。第三人是否构成善意取得，是能否适用情况判决的前提条件。[①] 本案中，涉案房屋是否为第三人善意取得是决定本案选择裁判方式的关键。

对于善意取得应否在行政诉讼中进行认定，有三种观点：第一种观点认为，善意取得应在行政案件中直接认定，以利于对善意第三人合法权益的保护，利于行政纠纷的实质性化解，利于行政案件裁判方式的选择；第二种观点认为，对于善意取得的认定属于民事争议，当事人应当通过民事诉讼予以解决；第三种观点认为，可以视案件情况确定在民事或者行政案件中认定。笔者同意第三种观点。一般而言，对于善意取得的认定应包含在民事争议的解决中。如果在行政诉讼中进行认定，当事人仍可就善意取得问题提起民事诉讼，就有可能出现行政诉讼与民事诉讼认定不一致的地方，因此原则上应通过民事诉讼确认第三人是否构成善意。但实践中存在房屋进行多次转移登记的现象，而最后交易的买卖双方均认为自己的房屋买卖行为合法，往往均不提起买卖合同效力确认之诉。这种情况下，法官只能在行政案件中依据当事人提交的证据对是否构成善意取得进行认定。这样也有助于行政纠纷的解决及对善意第三人合法权益的维护。

在认定是否构成善意取得时，要根据《中华人民共和国民法典》第三百一十一条的规定进行判断。第一，处分人系无权处分。本案中，陆某、刘某申请房屋转移登记时，涉案房屋处于被依法查封期间，根据《房屋登记办法》第二十二条第六项的规定，不动产登记机构已经无权对该房屋进行转移登记。第二，受让人受让该不动产时是善意的。第三，支付了合理的对价。第四，转让的不动产依法已经登记。本案中，原某市规土委已为曹某颁发了《不动产权证书》，涉案房产已经进行了登记。因此，判断是否构成善意取得，关键在于受让人受让不动产时是否是善意、是否支付了合理的对价。本案审理过程中，刘某及曹某提交了房产买卖合同、转账凭证等证据，根据房屋成交价格及法院同房屋中介机构核实的刘某与曹某当时的交易情况、了解的与涉案房屋同小区房屋的市场交易价格来看，曹某支付了合理的对价，交易行为正常。基于对涉案房屋登记的合理信赖，曹某购买刘某出卖的房屋应视为善意取得。

---

① 耿宝建、白雅丽主编：《最高人民法院典型行政案件裁判观点与文书指导》，中国法制出版社2018年版，第384页。

法院最终按照《最高人民法院关于审理房屋登记案件若干问题的规定》第十一条第三款之规定选择了确认违法判决，保留了登记效果，保护了善意第三人的合法权益。

编写人：北京市怀柔区人民法院　吴军　杨静

52

民事案件重复起诉的认定

——梁某灵、梁某爱诉何某华所有权确认案

【案件基本信息】

1. 裁判书字号

广东省江门市中级人民法院（2019）粤07民终835号民事裁定书

2. 案由：所有权确认纠纷

3. 当事人

原告（上诉人）：梁某灵、梁某爱

被告（被上诉人）：何某华

【基本案情】

2019年1月18日，梁某灵、梁某爱向广东省江门市新会区人民法院（以下简称新会法院）提出诉讼请求：请求确认坐落于江门市新会区会城东甲村民委员会桑地里新村×巷A号房屋（以下简称A号房屋）的基础归梁某灵、梁某爱所有。事实和理由：A号房屋宅基地作为梁某灵、梁某爱的家庭住宅用地，面积89平方米，该宅基地登记在梁某灵和其女儿梁某英二人名下；梁某灵、梁某爱出资完成了基础建设。何某华和梁某英于1998年8月结婚，2016年8月17日离婚，在其离婚诉讼中，何某华将A号房屋的整体作为夫妻共同财产要求分割处理，其行为侵犯了梁某灵、梁某爱的合法财产权。

【案件焦点】

涉案房屋基础能否与房屋分开单独主张权利。

【法院裁判要旨】

新会法院经审理认为：梁某灵、梁某爱与何某华之间的纠纷属于所有权确认纠纷。梁某灵、梁某爱诉请确认A号房屋的基础归其所有，因广东省江门市中级人民法院（以下简称江门中院）（2017）粤07民终3635号（以下简称3635号案）民事判决书已确认A号房屋所有权归属于梁某英，该判决已经生效，其法律效力应当依法维护。如梁某灵、梁某爱不服该判决，可通过审判监督程序申请再审。

新会法院依照《中华人民共和国民事诉讼法》第一百二十四条第五项规定，裁定如下：

对梁某灵、梁某爱的起诉不予受理。

梁某灵、梁某爱不服一审裁定，提出上诉。江门中院经审理认为：该案案由为所有权确认纠纷。梁某灵、梁某爱以A号房屋的基础部分，即地基由其出资建造为由，请求确认房屋地基部分归其二人所有。由于涉案房屋所有权在梁某英与何某华离婚纠纷中，已经由3635号案判决确认归属于梁某英所有，涉案地基作为房屋整体建造的一部分，显然也一并确认归梁某英所有。梁某灵、梁某爱主张房屋地基部分的所有权，实际上系否认3635号案判决对涉案房屋归属问题的判项认定。依照《中华人民共和国民事诉讼法》第一百九十九条“当事人对已经发生法律效力的判决、裁定，认为有错误的，可以向上一级人民法院申请再审；当事人一方人数众多或者当事人双方为公民的案件，也可以向原审人民法院申请再审”的规定，梁某灵、梁某爱应根据审判监督程序维护其权益，而非另行提请本案所有权确认之诉。一审裁定不予受理其起诉，处理妥当，予以维持。梁某灵、梁某爱的上诉请求，理据不足，不予支持。

江门中院依照《中华人民共和国民事诉讼法》第一百七十条第一款第一项、第一百七十一条、第一百七十五条规定，裁定如下：

驳回上诉，维持一审裁定。

【法官后语】

本案主要涉及“重复起诉”的审查问题。梁某灵、梁某爱起诉时，认为本案在诉讼主体、诉讼请求，以及案件事实和理由等方面与3635号案并不存在一一对应关系，没有构成“重复起诉”，人民法院应予受理。

《最高人民法院关于适用〈中华人民共和国民事诉讼法〉的解释》第二百四十七条规定，当事人就已经提起诉讼的事项在诉讼过程中或者裁判生效后再次起诉，同时符合下列条件的，构成重复起诉：（一）后诉与前诉的当事人相同；（二）后诉与前诉的诉讼标的相同；（三）后诉与前诉的诉讼请求相同，或者后诉的诉讼请求实质上否定前诉裁判结果。

首先，对于两案“当事人”的理解，虽然梁某灵、梁某爱不是3635号案当事人，但其与该判决列明的当事人在处理涉案A号房屋方面具有同一性，参照《最高人民法院关于适用〈中华人民共和国民事诉讼法〉的解释》（以下简称《民诉解释》）第七十二条“共有财产权受到他人侵害，部分共有权人起诉的，其他共有权人为共同诉讼人”的规定，梁某灵、梁某爱应当是3635号案在处理夫妻共同财产方面的共同诉讼人，在形式上虽为案外人，但其实质上是案件的当事人，可以作为申请再审的当事人。如梁某灵、梁某爱的主张成立，其与被告方都是3635号案判决中处理财产部分的必须共同诉讼的当事人，其应受“一事不再理”原则的约束。

其次，本案是确认之诉，与3635号案判决处理离婚后夫妻财产的确认之诉也具有同一性，都是围绕涉案A号房屋进行诉讼，即确认法律关系为房屋共有关系。因此，本案的诉讼标的与3635号案的诉讼标的也具有同一性。

最后，本案的诉讼请求是确认涉案A号房屋基础归梁某灵、梁某爱所有，其诉请涉及其他附着物“单独”处分的问题，而3635号案判决确认A号房屋归属于梁某英一方所有，该判决涉及地上建筑物与土地使用权、其他附着物“一并”处分的问题。根据我国房地产权属的“地随房走”或“房随地走”的权利合一原则，房产权利人在处分其所有房屋时，该房屋占用范围内的土地使用权应一并处分。根据《中华人民共和国民法典》第三百五十六条“建设用地使用权转让、互换、出资或者赠与的，附着于该土地上的建筑物、构筑物及其附属设施一并处分”和第三百五十七条“建筑物、构筑物及其附属设施转让、互换、出资或者赠与的，该建筑物、构筑物及其附属设施占用范围内的建设用地使用权一并处分”的规定，土地和房屋中有一个权利作出处分，另外一个就要相应处分，不允许把“房”“地”分别转让给不同的主体。因此，梁某灵、梁某爱在本案中提出确认房屋基础归属其所有的主张实际上是为了否认3635号案判决确认房屋归一方所有的处理结果。

综上，梁某灵、梁某爱在本案提起诉讼的事项在3635号案判决生效后再次起诉，违反“一事不再理”原则，本案构成重复起诉（详见附图）。

附图：

民事重复起诉案件审查流程图

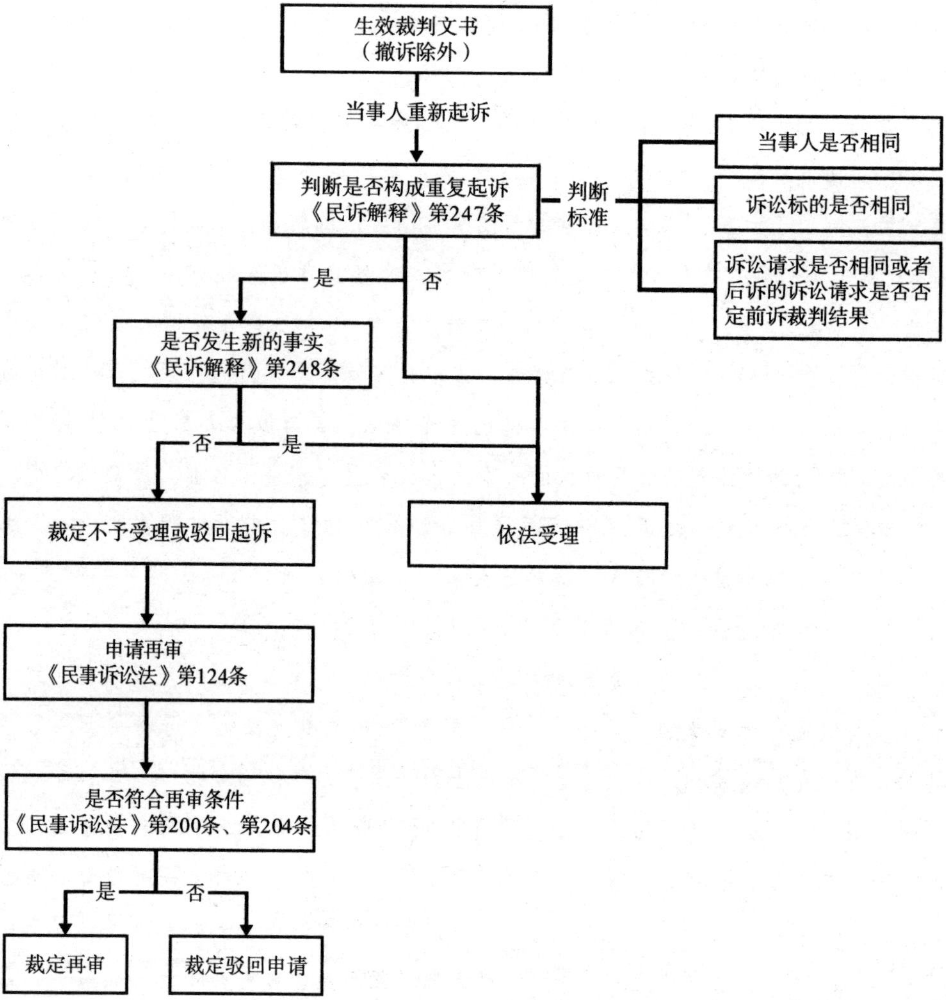

编写人：广东省江门市新会区人民法院 何雄伟

图书在版编目（CIP）数据

中国法院2021年度案例．物权纠纷／国家法官学院，最高人民法院司法案例研究院编．—北京：中国法制出版社，2021.4

ISBN 978－7－5216－1720－7

Ⅰ．①中…　Ⅱ．①国…②最…　Ⅲ．①物权－经济纠纷－案例－中国　Ⅳ．①D920.5

中国版本图书馆CIP数据核字（2021）第045803号

策划编辑：李小草（lixiaocao2008@sina.cn）

责任编辑：韩璐玮　赵律玮　　　　封面设计：温培英　李　宁

中国法院2021年度案例．物权纠纷

ZHONGGUO FAYUAN 2021 NIANDU ANLI. WUQUAN JIUFEN

编者/国家法官学院，最高人民法院司法案例研究院

经销/新华书店

印刷/三河市紫恒印装有限公司

开本/730毫米×1030毫米　16开　　　　印张/13.75　字数/180千

版次/2021年4月第1版　　　　2021年4月第1次印刷

中国法制出版社出版

书号 ISBN 978－7－5216－1720－7　　　　定价：53.00元

北京西单横二条2号

邮政编码 100031　　　　传真：010－66031119

网址：http://www.zgfzs.com　　　　**编辑部电话：010－66071862**

市场营销部电话：010－66033393　　　　**邮购部电话：010－66033288**

（如有印装质量问题，请与本社印务部联系调换。电话：010－66032926）